XIAO XUE YU WEN
小学语文阅读教学研究

程 超 主编

YUEDU
JIAOXUE YANJIU

中国农业科学技术出版社

图书在版编目（CIP）数据

小学语文阅读教学研究／程超主编．—北京：中国农业科学技术出版社，2017.7

ISBN 978-7-5116-3161-9

Ⅰ.①小…　Ⅱ.①程…　Ⅲ.①阅读课-教学研究-小学　Ⅳ.①G623.232

中国版本图书馆CIP数据核字（2017）第147983号

责任编辑　闫庆健
文字加工　徐春富
责任校对　马广洋

出 版 者	中国农业科学技术出版社
	北京市中关村南大街12号　邮编：100081
电　　话	（010）82106632（编辑室）　（010）82109704（发行部）
	（010）82109709（读者服务部）
传　　真	（010）82106625
网　　址	http://www.castp.cn
经 销 者	各地新华书店
印 刷 者	北京建宏印刷有限公司
开　　本	710mm×1 000mm　1/16
印　　张	15.75
字　　数	274千字
版　　次	2017年7月第1版　2019年1月第2次印刷
定　　价	28.00元

◀━━ 版权所有·翻印必究 ━━▶

前　言

阅读教学研究是河北科技师范学院教育学院小学教育本科专业开设的一门专业限选课程。本课程以教育学、教育心理学相关理论为指导，以小学语文课程标准与人民教育出版社出版的小学语文教材为研究对象，强调理论对教学操作的实际指导，也强化实际操作中的理论升华，力求通过理论与实践的结合，提升师范生的阅读教学智慧和审辩式思维水平，以更好地适应当前及未来的语文教育教学活动。

本课程的理论教学主要研究阅读教学的内容、方法，阅读教学设计，阅读教学改革。实践教学主要是通过微格教学、现场观摩等实践活动，完成对阅读教学设计的研讨。为了更好地支持理实一体化的课程教学，本教材作为理论与实践教学的指导文本，立足小学语文教学，以教学研究为切入点，通过研究小学阅读教学，以阅读教学的方法与技巧为出发点，分专题指导师范生从课文文本的解读到拓展阅读材料的应用、整本书的阅读指导，到阅读相关综合实践活动的设计与实现，面向小学阅读相关教学活动，指导师范生根据教材、小学生的特点和教育教学理论设计切实可行的教案并在实习中检验效果；每个专题后都附有相关教学研究小论文或学术阅读指导，指导学生掌握当前阅读教学的教学改革信息并尝试教学创新。本教材在编写过程中有以下特点。

1. 注重理论指导。以审辩思维、小学语文课程标准为指导，注意梳理阅读教学理念，指导学生从基础理论入手，掌握当前主流的"感受性"阅读教学的方法。

2. 强化技能训练。理实结合，引导学生在理论工具指导下对小学语文教材进行分析、对教学实践观摩的课例开展反思，通过精心设计的实践活动，提高学生理论应用水平和阅读教学设计的能力。

3. 培养教研能力。指导学生关注当前阅读教学改革研究与动态，重视学术作品的阅读指导，养成搜集整理资料的习惯，重视学生的实践——反思能力培养，形成初步的小学语文教研能力。

师范生作为一名准教师，他们毕业后将要承担教育祖国未来的责任，教师的

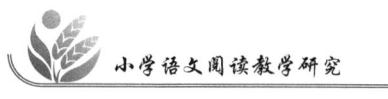

多元认知结构及工作对象的特殊性要求其在教学过程中需要根据学生的特点及课堂生成及时调整教学策略，要有创新意识和高级思维方式，优先发展师范生审辩式思维对提升小学教育文科方向师范生的专业素养和问题解决能力至关重要。本教材内容从批判式（审辩式）思维入手，正视阅读教学这一复杂问题，围绕小学语文阅读教学活动，设置了文本解读价值取向、文本的情感分析、诵读与吟诵、语文课程统整教学四大主题，这4个主题分别以相关理论为基础，结合当前小学阅读教学领域的热点话题，从文本解读、单元主题阅读、群文阅读到整本书的阅读、朗诵与吟诵、读写一体与创意阅读等一系列专题入手，实现理论与实践的整合，以形成教学智慧为目标，力求让师范生明了"为何""如何"开展阅读教学研究、设计阅读相关的教学活动。

本教材可作为高等院校小学教育专业"阅读教学研究"的专业教材，也可作为小学语文教师语文教学研究等相关培训活动的教材，关注辅助该教学的微信公众号"i思考EDU趴"可以获取更多相关课程学习材料。本教材中列出的材料和理论点参考或引用了国内外相关的文献资料，按出现顺序列在文末，如有遗漏和不准确之处，恳请谅解。在此，向书中列出及未列出的各类参考文献的作者致以深深的谢意，是他们的辛勤探索与智慧结晶丰富了本书的内容。由于作者水平有限，组稿仓促，疏漏之处在所难免，敬请广大读者批评指正。

程　超

2017年3月28日

目 录

专题一 批判式（审辩式）思维 ………………………………………… (1)
 材料1：为什么中国学生不发言 ……………………………………… (1)
 【讨论与思考】课堂发言的价值 ……………………………………… (2)
  【讨论】你上课爱发言吗？ ………………………………………… (2)
  【思考】发言与不发言 ……………………………………………… (2)
 材料2：当我和老师有不同意见时 …………………………………… (6)
 【问题与解析】批判性（审辩式）思维 Critical Thinking ………… (7)
  【问题】当老师讲到某问题时，你心中有不同的想法，或是不同
     意老师的观点时，你会怎么做？ ………………………… (7)
  【解析】批判性（审辩式）思维 Critical Thinking ……………… (7)
 理论点1：审辩阅读的类型 …………………………………………… (8)
 理论点2：知识的类型与课程的类型 ………………………………… (11)
 实践：学习做学术笔记 ………………………………………………… (15)
  【学术阅读笔记范例】审辩式思维的五要素 …………………… (16)

专题二 小学语文课文文本解读 ………………………………………… (19)
 材料1：《鸟的天堂》课文文本与原著的比较 ………………………… (19)
 【讨论与分析】比较阅读 ……………………………………………… (22)
  【讨论】《鸟的天堂》的课文和原文对比，你觉得课文改动的成功
     吗？为什么？ …………………………………………… (22)
  【分析】比较阅读 …………………………………………………… (22)
 材料2：《鸟的天堂》同课异构：叶开与郭初阳 ……………………… (24)
  叶开讲《鸟的天堂》 ………………………………………………… (24)
  郭初阳讲《鸟的天堂》 ……………………………………………… (29)
 【问题与讨论】从同课异构看文本解读的教学价值 ………………… (31)

【问题】什么是同课异构？ ………………………………………（31）
　　【讨论】两节《鸟的天堂》的教学价值分析 ……………………（33）
　理论点 1　黎锦熙的"三段六步"教学法 …………………………（33）
　材料 3：蒋军晶：阅读教学的价值取向 ……………………………（36）
　【问题与解析】文本解读 ……………………………………………（39）
　　【问题】什么叫文本解读？ …………………………………………（39）
　　【解析】文本和文本解读 ……………………………………………（39）
　理论点 2：阅读教学的价值取向与文本解读方式 …………………（41）
　实践：课文文本我来读（大作业二选一） …………………………（42）
　　【研究报告范例】《火烧云》课文与原著对比的教学研究 ……（43）

专题三　小学语文文本体裁分析 ……………………………………（52）
　【问题与解析】小语课文文本分为哪些体裁？ ……………………（52）
　　【问题】小学语文课文中不同体裁的文章分别该怎么教？ ……（52）
　　【解析】文章体裁的划分 ……………………………………………（53）
　材料 1：中美老师讲《灰姑娘》的课例对比 ………………………（55）
　　中国版课堂实录 ………………………………………………………（55）
　　美国版课堂实录 ………………………………………………………（56）
　【问题与讨论】两节课的教学落点（教学目标）分析 ……………（58）
　　【问题】通过材料中描述的教学过程，你认为中美教师的教学目标
　　　　　有何不同？ ………………………………………………………（58）
　　【参考资料】美国新泽西州《核心课程内容标准·语言艺术素养
　　　　　（即英语）》（1996 年） ……………………………………（58）
　　【讨论】你认为中美教师对这篇童话的教学分别应用了那种阅读
　　　　　类型？ ……………………………………………………………（58）
　理论点 1：文章体裁与文本体式 ……………………………………（58）
　理论点 2：任务分析法 ………………………………………………（62）
　实践：小组专题研究（小组作业） …………………………………（66）
　　支持资料：思维导图和概念地图 ……………………………………（66）
　　【研究报告范例】不同文本体裁的阅读教学指导研究 …………（69）

专题四　单元主题与群文阅读 ………………………………………（75）
　材料 1：小学语文课本的单元主题 …………………………………（75）
　【问题与解析】小学语文课本中的单元与单元主题 ………………（77）

【问题】找找单元主题 …………………………………………（77）
　　【解析】小学语文课本中的单元主题 …………………………（77）
　　【说课稿范例】《去年的树》说课稿 …………………………（80）
　理论点1：小学语文单元主题教学设计 …………………………（84）
　材料2：群文阅读 …………………………………………………（89）
　问题与解析　群文阅读课 …………………………………………（94）
　　【问题】如果让你用这些文章上一堂"群文阅读"课，你会
　　　　　　怎么上？ ……………………………………………（94）
　　【解析】群文阅读，把怎样的文章如何放在一起是个关键 …（94）
　理论点2：中国学生发展核心素养 ………………………………（97）
　理论点3：阅读的历程和阅读学习方法 …………………………（102）
　实践：现场教学学习总结与反思 …………………………………（104）
　　【研究报告范例】我对"自主阅读"活动的观察与构想 ……（104）

专题五　整本书的阅读 …………………………………………………（108）
　材料1：《如何阅读整本书》的教师培训活动介绍 ……………（108）
　　【问题】为什么小学生要读整本书？ …………………………（109）
　　【分析】谈小学整本书阅读 ……………………………………（110）
　理论点1：阅读能力和阅读策略 …………………………………（112）
　材料2：窦桂梅：让儿童在自我发现中获得价值观 ……………（117）
　　【问题】如何设计整本书的读书活动？ ………………………（122）
　　【解析】语文教师要尝试并开好班级读书会 …………………（122）
　理论点2：儿童阅读活动与思考力的提升 ………………………（123）
　实践：《今天我是升旗手》阅读活动设计 ………………………（128）

专题六　古诗文吟诵与教学 ……………………………………………（134）
　材料1：古今吟诵对比《赋得古原草送别》……………………（135）
　【体验与分析】吟诵 ………………………………………………（137）
　　【体验】扫描图6-1中二维码模仿陈琴的吟诵 ………………（137）
　　【分析】吟诵是中国式读书法 …………………………………（137）
　实践：古诗文吟诵与吟咏 …………………………………………（144）
　理论点1：古诗的"韵"和"律" ………………………………（145）
　　【资料1】十三辙 ………………………………………………（149）
　　【资料2】中华新韵（十四韵） ………………………………（154）

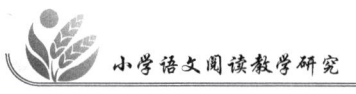

　　理论点2：古诗文教学解读的知识结构分析 ………………………… (155)
　　材料2：朗读手册 …………………………………………………… (162)
　【分析与实践】朗读与朗诵 ………………………………………… (164)
　　【分析】朗读、默读与朗诵 ………………………………………… (164)
　　【实践】请打开小学语文课本，想象你就是一名教师，面对学生，
　　　　　 你会怎样进行朗读？ ……………………………………… (167)
　　【研究报告范例】小学蒙学读物的教学价值分析 ………………… (168)

专题七　儿童创意阅读活动 ……………………………………………… (172)
　　材料1：读写一体的教学研究 ……………………………………… (172)
　　【问题】阅读与写作之间是什么关系？ …………………………… (174)
　　【解析】写作是一种表达方式 ……………………………………… (174)
　　【资料】K-W-L（know，want，learn——知道、想要、学习）策略 …… (175)
　　理论点1："口语交际"与"阅读教学" ……………………………… (177)
　　理论点2：课程整合（课程统整）的性质与型态 …………………… (178)
　　材料2：创作——Scratch 故事与创作树 …………………………… (186)
　　【问题】Scratch 可以为语文教学提供哪些支持？ ………………… (188)
　　【解析】四层读写能力模型 ………………………………………… (189)
　　理论点3：知识可视化和思维可视化 ……………………………… (189)
　　实践：应用思维图示绘制你的创意教学设计 ……………………… (192)
　　【研究报告范例】Scratch 和语文教学的深层次整合研究 ………… (192)

附录　研究论文范例 …………………………………………………… (198)
　　附录1　小学第二学段语文学期测验内容分析 …………………… (198)
　　附录2　农村小学语文教师课堂即时评价语的个案研究 ………… (208)
　　附录3　基于教师博客的教学反思研究 …………………………… (227)

后记　师范生审辩式思维能力初探 …………………………………… (235)

专题一
批判式（审辩式）思维

当前，我国基础教育领域的阅读教学正处于变革时期，需要教师能够审辩传统阅读教学，取其精华，去其糟粕，借鉴国内外新的阅读教学理念，进行开拓创新，这就要求语文教师具有一定的教学反思能力，而非一味地模仿与传承。同时，教师专业成长的关键也在于反思能力，教学反思是教师对自己的教育教学现象（学生、教学过程、教师和环境）进行积极分析、思考的思维过程。范梅南将教学反思分为技术性、实践性和批判性3个层次，技术性关注技术操作，实践性关注教师个人理解，批判性关注社会脉络等伦理道德。要提升教师的教学反思能力与水平，必须从改造教师（或师范生）的学习习惯与思维方式入手。

材料1：为什么中国学生不发言

越来越多的中国留学生已经深刻地体会到一点：美国的课堂充满讨论、辩论和自由提问。教授们鼓励学生根据提前布置的阅读材料自由提问、深入分析、批判性地思考和吸收前人的观点。这种教育方式背后蕴含的丰富理念至少可以归纳为两点：

一、学生不仅向老师学习，而且也应该尽可能多地与同学交流并互相学习，教授绝不是学生们汲取知识的唯一途径。

二、同学拥有和老师同等的提问与质疑的权利。

然而，很多来自中国的留学生并不习惯这样的理念和做法。在他们看来，学习就是获取正确答案或者标准答案，而课堂讨论和互相提问始终没有直接给出一个他们想要的答案，这怎么能行？

曾经有一个中国学生在开学几周后来向我抱怨。她说："林老师，我没有从您的课里面学到任何东西，您的课跟我想的完全不一样。"当我问其缘由的时候，她说："您从不告诉我们任何答案，却一直让我们这些学生利用大好的课堂时间去

讨论。您也看到了，学生们对您指定的阅读文章理解很不一样，大家的看法似乎都有有道理的地方，讨论来讨论去，我不知道该听谁的，更不清楚什么才是正确的答案。您觉得这种讨论有意义吗？难道不是浪费时间吗？我父母花了这么多钱让我来读书，是让我从顶尖教授那里学习知识的，不是听一帮同学谈他们的个人看法的。"

面对这位同学的问题和困惑，我首先表扬了她。因为她敢于和我交流，并直接提出她所遇到的问题。如果她不告诉我她的困境，我可能永远无法帮助她解决眼前的问题和挑战。我告诉她，勇于交流绝对比默默放弃要好得多，跟某些从不跟老师交流就直接退课的学生来说，她的做法已经说明她具备了起码的沟通能力。接下来，如果她能再往前走一步，调整自己的定式思维和心态，尽力去适应美国课堂的授课方式，她的求学之路很可能会平坦许多。但是，这位中国学生后来的几句话却让我非常惊讶："林老师，我之所以来找您，说出我的困难，因为您也是中国人，我猜想您一定会理解我的苦衷和困难。如果您是一位美国教授，我会直接把课退掉，再去选一门我更习惯的课。"她的话让我陷入了沉思。

像这位同学以及小杨这样的中国留学生并非少数，他们在课堂上遇到的问题也往往具有共性，不善于参与课堂讨论就是典型的问题之一。而且，他们会错误地认为美国教授不会理解或帮助国际学生解决遇到的困难。面临困难的时候，中国学生往往只知道寻找来自同一文化背景的、熟悉的对象倾诉，寻求帮助。他们忽略了非常重要的一点：不论是同文化背景还是跨文化背景，只要通过充分有效的沟通，很多问题都可以得到合理的解决（林晓东）。

【讨论与思考】课堂发言的价值

【讨论】你上课爱发言吗？

你周围哪些同学上课经常发言？你觉得她或他经常发言的习惯是否对其学业有促进？

你认为专题讨论对师范生的价值何在？

【思考】发言与不发言

一、发言与不发言

林教授调查过很多像小杨这样的同学，总结出中国留学生不爱发言的原因主要是下面 3 条。

（1）"从小我的父母和老师就告诫我：找到了正确的答案再讲出来。"

（2）"没想清楚就说出自己的看法是非常浅薄的表现。"

（3）"当我发现我的答案跟别人不一样的时候，我不好意思说出来。"事实上，当你发现自己想的跟别人不同时，恰恰应该说出来。说出自己的看法，可以帮助你厘清自己的思路，加深自己的理解并帮助你迸发新的想法。我曾经这样鼓励班里的学生表达他们的想法：发言的时候，没有人指望你说出一个尽善尽美、毫无瑕疵的观点和看法，何必担心呢？每个人都说出自己的想法，不就是最好的头脑风暴吗？来自不同背景的人说出自己的看法，那会极大地丰富每个人的视野和头脑，这不是最好的多元文化交流的机会吗？

提问让我们可以把阅读从静态的、单向的看，变为动态的、双向的交流，这是一个深度理解的过程。提出问题的过程，让我们可以思考所读内容的表达是否清楚明白，是否符合逻辑，是否还有其他更为恰当的传递信息的方法。这就是为什么简单的记录和抄写只能是肤浅的理解，而提问或者批评指责才能带来深入的思考。考试分数决不是唯一尺度，学生思考能力的提高是评判学习效果的重要指标。斯坦福大学心理系的 Johnson 教授说，"如果你的目标是创新，你的美国教授肯定愿意跟你一起合作或者协助你。但是，这需要你有尖锐的看问题的眼光去质疑已有的知识，而不是重复那些别人已经发现的理论。"一位纽约大学的教授说："中国学生很善于总结，但不善于批评、分析和提出自己的观点。"

曾有中国留学生在谈到自己在美国课上感受的时候说到：虽然美国人在侃的那些内容有些很浅显，不是什么真知灼见，但是他们就是在那里滔滔不绝。有你举手的功夫，或者你在头脑中组织语言的时间，人家已经侃了半天了。一堂课两三个小时，老师说话的时间不超过半个小时，剩下的时间都是大家在神侃（围绕着阅读材料、理论、案例）。4 年之后，差别就出来了，当美国学生侃侃而谈令人折服的时候，方见这种教学方式的效果。

方帆在《美国大学老师看中美语文课的差异》一文中谈到，很多美国大学教师都留意到：很多中国留学生在大学课堂上不善于表达自己的观点。很多国内的看法就认为那是因为中国人的英语能力不行，对于口头表达没有自信或者因为词汇太少而无法表达。方帆认为，这不仅是中国学生的口音、句子结构和词汇等方面的问题，还跟中国的中学语文教学有关：中国的中学语文教学没有系统训练学生的口头表达能力。美国的英语语文教育，从小学开始就训练学生的口头表达能力。到了中学，则进行了更加系统的训练。比如，最先是教学生书面表达一个观点，跟演讲中表达一个同样的观点，句子的结构跟用词会有怎样的不同，产生的效果会怎样不同。然后，会教学生怎样在小组里面表达某个观点，而组员要记录论点，然后提问发言者。到了高中，有所谓的"苏格拉底盘问术"的训练，学生就一个问题整理自己的观点，然后口头表达，而全班则针对此观点不断反复盘问，直到大家对双方的观点都得以了解为止。这种训练，在高中是非常系统的，没有读过高一的口头表达训练，到了高二学习全班演讲表达的时候，就会茫然不知所措了。所以，我们在美国经常会看到美国当地的中文电视台为了某件突发新闻在街头采访民众，美国人都可以有条有理、张嘴就说一大串自己的观点；可是住在唐人街的中国人，即使是用中文发表意见，都结结巴巴，说了半天不知道重点在哪里，究其原因，就是因为在中小学的语文学习阶段根本就没有受过口头表达的训练。

另外，我们的语文课没教学生批判性思维（审辩式思维），中国的教育很强调重述（把教你的知识完全背出来，或者用自己的话总结出来）和应用能力，对分析能力也有一点涉及，却基本没有要求比较和评估。美国的语文教育，最先训练的是学生的比较能力：让学生自己去发现两样东西、两个观点的不同之处。然后，是分析能力：分析造成某种现象的原因是什么，有什么证据支持你的分析。最后，就是评估：通过对两样或者更多东西的比较，按照某些评估的基本原则，来决定哪样东西最符合作者的标准。重述能力和应用能力是最基础的能力，基本在小学四年级以前就训练完成了。因此，在美国的中学语文课上，我们可以看到学生阅读同一个作家的一系列作品，然后对这个作家的修辞方式进行比较，从而发现这个作家在营造气氛方面的手法的独特之处；或者通过阅读两个作家所写的同一个主题的作品，评价他们在表现人与自然的争斗方面谁做得更好一点……由于中国的学生从来没有受过完整的批判性思维的能力训练，因此，在阅读方面就存在严重的理解方面的问题。可能在中国的语文课上面，长期是由老师告诉学生某篇课文的中心内容是讲什么的，学生记住就好了；结果，真的有一篇文章，要让中国学生来判断究竟中心是什么，反而做不到了。

于是，在美国的大学课堂上，老师们会经常发现中国学生根本就不明白某篇文章作者的意图；不明白中心思想；更可悲的是，因为中国的中学语文课是不教文学理论的，因此，中国学生完全无法正确理解一篇使用"反讽"或者"矛盾"手法写的文章，更无法理解文章的"感情"和"色彩"对表现作者意图的作用。在美国大学的文科课堂上，中国来的学生往往如同小学生在高中生的数学班上课一样，虽然老师说的每一个字都听懂了，可是根本就不知道在发生什么事，还哪里有能力参与讨论？

二、师范生主动思考的价值

古时候有一个人决心学医，他读了一些医书，记住了，然后就给人看病。看了一个，没治好，又看了一个，还是没治好。于是人家问他："您怎么治不好呢？"这位先生愤愤地说："我明明是按照医书开的药方，可恨这些病人不按照医书得病！"

教育亦然，教育实习中，经常有同学会说，课堂上学过的一些方法、从书上看到过的教育专家的成功案例到了教学中就不好使了，尤其是微格教学设计的交互活动，到了真正的课堂上，学生的反应是各种各样，有时真让人难以应对。是啊，我们根本就不应该要求学生完全按照我们主观想象那样去行动，就像医生不能要求病人只得"标准病"一样。比如教学中，有的孩子可能形象思维能力比较发达，换位思考能力强，有同情心，你用拟人法是可能唤起他对小树的同情。有的孩子可能缺乏想象力，很现实，或者不善于换位思考，这种孩子，你用拟人法就可能完全不顶事。这没有什么大惊小怪的。医生有时候用某些药，不也不顶事吗？怎么办？换一种药再试试就是了。再不行，重新检查，重新诊断。谁说过解决学生问题必须一次完成？面对教育实践中的千差万别，很多人认为师范院校的"教育学、心理学其实是白学的"，"那些知识脱离实际"。若讲的知识都能联系实际，师范生在教育实习和入职的时候"拿来就能用"的话，这个问题就解决了。但是，想让师范教育课程囊括中小学教育教学的全部"实际"，那时绝对不可能的；想让师范教育预见中小学教育教学中将要发生什么情况，并且预设具体的解决方案，那也是不可能的。师范教育不能给自己提出这样大而无当而又细致入微的任务，那是一个不可能实现的任务。

师范教育的理论内容本身就是来源于实践，并对实践具有指导意义，师范教育给自己提出的任务应该是，着重培养学生的学习能力和研究能力！这样师范生在教育实践中即使遇到从未见过的难题也没关系，他们知道怎样去着手研究它、解决它。不怕没见过，就怕没思路。所以说师范生或者初职教师教学经验不足是影响其教学能力的主要原因，但我认为，思维方式狭窄才是根源，教学是需要智慧应对的活动，而不是"照方下药"，只会照搬书本的人是很难进行创造和积累新经验的。试想，一个思维局限、没有研究能力的师范毕业生，又无法逃避眼前的实际问题，那他那什么来应对教学呢？恐怕就只有模仿他人了，很多青年教师就是这样模仿老教师的，结果不久就"未老先衰"了。模仿是最低级的学习，靠模仿永远也不能成为一名真正的教师。要解决这个问题，必须在师范教育中开

展"研究性学习"也就是说,学生不能光学习和记住某些知识,还要学会发现问题,学会研究——确定研究方向,找到研究突破口,知道如何收集资料,知道采用适当的思维方式进行合乎逻辑的思考,知道对自己的结论进行各种反驳使它更合理等。

材料2:当我和老师有不同意见时……

熊十力是著名的哲学家,民国时期曾在北大任教授,为人狂放不羁,常常因为一些学术问题和别人激烈论辩。

有一次在讲课时涉及一个尚没有定论的学术问题,他大发议论,如同长江大河,一泻千里。不料他正讲得津津有味时,一个张姓学生站起来反驳他的观点。为了说服这个学生,熊十力引经据典,耐心地开导启发他。不过这个学生有自己一套见解,熊十力怎么也说不服他,两个人互不相让,争辩个没完。就这样,整整一个学期,熊十力和那个学生时不时爆发论战,各执己见,毫不妥协。

期末考试,熊十力出题偏偏就出这个学术问题,因为它是课程重点。不料那个学生依然"不思悔改",坚持要写上自己认为对的观点。熊十力阅卷,看到如此,于是将其答卷评为不及格。

按照学校规定,不及格的下学期要补考,而且补考成绩要打九折,也就是说要达到67分才能及格。为了表示决不让步,熊十力出题还是照旧,而那个学生也是寸步不让,答卷也仍是原样,熊十力给了他60分,打九折是54分,不及格。再补考,仍然是双方都不让步,评分再次是60。不过最后熊十力似乎还是妥协了,给了他67分。

那个学生喜不自胜,他找到熊十力说:"熊先生,你终于肯承认错误了!"熊十力用力摇了摇头,又点了点头,他对学生说:"你错了,在这个学术问题上,我是一丝一毫不会让步的。"顿了一顿,他继续说:"不过我确实错了,我不应该自己坚持己见,却不容许别人坚持己见,这次补考没有打九折就是因为你能够坚持己见。"学生叹服而去。

坚持己见,如果改变不了对方的认知,就该尊重对方的意见,容许别人坚持己见,这是人际交往中避免矛盾最好的方法。熊十力不愧为大师,他的交际之道值得我们思考和学习。

【问题与解析】批判性（审辩式）思维 Critical Thinking

【问题】当老师讲到某问题时，你心中有不同的想法，或是不同意老师的观点时，你会怎么做？

【解析】批判性（审辩式）思维 Critical Thinking

在马克思、恩格斯、列宁的著作中，"批判"都是一个常用词和高频词。马克思不仅高举"批判的武器"，而且呼唤"武器的批判"。毛泽东甚至因不满足于"批判"，而主张"造反"。实际上，在马克思、毛泽东的思想形成过程中，他们所选择的主张都不是自己所处时代的主流思想，他们都选择了当时的"异端"，他们都表现出对流行观念的批判，表现出独立思考的倾向。

批判性思维是对英文"Critical Thinking"较为普遍的中文翻译。也有人主张译为"明辨性思维""严谨的思考"等。维基百科汉语版中采用了"审辩式思维"的译法。当我们今天谈论审辩式思维的时候，当我们今天强调发展学生的审辩式思维的时候，确实包含着马克思和毛泽东所倡导、所力行的独立思考精神和怀疑精神。同时，我们所说的审辩式思维还包含更丰富的内容。我们可以用12个字描述审辩式思维，即"不懈质疑，包容异见，力行担责"。

审辩式思维中，不仅包含"独立思考"，还包含"价值多元"。具有审辩式思维的人可以理解，对于复杂的科学问题和社会问题，常常并不存在唯一正确的答案。对于一个理论、一个观点、一个命题的论证，不是一个可能立即得到答案的实验室研究，不是一场可以决出胜负的球赛。不同人从不同角度都可以对同一问题有自己的看法，对有定论的问题尚且如此，更何况是"一个尚没有定论的学术问题"。审辩式思维既表现为"不懈追问"，也表现为"适时闭嘴"，因为"井蛙不可语海"。

【不懈质疑】具有审辩式思维的人不会轻易相信家长、教师、领导、专家和权威的说法，他们会用自己的头脑独立进行思考，不懈质疑。他们会想：家长、教师、领导、专家和权威们这样想、这样说、这样做，那么，我自己应该怎样想、怎样说、怎样做。他们会根据自己的思考、学识、情感、经验和理性作出独立的判断。这是一个审问、慎思、明辨、决断的过程，这个过程需要的是审辩式思维。他们并非一概地拒绝和反对他人的意见，而是在经过自己的思考后，作出自己的判断，接受或者拒绝他人的看法。

【包容异见】具有审辩式思维的人，不是"手电筒只照他人"，不是仅仅质疑他人，他会"双向质疑"，既质疑他人，也质疑自己。他会想到，别人可能是错的，自己也可能是错的。

【力行担责】具有审辩式思维的人不是"口头革命派"，不是坐而论道，不是纸上谈兵，而是行动者，"适时闭嘴"也不是消极退缩，而是做自己能做的，力行担责。面对复杂、艰难的选择，他们会勇敢、果断地作出自己的选择并付诸行动，并坦然面对行动的后果，承担自己的责任。

审辩式思维能力的发展将转变中国人的学习模式，有助于创新能力的培养。新的学习模式，将不再把学习过程理解为一个学生学习和掌握"科学真理"的过程，不再把学习理解为一个老师向学生传授"科学真理"的过程。事实上，在今天的学校中讲授的许多标有"科学真理"标签的东西都是非常可疑的。新的学习模式，将小心翼翼地呵护学习者的好奇心，将积极地鼓励学习者的怀疑精神，将努力保护和激发学习者的创造力，倡导研究性学习，倡导批判性论证。新的学习模式，将努力使学习成为一个探索和发现的过程，而不仅仅是一个记忆和拷贝的过程；将使学习成为一个快乐和享受的过程，而不再是一个枯燥和痛苦的过程。所谓教学有法、教无定法，师范生的教学智慧正在于面对不确定的教学情况能够恰当选择应对策略的能力，而绝非照搬教条的生搬硬套，故而"Critical Thinking"的意识与能力之于师范生而言尤为重要。

理论点1：审辩阅读的类型

在《阅读教学设计的要诀——王荣生给语文教师的建议》一书中，王荣生梳理出了4种实用的文章阅读类型：理解性阅读、操作性阅读、批判性（审辩性）阅读和研究性阅读。

1. 理解性阅读

理解性阅读也称"分析性阅读"，它是阅读文章的主要类型。理解性阅读的目的是读懂文章说了些什么。理解文章的关键是抓住要点，而抓住要点要把握重要的语句。

理解性阅读以文本理解为主要学习目的，努力开掘文本价值，力求复原作者的创作意义，把与作者表达意图的最大化贴近作为阅读的目标。理解性阅读是教学的主流形式，即语文教学以其教学意图决定了它一定是带有教育者意愿的，是预定知识达成的学习。教育设定课程，并预定实施标准，编制应用于教学的教材，都是与强调实现主流价值传承与主体知识的接受相适应的。就此而言，从课程预设到教材意图，再到教学目标，以及教师的教学行为，无不体现对于学生学习的引导。

2. 操作性阅读

操作性阅读的对象是讲述做事方法和行为方式的文章，其重点在"怎么做"，或直接说明操作方法、行为规则，或通过对做事原理、行为机制的阐述，指导人们合理地进行实践活动。

从阅读主体这方面看，操作性阅读有两种情形：第一种情形，是阅读中有操作。我们边阅读边操作，并努力把自己的阅读理解转化为具体操作，比如阅读电器使用说明书。第二种情形，是阅读后有行动。我们抱着实践的目的去阅读，并努力把自己的阅读理解落实到实践的行为中，比如阅读"如何欣赏中国文学"这类文章。简言之，操作性阅读不仅是求"知"，而且要去"做"，不仅要知道别人说了什么，而且要把别人说的与自己的实践联系起来。

3. 批判性（审辩性）阅读

如果说理解性阅读的目的在于准确把握文章的意思，阅读时重点关注文章说了什么，那么批判性阅读的目的就在于理性评估作者的观点，阅读时重点关注的是作者说的是否对。批判性阅读需要读者有一种质疑的眼光，要努力寻找文本表意上的不足，尤其认定作者思维上的不合理性，以及作者的价值判断与其时代性、具体立场和视角有关，这注定是不完善的。而其表达技巧也不是尽善尽美的，在生活逻辑、事理逻辑的安排上也具有不合理性。这种查找文本缺陷性的认知，叫作批判性阅读。

我们会发现，在语文阅读教学中，无论教师还是学生都缺乏批判思维和质疑的视角。我们的认知假定是，文本是完美化的；而批判性阅读认定文本是有缺陷的。持批判思维，可以让我们从另外的角度找到文本的另一种真实，即生活、作者的认知、文章的表达未必都是最好的。我们在部分接受的同时，要知道局限性在哪里，进而追求那个再进一步的完美。我们也不能达到完美，但是至少可以比文本和作者更接近一步。也就意味着，语文教学增加批判思维，可以引导思维再前进一步（赵福楼：真语文需兼容理解性和批判性阅读）。

4. 研究性阅读

"研究性"指的是教学双方在阅读过程中应该具备的一种具有探究性、创造性和开拓性的学习方法和策略,既然是"阅读教学"就不能脱离对阅读文本的探究,做一些无意义的教学活动,语文还是姓"语",在这一点上,"研究性阅读教学"要返璞归真,要紧扣文本语言,让学生的认知能力、审美情趣、创造精神在对文本语言的探究中逐步发展。另外,还要重视阅读教学与学生实际生活的联系,积极调动学生个体富有个性的生活阅历、人生感悟、情感体验参与到阅读中,在思维与情感的碰撞、磨合、交流中产生共鸣,以期对学生的生活产生正面的积极的影响,帮助学生树立正确的人生观、价值观。

语文课程标准指出,"阅读是学生的个性化行为,阅读不应以教师的分析来代替学生的阅读实践""要珍视学生独特的感受,体验和理解""阅读教学的重点是培养学生具有感受、理解、欣赏和评价能力"。阅读教学就要把阅读的权力归还给学生,注重发挥学生的主体作用,充分体现了学生在阅读活动中的自主性、独立性,让学生真正成为学习的主人。教师作为学生的理解者,其角色也发生了转变,不再是用自己的分析讲解代替学生的阅读实践,而是起到引导、点拨作用,与学生交流、对话,进行精神上的交流,使教育真正走近学生的内在精神世界,对学生的心灵有所触动,拓宽其人生境界,丰富其精神世界,最终实现人的发展。

语文课程标准 2011 版中对第一学段阅读部分的学段目标表述为"结合上下文和生活实际了解课文中词句的意思……关系自然和生命……获得初步的情感体验";第二学段的阅读目标为"能联系上下文,理解词句意思,体会课文中关键词句表情达意的作用……能复述叙事性作品大意,感受作品中生动形象和优美的语言,关心作品中人物的命运和喜怒哀乐";第三学段阅读文本类型在叙事性作品基础上增加了诗歌和说明性文章,阅读教学目标则进一步提升为"能推想课文中有关词句的意思,辨别词语的感情色彩,体会其表达效果……领悟文章的基本表达方法……阅读叙事性作品……能简单描述自己印象最深的场景、人物、细节,说出自己的喜爱、憎恶、崇敬等感受。"由此可见,随着年级的增长,阅读教学的目标由读懂课文、获得初步情感体验的"理解性阅读",逐步提升为能复述叙事性作品大意、描述作品场景人物细节、体会关键词句表情达意的作用的"操作性阅读",辨别词语感情色彩、说出自己喜爱憎恶崇敬等感受的"批判性(审辩式)阅读",最终在 7~9 年级的第四学段,达到"欣赏文学作品,有自己的情感体验,初步领悟作品内涵,从中获得对自然、社会、人生的有益启示"的"研究性阅读"的目标。

但是,纵观小学语文课本,是否不同的文本体裁更适合某种特定的阅读类型呢?比如,课标中对新闻和说明性文章阅读目标的要求是"能把握文章的基本观点，获取主要信息"，由此，说明文的阅读是不是就更适合操作性阅读呢？王荣生也指出：理解性阅读、操作性阅读、批判性阅读、研究性阅读均是侧重在阅读主体的分类，强调阅读的目的，凸显阅读的取向。进一步地，还有必要对阅读对象进行分类，以凸显某种亚文类或体裁的阅读特性。关于阅读文本的体裁分析将在后面的专题三中进一步讨论，关于阅读的层次分析可参考专题四中的理论点 2 阅读的历程和阅读学习方法。

理论点 2：知识的类型与课程的类型

不同类型的课程需要不同的学习方法，不同类型的知识亦适合不同的教学设计，心理学及学习技术的研究有助于我们针对不同类型的知识开展更为合理的教学设计。

一、课程的类型

不同课程需要不同的学习方法，一般来说统计、编程、教育经济学之类的课，以良构知识为主，课上老师会讲得很多，但现当代文学、课程与教学论等包含非良构知识的课程则多以课堂讨论、口头报告、小组辩论为主。

在 2008 年给学前教育专业讲授教育科研方法课程时，30 名同学在观察法的教学实践活动中，通过课堂观察、课后访谈的形式对河北科技师范学院（以下简称我校）的 4 个学院 7 个本、专科专业的课堂教学展开了调查，以一名教师一次教授两节课（总计 100 分钟）为单位，第一阶段的研究总共统计了 13 名教师的 12 次课，平均一次课中有学生参与的教学活动时间的比例，按教师所在二级学院的统计结果见表 1-1。

表 1-1 不同专业课堂学生参与活动时间比例的观察统计

教师所在二级学院	学生参与课堂的具体形式	学生参与活动所占时间比例（%）
1. 外语学院	学生演讲、角色扮演、课堂提问	86
2. 教育学院	课堂提问、师生研讨	42
3. 文学院	课堂提问	17
4. 数信学院	课堂提问	8

在表 1-1 数据中我们首先获得学生参与课堂活动的"量"的分析结果：外语学院教师的课堂教学中学生参与课堂活动的时间比例最高，通过与上述 12 名

教师的课后访谈发现，学生参与度的差异主要是由不同专业课程特点的差异所决定的。按心理学视角，依据个体在学习课程的过程中利用语言学习的基本规律将课程内容作为系列符号系统语意课程内容、语意和语法课程内容。外语课程属于语意、语法和语音课程，即学生需要通过听、说、读、写的综合训练来掌握一门新的语言，故而学生课堂上"听"的同时各种"说"和"读"的活动也必然要占到相当的比例，课堂教学以学生参与活动较多；教育学院和文学院的课程基本都属于语意课程，即学生通过母语进行教学的课程，课堂教学中强调对于概念阐述和理念的领会，"教师抛出问题、学生思考并阐述理解、教师点评总结"是这类课堂师生互动中常用的方法；数信学院中的数学课程和计算机课程都有很强的逻辑性，多属于语意和语法课程，即通过预先定义的符号和术语等进行教学的课程，学生多数是通过完成作业或者上机实验等形式进行知识内化，故这类课堂上学生参与活动时间比例不大。

二、知识的分类

按照知识及其应用的复杂多变程度，可以将知识划分为良构和非良构两种类型。良构知识是指有固定答案的知识，这些知识点简单明确，适合用在传递式的教学当中；非良构的知识是指比较复杂的知识，这些知识点相对深入，适合于学习者进行较高层次的自主建构（图1-1）。

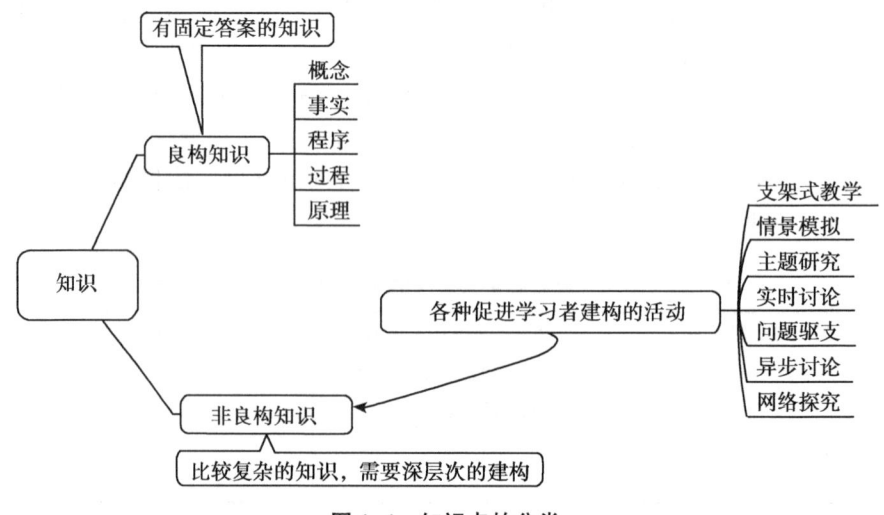

图1-1　知识点的分类

学生的学习通常是以良构类知识为基础，进而逐步加工消化，将其运用到结局更复杂的问题情境中去。对于复杂的非良构知识领域，学生通过研究、实践、讨论等交互式学习方式能取得更高的学习效果。一般来说，学校课程多以良构知识为主，尤其是自然科学领域，非良构知识仅出现在艺术和社会科学领域的某些课程中。

良构知识点分为概念、事实、程序、过程和原理五类。概念，用单一的词或条款对一组对象、符号、观点想法或时间来进行定义，其相关特征是可以共享的，无关特征是不同的。事实，以陈述、数据或者图表等方式对具体事物进行唯一、明确的信息描述。程序，个人为完成一个任务或作出一项决定所需遵循的一系列步骤，程序包括指导说明、程序目标和每一次执行相同步骤的行为。过程，描述实践的工作流程，时间不一定是有单个人完成的，可以是许多人或者是一个组织。原理，进行判断与决策的依据，为学习者提供不同情境下的指导方针，通过各种实例和非实例的具体应用来培养学习者的思维能力。余胜泉根据知识点的类型，设计出了每一项良构知识的教学表现方式（表1-2）。

表1-2 知识点的分类结构及表现策略

知识点类型	结构项	策略
概念	介绍	向学习者出示学习的目标和要求
	定义	对概念特征进行说明，强调术语的使用，可以配有图像、列表等
	事实（o）	需要对概念进行解释时使用事实，此项为可选
	实例	使用正例来增强学习这对于概念相关特征的理解
	非实例	使用反例来帮助学习者区分概念的无关特征
	类比	相似或相反的概念的比较，突出指导性，加深学习者对概念的掌握
事实	介绍	向学习者出示学习目标和要求
	事实图解	先对事实进行陈述说明，区分出关键部分，然后使用图解来详细描述关键部分及相互关系，根据需要，可以与列表、表格组合起来使用
	事实列表	先对事实进行陈述说明，进一步对事实所包含的要素进行分类标识，根据需要，可以与图解、表格组合起来使用
	事实表格	先对事实进行陈述说明，列出事实包含的各部分的功能，对表格中的每一列使用适当的列标题，标识出相关要素，根据需要，可以与列表、图解组合起来使用
	辨析	对相关、相近的事实进行区分和判断

(续表)

知识点类型	结构项	策略
程序	介绍	向学习者出示学习目标和要求
	事实（o）	需要对程序进行解释时使用事实，此项为可选
	程序表（e）	使用介绍性的语言对程序进行说明，将列标识成"步骤"或"行为"，注意二者的对应及行为动词的使用
	决策表（e）	使用介绍性的语言对程序进行说明，将列标识成"如果"和"然后"，把条件（如果）和（然后）构成完整的句子，形成流畅的决策表
	综合表（e）	程序表和决策表的结合，以程序表开始，决策表蕴含其中，呈现出来的形式是表中表
	示例（o）	利用图解、媒体对程序进行演示，也可以通过教师的提示和示范引导学习者完成相关程序步骤。此项为可选
	知识迁移	给出实际蕴含程序知识的问题案例，让学习者在解决问题的同时，灵活地应用程序知识
过程	介绍	向学习者出示学习目标和要求
	事实（o）	需要对过程进行解释时使用事实，此项为可选
	阶段表（e）	使用图表、表格或者图示，将列标识成"阶段"和"发生方式"，按时间划分阶段，用第三人称对阶段中行为的负责人和事物进行描述
	模块表（e）	使用图表、表格或者图示，不对列进行标示，而是使用模块，按时间划分阶段，用第三人称对阶段中行为的负责人和事物进行描述
	循环表（e）	使用图表、表格或者图示，注意使用箭头标明过程的方向，用第三人称对阶段中行为的负责人和事物进行描述
	案例分析	给出实际的问题分析过程，促进过程分析的清晰化
原理	介绍	向学习者出示学习目标和要求
	事实（o）	需要对原理进行解释时使用事实，此项为可选
	原理陈述（o）	对可接受的行为标准进行陈述，此项为可选
	指导方针	应用原理分析解决问题的指导原则
	实例	使用正例来加深学习者对原理的正确应用
	非实例（o）	使用反例来帮助学习者区分错误的原理。此项为可选
	类比（o）	通过易识别的类比，增强学习者对原理的掌握。此项为可选

注：(o) = 可选项，可以不进行设计。(e) = 任何一个，在若干项中任选一项即可

良构知识适合应用知识可视化工具呈现，如概念地图等，非良构知识则更适合思维导图等思维可视化工具表现。

实践：学习做学术笔记

本课程学习目标主要有3方面：第一，开展阅读教学相关活动的设计与实践能力；第二，提出问题并批判性思考问题的能力；第三，良好的观点表达和沟通能力，特别是跟老师和同学。实现上述目标仅靠课堂听讲是远远不够的，还需要大量的专业阅读的思考，阅读是输入，学术阅读获得的原材料整理消化之后才可能有自己的观点作为输出，并参与到课堂讨论活动之中，由此，学术阅读活动就是专题性、研究性阅读，亦是批判性（审辩性）阅读。

学术阅读笔记三要素：中心观点摘录、论证依据、结论价值与评估。

- 中心观点摘录：可以是直接摘抄文中句子（用引号标明），也可以用自己的语言概括整理；
- 论证依据与逻辑：支撑观点的实验等重要依据的摘录；
- 结论价值评估：写下你对结论的认识与评价，并尝试对该结论的适用范围进行分析和限定。

学术著作都应带有一个中心论点，而阅读那样的著作，首先是要掌握其中心论点，用自己的话（一段，甚或是一句话）表达出来。然后，用三四段总结其主要的次级论点，同时总结其经验证据。总结的时候，关键在于不要摘抄，要用自己的话，因为那样才会消化，使它变成自己的东西。一个可行的阅读次序是先看首尾，掌握其中心论点之后才逐章阅读，每章看完之后用自己的话总结。最后要回答这样一个问题：作者把你说服了没有，为什么？（甚或更进一步：如果由你来写这本书，你会做怎样的修改？）至于比较纯理论性的著作，我们要问：它对了解中国的实际或你自己的研究课题有什么用？这样看书写笔记的方法乃是一种思维上的锻炼，也是养成自己的思考、写作习惯的办法。关键在养成看后就写系统笔记的习惯，不可依赖自己的记忆，因为记忆几个月（最多一两年）之后肯定会变得模糊不清。笔记既不要太简短也不要太详细，应在一两千字的范围之内。这样长年积累，随时可供将来的研究和教学之用。

阅读文献和专著是需要积累的，要坚持不懈，做研究和教学工作恐怕一生都要坚持阅读新文献和著作。读文献有个量变到质变的过程，阅读量大了，积累多了，需要总结的方面就多了。这样日久天长，通过知识的整合，知识框架会逐渐完善，自己肚子里的"货"就会感觉逐渐充实起来了，用和取的时候就会很自如。

请参考下面的范例，结合附录中点评的论文，尝试撰写学术阅读笔记，并根据自己感兴趣的主题在知网中搜索相关文献进行拓展阅读。

【学术阅读笔记范例】审辩式思维的五要素

通过阅读谢小庆微博中关于审辩式思维的相关内容，摘录总结如下：

一、摘录：审辩式思维能力包含这样几个要素

（1）对于复杂的科学问题和社会问题，并不存在唯一的"真理"，并不存在可以被普遍接受的、合理的（rational）命题或判断（claim，C），仅仅存在若干个普乐好的（plausible）命题或判断；

（2）形式逻辑存在局限性。有些时候，无法根据严格的形式逻辑做出决策。这时，需要在综合形式逻辑和非形式逻辑的基础上做出决策。

（3）许多命题或判断（C），并不能仅仅凭借无可争议的事实（datum，D）而成立。命题或判断的成立，还需要一系列的前提假设，还需要一系列的必要条件（backing，B）。"D+B"才能形成支持C的理据（warrant，W）。

（4）需要厘清事实判断和价值判断。首先需要对事实（datum，D）进行确认，在确认了事实的基础上，才可能进行有意义的论证（argument）。

（5）对于一些价值、信仰、伦理方面的分歧，没有争论的必要。对于这些分歧，只能存异。只能根据不同的前提假设（B），得到不同的判断（C），得到不同的概化（generalization）范围和条件限定（qualifer，Q）。

论证的基本过程是（图1-2）：

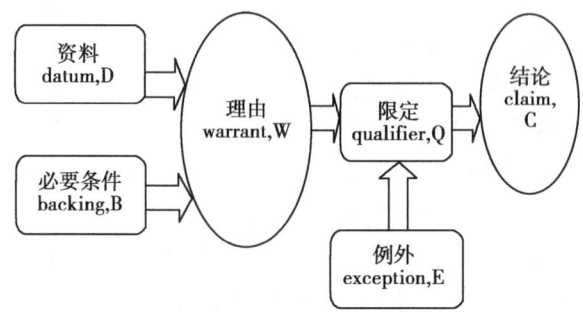

图1-2 图尔敏论证模型

资料（D）和必要条件（B）共同构成了理由（W），在接受了例外（E）的反驳之后，经过限定（Q），使结论得以成立。

二、评述：我对审辩式思维五要素的理解

是否真正理解与掌握一个概念，要通过是否能举出实例为评判标准，下面结合实例思考审辩式思维的五要素的现实应用。

审辩式思维能力之要素4、需要厘清事实判断和价值判断。首先需要对事实（datum，D）进行确认，在确认了事实的基础上，才可能进行有意义的论证（argument）。还记得2008级小教一位同学的毕业论文是关于教师职业倦怠分析，文笔通顺，思路清晰，调查、分析对策都写得很好，但唯独缺了关于"教师职业倦怠"的事实界定，"教师职业倦怠"的概念界定文中是有的，但事实界定——即调查对象中有多少教师出现了职业倦怠这一情况，其倦怠属于什么程度水平？倘若在被调查的教师群体中普遍不倦怠，或倦怠程度较低的话，后文关于职业倦怠原因对策的分析论证写得再好，也没有价值！可见，价值判断是不能替代事实判断的！固然职业倦怠会造成一系列不良影响，是我们需要控制与预防的，但实证调查的论证与分析却必须以事实判断为前提。

审辩式思维能力之要素3、许多命题或判断（C），并不能仅仅凭借无可争议的事实（datum，D）而成立。命题或判断的成立，还需要一系列的前提假设，还需要一系列的必要条件（backing，B）。"D+B"才能形成支持C的理据（warrant，W）。对于儿童心理学工作者（雷厉或2009报告的撰写者）网瘾问题仅是青少年心理发展和社会化发展中基于其心理特点所显现出来的众多问题的一个表象而已，前提假设是青少年心理特点发展规律，必要条件是亲子沟通，即，研究结论为：在青少年时期，因为亲子沟通问题才可能导致青少年出现病理性网瘾。对于媒体而言，事实调查结果显示：出现家庭问题的青少年是沉迷网络或网络成瘾的，由此就得出网络成瘾就是造成家庭问题的必要条件，所以需要对青少年网络成瘾问题加以重视并开展治疗。这是将网络成瘾的事实调查作为了前提和必要条件。总之一句话，审辩式思维不是仅就事实得出结论，而是要在事实基础上，探寻事实出现的原因！具有审辩式思维能力的人，不仅能够区分事实判断和价值判断，还要能够理解做出不同判断依据的不同价值选择，能够理解做出不同决策依赖的不同前提条件和假设，能够理解决策者对自己所做决策应该承担的责任。

审辩式思维能力之要素1、对于复杂的科学问题和社会问题，并不存在唯一的"真理"，并不存在可以被普遍接受的、合理的（rational）命题或判断（claim，C），仅仅存在若干个普乐好的（plausible）命题或判断。如：2012年2月26日，美国佛罗里达州28岁的协警齐默尔曼（George Zimmerman）巡逻时射杀17岁黑人少年马丁

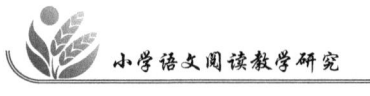

(Trayvon Martin)。2013年7月13日，法院终审宣判齐默尔曼无罪。在这起案件中，指控被告有罪的检察官是有道理的：马丁并没有携带武器，被告人使用武力过当，剥夺了一个并无大错的年轻人的生命；为被告护辩的律师也是有道理的：警察是高危行业，需要得到社会的高度保护。最终，陪审团基于"保护警察安全"的考虑支持了律师。在这里，既没有正确的判决，也没有合理的判决，仅仅有普乐好的判决。

具有审辩式思维的人能够理解：首先，决策必须以事实为依据，决策不能基于虚假或虚构的事实；其次，决策必须符合形式逻辑，决策不能与形式逻辑相冲突，必须是合理的（审辩式思维能力之要素2）；再次，在符合前两项的基础之上，基于不同的前提假设和价值取向，可能存在多种可能的决策选项，这些选项之间没有对错之分，也不是合理与否的区别，它们的区别在于是否属于普乐好的一项。

审辩式思维能力之要素5、对于一些价值、信仰、伦理方面的分歧，没有争论的必要。比如上帝是否真的存在这个问题的讨论。这也是我意识到了每个人的观点实际上都受各自"三观"左右，只有包容别人的观点，才能让自己了解更多。

专题二
小学语文课文文本解读

语文科教材相比其他学科教材而言，其独特性在于原生价值与教学价值的对立与统一。语文教材是由相互之间在内容上没有必然联系的若干篇文章组成的。这些文章，大多原本不是作为教材而编写的，其原本作为社会阅读客体而存在的价值即是其"原生价值"，当一篇文章进入语文教材后，它在原生价值的基础上发生了教学价值。在其他课程里，人们只学习教材，即只学习课文"所传播的信息"的原生价值，而在语文课程里，主要学习的则是课文"如何传播信息"这一教学价值。

学生阅读课文获取信息，这只是语文教学的一个显在性的行为，学生阅读课文获得"如何传播信息"的言语智慧，则是一个更为本质的行为。阅读教学中，语文教材的教学价值寄附在语文教材的原生价值之中，语文教材的原生价值则是为实现语文教材的教学价值铺路搭桥的，但同一篇课文在教材的不同位置上可以拥有不同的具体价值定位，所以作为一种教学内容而言，对于一篇课文文本的解读是可以有不同角度的，甚至可以说，一篇课文文本的教学价值是不确定的。不同教师，基于各自不同的教育观、不同的教学目标，可以对同一文本作出不同的教学解读，分析与审辨这些不同的教学解读，有助于我们深入对文本的理解，拓展教学设计的视角，提升阅读教学智慧。

材料1：《鸟的天堂》课文文本与原著的比较

巴金的散文《鸟的天堂》创作于1933年6月，入选人教版小学语文教材四年级上册3课。与原文相比，教材做了不少改动。

近年来叶问等学者针对教材文本相对于原文的改动提出质疑，但众所周知，作为小学生教材，有一些还是有必要对原著文本进行修改的，对于有争议的修改，我们首先不要盲从，而是要实事求是，让读者们自己认认真真对比，自己对这篇修订后的《鸟的天堂》打分。文中斜体字部分是课文去掉的内容,括号中是课文改写或添加的内容。

鸟的天堂(巴金)

我们*在陈的小学校里吃了*(过)晚饭。热气已经退了。太阳落下了山坡,只留下一段灿烂的红霞在天边,*在山头,在树梢*。"我们划船去!"*陈*提议说。我们正站在学校门前池子旁边看山景。"好,"别的朋友高兴地接口说。

我们走过一段(条)石子路,很快*地*就(来)到了河边。*那里有一个茅草搭的水阁。穿过水阁,*在河边*两棵大树下*(,)我们找到(发现)了几只小船。

我们陆续跳在(上)一只船上。一个朋友解开(了)绳子,拿起竹竿一拨,船缓缓地动了,向河中间(心)*流*(移)去。

三个朋友划着船,我和叶坐在船中望四周的景致。

远远地一座塔耸立在山坡上,许多绿树拥抱着它。在这附近很少有那样的塔,那里就是朋友叶的家乡。

河面很宽,白茫茫的水上没有(一点)波浪。船平静地在水面*流*(移)动。三只桨有规律地在水里*拨动*(划)。(那声音就像一支乐曲。)

在一个地方(,)河面变窄了。一簇簇的绿叶伸到水面(上)来。树叶(真)绿得可爱。这(那)是许多棵(株)茂盛的榕树,*但是我看不出树*(主)干在什么地方。

(当)我说许多棵(株)榕树的时候,*我的错误马上就给朋友们纠正了*(朋友们马上纠正我的错误),(。)一个朋友说那里只有一棵(株)榕树,另一个朋友说那里的榕树是两*棵*(株)。*我见过不少的*大榕树,但是像这样大的*榕树我却*(还)是第一次看见。

我们的船渐渐地逼近榕树了。我有了机会看见它的真面目:(,)(真)是一棵(株)大树,有着数不清的丫枝,(树干的数目不可计数。)枝上又生根,有许多根一直垂到地上,(伸)进了泥土里。一部分的树枝垂到水面,从远处看,就像一棵(株)大树躺(卧)在水上一样。

现在正是枝叶繁茂的时节(*树上已经结了小小的果子,而且有许多落下来了。*)(榕树正在茂盛的时期,)这棵榕树好像在把它的全部生命力展览(示)给我们看。那么多的绿叶,一簇堆在另一簇上面,不留一点缝隙。翠绿的颜色明亮地在我们的眼前闪耀(那翠绿的颜色,明亮地照耀着我们的眼睛),似乎每一片树叶上都有一个新的(小)生命在颤动,这美丽的南国的树!

船在树下泊了片刻，（。）岸上很湿，我们没有上去。朋友说这里是"鸟的天堂"，有许多只鸟在这*棵*树上做窝(巢)，农民不许人捉它们。我仿佛听见几只鸟扑翅的声音，*但是等到我的眼睛注意地*(去)*看那里时*，我却看不见一只鸟的影子(儿)。只有无数的树根立在地上，像许多根木桩。(土)地是湿的，大概涨潮（的）时（候）河水常常(会)冲上岸去。"鸟的天堂"里没有一只鸟，我（不禁）这样想道。(于是)船开了。一个朋友拨着船(桨)，（船）缓缓地流到（移向）河中间去(心)。

在河边田畔的小径里有几棵荔枝树。绿叶丛中垂着累累的红色果子。我们的船就往那里流去。一个朋友拿起桨把船拨进一条小沟。在小径旁边，船停住了，我们都跳上了岸。

两个朋友很快地爬到树上去，从树上抛下几枝带叶的荔枝，我同陈和叶三个人站在树下接。等到他们下地以后，我们大家一面吃荔枝，一面走回船上去。

第二天（,）我们划着船到叶(一个朋友)的家乡去，（。）就是那个(那是一个)有山有塔的地方。从陈的小学校出发，我们又经过那个"鸟的天堂"。

这一次是在早晨，（。）阳光照（耀）在水面上，也照在树梢。（,）一切都显得非常明亮(更加光明了)。我们的(又把)船也在树下泊了片刻。

起初*四周非常清静*(周围是静寂的)。后来忽然起了一声鸟叫。朋友陈(我们)把手一拍，我们便看见一只大鸟飞（了）起来，（。）接着又看见第二只，第三只。我们继续拍掌。*很快地这个树林变得很热闹了。*（,树上就变得热闹了,）到处是鸟（叫）声，到处都是鸟影。大的，小的，花的，黑的，有的站在枝上叫，有的飞起来，有的在扑翅膀。

我注意地看（着）。我的眼睛真是应接不暇，看清楚（了）这只，又*看漏*（错过）了那只，看见了那只，第三(另一)只又飞走(起来)了。一只画眉飞了出来，给我们的拍掌声一惊(吓)，又飞*进*树林(叶*丛*)，站在一根小枝上兴奋地唱(叫)着，它的歌声(那声音)真好听。

"走吧，"叶催我道。

(当)小船向着高塔下面的乡村流（划）去的时候，我还回过头*去看*(那)留(被抛)在后面的茂盛的榕树。我*有一点的留恋的心情*(感到一点儿留恋)。昨天我的眼睛骗了我。(,)"鸟的天堂"的确是鸟的天堂啊！

全国著名语文特级教师闫学在《小学语文文本解读》中是这样评价的：相比修改后的课文文本，巴金原文表现了"鸟的天堂"本是在游玩过程中无意看到的，并非有意寻找，因此尽管没有发现一只鸟却并不感到遗憾。对于作者来说，正因为这"鸟的天堂"是无意中发现的，才愈发给人以惊奇、珍贵之感，令人不由得慨叹大自然神奇的造化。但这些文字和其他被删改的文字一起，使巴金原文的神韵发生了令人惋惜的变化。由此，呈现在学生面前的这"鸟的天堂"最终变成了一座"失意的天堂"。

【讨论与分析】比较阅读

【讨论】《鸟的天堂》的课文和原文对比，你觉得课文改动的成功吗？为什么？

《鸟的天堂》的课文和原文对比，你觉得课文改动的成功吗？为什么？
你是否同意同学的观点，为什么？

【分析】比较阅读

客观地讲，对小学语文教学而言，比较阅读并不是一个全新的话题。教学中，不少教师会采用比较词语或句子的方法来帮助学生理解，但据我们的了解，小学语文界对比较阅读还缺少系统、深入的研究与实践。

一、比较阅读

一般地，我们称运用"比较"这种思想与方法进行的阅读活动为"比较阅读"。俄国心理学家谢切诺夫所说，比较是人最珍贵的智力因素，是人们辨别、确定事物异同的思维过程和方法，它是和观察、分析、综合等活动交织在一起的一种复杂的智力活动。有比较，才有鉴别、才有认识、才有创造。著名教育家乌申斯基也曾这样说：比较是一切理解和思维的基础，我们正是通过比较了解世界上的一切的。可见，比较既是一个过程、一种方法，更是一种意识、一种思想。通过比较，可以凸显事物的共性或个性，深化理解，获得新的思维视角，拓展、提高自己的认识。

由此，比较阅读是一种层次较高的研究型阅读。比较阅读，是指在阅读的过程中，围绕一定的学习目标，针对某个文本材料（或是字词、句段，或是内容、形式，或是作家、风格等），联系与之相关的内容，从不同角度、不同层次进行比较，经过观察、分析、综合、概括，重新加以排列组合，使之在头脑中形成新优化信息群的思维过程。

清代学者比较了《水浒传》中的鲁智深、史进、李逵、武松、阮小七、焦挺后，这样写道："《水浒传》只是写人物粗鲁处，便有许多写法，如鲁达粗鲁是性急，史进粗鲁是少年任性，李逵粗鲁是蛮，武松粗鲁是豪杰，阮小七粗鲁是悲愤无说处，焦挺粗鲁是气质不好。"且不论这些分析正确与否，但从性格特点相近的人物中找出差异却是事实。这种分析体现了作者认识问题的深度和广度。叶圣陶先生把"比较"作为一种重要的阅读方法，他说："阅读方法不仅是机械地解释字义，记诵文句，研究文法修辞的法则，最要紧的还是多比较、多归纳。""就读的方面说，若不参考、分析、比较、演绎、归纳、体会，哪里会'真知'读？哪里会'真能'读？"

二、比较阅读的基本方法

1. 异中求同

异中求同是指通过甄别、筛选、提炼，揭开不同阅读材料的表面现象，找出它们共同特征的方法。它培养的是学生的求同思维，目的在于找到阅读材料在内容或形式上的共性，从而认识规律，掌握"定法"。教师要注意启发学生对比较的材料进行分析、比较、归纳、概括，探寻其共同点，领悟其规律性，以形成一定的知识体系。

求同之妙，在于使学生在比较归纳中将新旧知识自然联系起来，迅速掌握同类知识的规律性，从而完成从特殊到一般的认识过程，提高学生分析、归纳能力以及逻辑思维能力。

2. 同中求异

同中求异就是通过分析、解剖、探寻同类阅读材料的相异之处，从而找出阅读材料个性特征的方法。它培养的是求异思维，目的在于通过比较，寻求差异，认识文章或人物的个性，以便掌握"变法"。通过求异比较可以探求事物各自不同的特点，使我们更准确地认识和把握事物的个性。求异之妙，在于使学生更准确、更具体地体会阅读材料的个性魅力，从而汲众家之长，补己之短。

比较思维有两个翅膀：一是求同思维，二是求异思维，两翼协同扇动，才能飞得高远。所以，在比较阅读中求同和求异这两种思维方法往往是综合运用的。

三、比较阅读是对传统语文教学局限性的突破

比较阅读的过程，是从一篇课文的学习拓展到多篇课文，从文本内部的阅读拓展到文本外部，学生的学习从较被动转化为较主动，认知从较单一、浅显提升为较系统、深刻的过程。

传统的语文教学往往局限于"这一篇课文",通常是以"这一篇"为中心来学习它,反映的是"以文为本"、"教课文"的教学理念,教学方法的选择上也更多地体现"教师怎样教"。

而比较阅读则超越了"这一篇"的局限,打破了"教课文"的现状,不再仅仅学"这一课、这一段、这一句、这一词",而是由此及彼、举一反三,与课内、课外它们的同类进行横向或纵向的比较,引导学生在自主体验、分析、归纳的过程中,由表及里地准确把握住它们的本质特征,加速对知识的消化、迁移、运用,由点到线、由浅入深地构建知识、方法体系,达到触类旁通、事半功倍、将薄书读厚的效果,真正体现"用教材教""用课文学语文"。

材料2:《鸟的天堂》同课异构:叶开与郭初阳

叶开讲《鸟的天堂》

9月27日下午1点钟,我又来到上海外国语大学附属双语学校,给四年级小学生上一堂《鸟的天堂》。

我请龚鸣和樊阳两位老师帮忙,事先打印一份巴金先生的原文发给听课的学生,请他们对照课文来看,哪些是被删过改过的,这样删改有什么不同?

中午吃过饭,我搭乘地铁一号线在人民广场站换乘八号线,从黄兴路站下,四号口出站右转,就来到了熟悉的靖宇南路,走一百多米就到了学校。

教学大楼五楼大教室里前几排坐满了小学生,他们身体坐得板直,两手叠在桌上,规矩得让我惭愧。后排是二十几位语文教师,都比我年轻,我一看,其中的美女真不少啊。

我打趣说,你们这样看着我,让我很紧张。我看着学生说,大家都放松些,叶开老师来上这堂课,不像你们老师上课那样有各种知识点各种生字生词各种练习。我们这堂课会有很多提问。你们提问我,我也提问你们,但我没有准备好现成的答案,要我们一起在课堂上讨论。大家都要好好想一下,课文里有什么问题?哪些问题是你觉得需要向我提问的?如果你们提出的问题难倒了我,我会很高兴的。我知道很多事情,但我不懂的事情更多。这没有什么好惭愧的。你们现在身处这样的一个时代,又这么聪明,相信你们懂的很多事情,我却一点都不懂。我说,后排坐着教数学的高老师,她是副校长,我一见到她就紧张,因为我数学太差了。

听我说自己数学差，学生们窃笑起来，但还很规矩。后来，渐渐地他们就情绪高涨起来了。

这堂课号称示范课，但我深感不安，因为这种课是要由教师行业里的老大，那些特级教师来巡回演出的。上课时很讲究，要声光电一起上，要控制课堂气氛，要掌握课堂节奏，一趟课下来要表演得完美无缺。而且还要细化要提几个问题，怎样回答，气氛怎样烘托——在一些特级教师的"示范"课堂上，你看到的是电视编导那种对场面的彻底控制，连发生意外时怎样掐断并插入其他镜头来掩饰，都事无巨细地考虑到了。

9月初，我在上海书展上与复旦附中特级教师黄玉峰老师一起做了个讲座，提问时有位教师侃侃而谈，讲了十几分钟自己的教学特点，说他主张课堂上要有"三声"，其中有朗读声、笑声，还有"一声"我忘记了。这名教师在教师行当里应算有想法有追求的，但我以为这种追求无太大意义——如果这笑声是内容空洞的话，如果朗读的是那些可以扔掉的垃圾课文的话。在目前这种僵化的教育体制下，一名教师越敬业，对学生的伤害可能性越大。单就语文课来讲，尤其如此。我和教师交流时，总会问他们，语文课你们每天布置作业，每天让学生写作文，考试成绩是不是一定能有效提高？得到的反馈大多是否定的。我以为没有捷径。语文要成绩好，要真正学到东西，还是要多读，分级、有序、有选择地海量阅读；多写，有针对性、有目的、有实效地写。在课后与教师的座谈时，我提到一位摩根斯坦利的先生说起，现在大学生毕业到公司里，连一封邀请信都不会写。这是谁的责任？在座的小学语文教师、中学语文教师，不能说你们一点责任都没有吧？中小学语文学习10年，毕业生应该学会写信、写邀请函、写申请书、写读后感、写说明书、写介绍信、写情书，这些都是基本的学习要求，一点都不高。当然大学也有点责任，但到大学了还要手把手教这些基础知识，是不是浪费学生的时间？大学应该有更高的学习和研究要求，这些基础必须在中小学时期打好。在中小学时期多读点"闲书""课外书"，到大学时代，无论读理科工科还是文科都只有好处，起码可以培育创造性思维，开拓想象力。所以别说"课堂三声"，我只问问这些基础的应用写作，学生毕业后，有没有学会？有没有写好？这些基础都不好，语文的教学起码可以说是局部失败。

在我们习惯的教育体系里，一名教师要彻底掌控教室，成为教室的主宰。而学生从进校的那一刻起就是"待宰"羔羊了。这种教学模式已经习以为常，是打压式的、磨损式的、集体主义的教育，不是让学生学会思考，能发现问题，而是要学生背诵标准答案。

我们都知道，语文教师都有一本教师参考书，里面有整齐划一的知识点、标准答案以及作家背景资料介绍。这些书，记得我小时候是神秘之宝，只有教师孩子悄悄偷出来，我才有机会看到，并迅速地抄写几页珍藏。现在是互联网时代，教师参考书里提到的一些知识或者背景资料已不再是被控制的秘密。唯一仍然成为秘密的，是考试时出题者给出的标准答案。

我曾开玩笑地问过很多资深语文教师：我出一份卷子给您考，您敢说一定能考出好成绩吗？教师们立即摇头。她们大多是有十几年二十几年教龄的资深语文教师，大多毕业于重点大学中文系，对相关课文知识想必是早已滚瓜烂熟的。但是，我有自己的"恐怖主义"手段——标准答案。即使你的回答很好也未必与我的标准答案完全相同。

有着种种的差异思维，我来上这堂课，可谓"亚历山大"。

我的想法：调动学生的积极性，一起思考，一起发现，一起讨论。

我先介绍巴金。上海武康路113号有巴金故居，成都有巴金文学院。有同学说去过成都，我问印象最深的是什么，一位男生说吃的东西很辣。

我开玩笑说，你看你，首先想到的就是吃。

同学们都笑了。但我说想到吃，一点都不奇怪，吃是很重要的事情。

我的引子：现在我们有什么样的旅行工具？同学们回答：飞机、汽车、火车、轮船、自行车、公交车、地铁、热气球等，我说，最近英国曼彻斯特市准备开通一班公交车直驶喜马拉雅山，全程6 000千米，耗时12天。同学们热烈地讨论起这12天怎么住，怎么吃。我说不知道，但这问题非常好，你们自己有空，可以去查查，研究一下。

我的讨论之一：巴金那个时代人们怎么旅行？

同学们的回答五花八门，什么点子都有：骑自行车、乘热气球、搭轮船、还有脚踏飞机。还好没有人说乘潜艇，或者骑着天鹅旅行（本来我想趁机推荐一下《尼尔斯骑鹅旅行记》，由于时间有限，只好作罢）。我说，这些想法都很棒，可见你们懂得很多。但在1934年的中国，巴金先生到底怎么去广东省江门市新会县那个"鸟的天堂"？

我谈了一下自己的看法：自火车、汽车和飞机发明一百多年以来，地球的面貌产生了翻天覆地的变化，跟我们祖先生活的时代可以说几乎完全不同了。现在我们的生活、我们的交通状况，跟20世纪30年代巴金先生旅行时也大大不同。当时还只有沪杭铁路，乘火车不能直接到达广州。我想时巴金先生从上海去"鸟的天堂"，是搭乘海轮广州到广州黄埔港，然后在乘车去江门，再搭什么车去新会。这趟旅行中,光是海轮就要三四天。可现在乘飞机到广州新白云机场再搭车去新会,一上午就搞定了。巴金先生的旅行比起900年前苏轼的那个时代又方便多了。苏轼是大家知道的,背诵过他的诗"正是河豚欲上时",还背诵过"淡妆浓抹总相宜"。我说,他那时被贬到岭南,从常州去南京,沿长江逆行到九江入鄱阳湖,再到江西省南边的赣州,然后翻越大庾岭,来到了粤东的惠州。这样翻山越岭,千辛万苦地乘船骑马步行,整整花了一年时间。同学们发出表示惊叹的叫声。如果苏轼写一篇游记,我们就可以看到他经过什么地方,看到什么事情,有什么感受了。我们读巴金写这篇《鸟的天堂》也一样,可以知道他去了哪里,见到哪些人,看到什么有意思的事情。

引出问题:对比巴金原文和被删改过的课文,找出哪些地方不同。同学们纷纷举手。集中的问题是,被课文删掉的那些具体的人物交代和景物介绍,有没有必要留着?例如,在"朋友的小学校吃了晚饭",留着好还是删掉好?很多同学认为留着好,因为这样比较具体,比较生动。又如返回时碰到几棵荔枝树,他们摘荔枝吃,这段留着好还是删掉好?很多同学说应留着。我也同意,我说摘荔枝吃很生动也好玩,并介绍苏轼当时的乐观主义精神,即使被流放岭南,他仍然兴致勃勃说"日啖荔枝三百颗,不辞长作岭南人"。但人们能不能每天吃三百颗荔枝呢?这很难,但我6月在广东茂名时参加荔枝节时,那里农业研究人员说是可以的。我们算了算,三百颗荔枝起码有9千克。一般人大概是吃不动吧?有男同学说,吃这么多要流鼻血的。大家都笑了。

我说,荔枝树、还有河流,这些景物描写,包括介绍当地朋友,都是一种具体情景的带入——你不是一个人去玩的,是当地朋友带你去的,而且这朋友有名有姓,不是Z,不是H,而是小陈、叶等。同学们都找出来了,原来是有5个人一起去"鸟的天堂"玩的,还去了两次。关于独木成林,我介绍了一下大榕树的气根和具体的生长蔓延方式,告诉他们一棵大榕树何以能够长到20多亩(1亩≈667平方米)地这么大,并成为一片森林。而且这是15米高的大树,团团簇簇,人在林中只能听见鸟声,几乎看不到树上的鸟,文章里写了"我却看不见一只鸟的影子",为什么呢,是森林树叶太茂密了。第二天去叶的家乡又经过"鸟的天堂","朋友陈把手一拍","我们便看见一直大鸟飞起来"——可见,在这片森林里,只有鸟飞过时才能看见——观察很仔细,体会很真实自然,写来也准确有趣。这是我生活在广东时,对大树、对大榕树的经验。这片"森林"是巨大的茂密的树林,不是灌木,不是幼苗。课文删改后,很多额外添加的词都不准确。

归纳:"鸟的天堂"不是只有一棵大榕树,还有其他的树木和荔枝等,并且周围环境还有人居，例如小学校、叶的家乡、茅草阁、塔、小路等。一个自然状态下的森林，是和平、自然、共生的环境，不是单独的一棵树独霸天下。

核心问题：为何独木成林的大榕树成为"鸟的天堂"？

同学们讨论热烈，答案集中在大树林可以休息、周围可以找到吃的。我再问，这片森林对人来说是不是天堂呢？比如，在座一位同学，放你在森林里待一个星期，或只过一个晚上，你觉得怎么样？这会是人的天堂吗？有同学对睡哪里有疑问，有同学认为只能躺在草地上，我说最好的办法是吊在树上，但我没有来得及说出伊塔洛·卡尔维诺的《树上的男爵》，就被同学的热烈讨论岔过去了。

基本归纳："鸟的天堂"不是"人的天堂"，反之亦然。我问：假如有只鸟来到上海这样的大城市旅游，回去写一篇"人的天堂"，你们觉得应该怎么写？同学们反映很热烈。我介绍，现在大城市有无数摩天大楼，大楼的玻璃幕墙是候鸟杀手，每年有成千上万只候鸟因为看不清路途，而撞死在摩天大楼的玻璃幕墙上。同学们听了很惊讶，也有几位女同学显得很难过。

我从这个问题，引导到当今的世界性主题"环保"上。我说，华人世界对鲨鱼翅的消耗占到全世界95%以上，这导致每年有7 200万条鲨鱼（相当于每天有20万条鲨鱼）惨遭割翅后杀害。鲨鱼是保持海洋生态平衡的最重要一个环节之一，但很多种鲨鱼已经成了濒危动物，这样下去海洋生态即将失衡。同样，如果人类过度开发破坏了河流湖泊的自然环境，缩减了"鸟的天堂"的面积，人的活动过多，那么，在巴金笔下那么丰富多彩，声音绚丽的"鸟的天堂"，可能就会失去原有的魅力了。

游记的写法：时间、人物、事件、地点等基本要素，但不一定要拘泥。比如说，日记要把日期某年某月某一天写清楚，但巴金直接写吃了晚饭就去，也可以，前面怎么旅行的，一点也不写——让我们猜。

集中讨论：这么多人去那大榕树森林，会不会被鸟屎击中？我介绍鸟喜欢飞行中拉屎，而这"鸟的天堂"有成千上万只鸟，被他们拍手惊起，难免趁机起哄拉一泡屎。我介绍说，我的车停到单位，总被鸟拉屎砸得一塌糊涂。有男同学介绍说，他爸爸开车到单位更惨。可见，鸟是爱在飞行中拉屎的。很多人认为这么5个人一起在树林下，很可能被鸟屎击中。我发起了一个投票：假设作者被鸟屎击中了，你认为到底要不要写出来？结果发现，反对写出来的多几票。一位女生说她认为应该写出来，因为很有趣。一位男生说不该写出来，因为这很丢人的。

我说，写出来或者不写出来，都有道理，这要看你是什么心情，你是什么态度了。但是，我们要打破那种分门别类的观点，要知道，实际上很多事情看起来是糗事，但回忆起来，反而很亲切，记忆中的一些特别的事情，也可能让你悠然思念。如果你有足够勇气把鸟屎砸中自己写出来，那也很好，很有趣。

我的课就这么上完了。(本文摘自叶开博客，上述课例选入叶开编著《中国最好的语文书》综合分册)

郭初阳讲《鸟的天堂》

教学过程概述：

预热

1. 课前合唱《明日歌》，导出意象：朝、暮、水、日
2. 出示课题：鸟的天堂
3. 学生大声读、轻声读

一、鸟的天堂里有没有鸟

1. 提问：鸟的天堂里到底有没有鸟呢？出示课件（课件非常形象）
2. 研究课文，找一句跟鸟有关的句子。(学生默读思考)
3. 学生朗读句子、交流。
4. 明确描写鸟的部分。
5. 出示课件：很快地这个树林变得热闹了。到处都是鸟声，到处都是鸟影。大的，小的，花的，黑的，有的站在枝上叫，有的飞了起来，有的在扑翅膀。

二、场面描写的格式练习

1. 指导轻声朗读。
2. 再读此段，请注意这些画横线的词语：
很快地<u>这个树林</u>变得热闹了。到处都是<u>鸟</u>声，到处都是<u>鸟</u>影。<u>大</u>的，<u>小</u>的，<u>花</u>的，<u>黑</u>的，有的站在<u>枝</u>上叫，有的<u>飞</u>起来，有的在扑翅膀。
3. 完形填空，尝试朗读：
很快地＿＿＿＿变得热闹了。到处都是＿＿声，到处都是＿＿影。＿＿的，＿＿的，＿＿的，＿＿的，有的＿＿，有的＿＿，有的＿＿＿＿。
4. 迁移练习，仿照这种方式说一段自己做的事情。(先小组讨论，后交流)
5. 再次背诵原文。
6. 小结模仿的写作意义——学会对大场面的描写。

三、从一到多，再归于一

1. 聚焦声音，这篇课文里有哪两种声音？(鸟声、掌声)
2. 出示课件，解释图意。(学生迷惑)
3. 学生再次研究关于鸟的段落。(生默读半分钟)

4. 教师暗示写作手法:从一到多,再归于一。

四、听录音,比较阅读

1. 明确两件事情:
（1）听录音画出:原文与课文不同的字句。
（2）思考:鸟的天堂是＿＿＿＿＿＿＿＿。

五、鸟的天堂是——

1. 学生沉默思考。
2. 小组学习:A 学生上黑板写答案,BCD 同学负责补充。
3. 小组交流 7 分钟,汇报学习收获。

六、一棵大树,一片树林,一座迷宫

1. 交流 1——一棵大树(学生陈述理由)
2. 交流 2——一片树林(学生陈述理由)
3. 交流 3——一座迷宫(学生陈述理由)

七、一次停泊

1. 交流 4——一次停泊(学生陈述理由)
2. 指导朗读:船在树下泊了片刻。(声音要轻)
3. 聚焦意象:船
4. 出示课件:巴金的诗《黑夜行舟》

"远远的红灯呵,请挨近一些罢。我辞别了山,渡过了江,划起了一只独木小舟,向着人间的海驶去。暴雨吹打我的脸,巨浪颠簸我的舟,但是它们并不曾淹没了我。"

1. 教师解释诗歌和课文的写作背景。
2. 再读那句话:船在树下泊了片刻。
3. 拓展讲解停泊的意义——发现了一个天堂。

八、一点留恋,一个小岛

1. 朗读理解一点留恋:

"当小船向着高塔下面的乡村划去的时候,我回头看那被抛在后面的茂盛的榕树,我感到一点留恋。昨天是我的眼睛骗了我,那'鸟的天堂'的确是鸟的天堂啊!"

2. 出示课件,地图俯视图,观察理解周围是水,其实是一座岛屿。

九、课文与原作的词语比较

1. 学生先谈不同之处,教师再集中出示:

卧——斜躺；时期——时节；展示——展览；照耀——闪耀
2. 学生分组讨论用词之高下
3. 教师下发调查问卷：
班级　　　　　　　　　学生
《鸟的天堂》的两个版本，我更喜欢——（请在括号中打钩）
A、课文删节本［　　　］　　B、讲义（足本）［　　　　］
因为

【问题与讨论】从同课异构看文本解读的教学价值

【问题】什么是同课异构？

同课异构模式是指同一课程，同一教学内容，由于教师的教学风格、习惯、授课环境条件等的不同所导致的课堂进程、结构、师生活动空间、授课方式及其效果等方面存在差异的课堂模式。同课异构是教学型教研的一种模式。它以课例为载体进行课堂教学实践研究。课例是关于一堂课的教与学的案例。课例研究是以具体的课为对象的研究。重在回答"做什么"（教学目标和教学设计）、"怎么做"（教学策略）以及做得如何（教学评价与反思）。主要涉及一节课中各类教学问题的解决，促进教师课堂教学能力的提高。课例研究重在对课本身的改进、优化和提高，从而给出问题解决的示例。

1. 什么是"同课异构"

所谓"同课"，就是相同内容的一节课。所谓"异构"，就是不同的教学构思。这个构思，包括教学设计、教学策略和方法、教学风格和课堂结构等。

由上可见，"同课异构"，就是同一堂课，不同教师有不同的构想、不同的上法。大家在比较中相互学习，扬长避短，共同提高的课例教研活动。其流程一般为：教研组或备课组商定出相同的教学（教研）主题（内容），由两个以上教师分别备课、上课，教师集体听课、评课。

实施这一模式并取得成效的关键在于：第一，教师教学经验、背景不同，教学个性、教学风格差异明显，对所教内容有不同的思路和观点；第二，所选教学主题内容具有一定的开放性，易于发挥教师的主观能动性和教学创造性。多元性是新课程、新课堂的基本特征，教师要善于在开放、多元的教学环境中，学习和借鉴他人的经验和做法，形成和发展自己的教学特色。

2. 为什么要开展"同课异构"活动？

开展"同课异构"活动有利于教师更好地理解课程标准，提高教学的有效性。"同课异构"中的"异构"不是目的而是一种手段，是通过不同的教师或者同一个教师用不同的设计上同一节课这样的手段来帮助教师更好地理解课程标准、更好地把握适合不同教学内容的教学方法、更好地了解适合不同学生特点的教学情景、发现平时教学中的一些低效甚至无效的教学方式等，来实现提高教学有效性的目的。而这些问题通过独自的思考很难得到透彻的理解并得到解决，但拿出来大家一起研讨后，很快就可以明确。正如苏霍姆林斯基所言："任何一个教师都不可能是一切优点的全面的体现者，每一位教师都有他的优点，有别人所不具备的长处，能够在精神生活的某一个领域里比别人更突出、更完善地表现自己。"教师之间的这种差异性资源，在合作中得到了充分的利用。

这种模式的教研，促进了教师积极参与和积极探讨的意识，操作性强，通过对比，有利于教师对新课程理念与方法的把握，有利于教师把先进的教学理念转化为实际的教学行为。这种模式也促使每位教师在教研中必须去仔细地观察、深入分析，并对照比较提出个性化的意见，提高教师对新课程理念的理解与教学领悟能力。

有教师认为"同课异构"的目的是为了教学研究，也有的教师认为"同课异构"活动就是要强调"异"。其实并不尽然：

首先，"同课异构"是由学生学习的基本特点决定的。《基础教育课程改革纲要》指出课程内容要关注学生的经验，各学科的课程标准也都对关注和丰富学生的经验提出了具体的要求，这对深化教学改革、促进学生的发展有着重要的意义。对于学生而言，一次完整的课堂学习是学生从自身的认知起点出发，向课堂学习目标不断渐进与逼近的认知发展过程。就这一过程来说，在学习目标既定的情况下，起点的选择决定着这一过程的距离长短，而适宜的距离空间是学生开展课堂学习所必需的。其实，有的时候，学生在理解、构建新的知识的时候，虽然缺乏相应的知识基础，但却具有一定的经验基础，在"已知"上并不是一张白纸。可实际上，很多老师在备课和上课的时候，往往忽略学生已有的经验，将学生作为零起点进行课堂预设。鉴于此，我们的备课预设或课堂上应给予充分的考虑，并从中开始。例如：在七年级历史与社会课程中有关于理财的内容，结果发现在住校学生比较多的班级对合理安排个人的消费就比较有见解，而在生活在国家机关工作人员家庭的学生较多的班级则在关于国家的投资、预算等内容了解的比较多，这就要求我们有不同的教学设计。

其次，教师的个体差异。教师的教学设计其实就是教师根据自己对课程的理解，对课程内容的一个再开发的过程。而教师对课程内容的发掘，到教学策略的选择，从对问题的设计到课堂氛围的营造，甚至用一套什么样的语言，背后都有思想的底蕴，只是有时我们不自觉罢了。而这种底蕴与教师对教育的认识、专业知识水平、课堂的管理能力、甚至性格特征等都有着密切的关系，特别是在综合课程中，原有学科背景不同的教师对同一个问题的理解和设计必然有很大的区别，而这些差异中的大多数是无法改变的。这个也是为什么一个优秀教师的成功教学设计其他教师很难移植的一个根本原因。

【讨论】 两节《鸟的天堂》的教学价值分析

开展"同课异构"活动有利于教师的成长，促进教师的发展。"同课异构"活动为教师的成长提供研究案例，在教师的专业发展中，个人的感悟是一个十分重要的过程。教师们在教育教学实践中表现出的实践知识和智慧，在很大程度上是缄默的知识和情境性教育机智。这些缄默知识和教育机智难以以"客观知识"的形式、用语言来陈述和传授，只能在个人实践活动中得以表达。"同课异构"活动中的相互听课或者是个人用不同教学设计上同一个内容的过程就是一个体验和感悟的过程。而这些体验和感悟通过教师个人的思考与实践可以影响甚至改变教师的教学行为达到促进教师发展的目的。下面的三个问题，请认真思考后简要写出你自己的观点。

读完叶开和郭初阳关于《鸟的天堂》一课的教学课例，你有什么感受？

叶开和郭初阳两位老师，你更欣赏哪一位，为什么？

叶开和郭初阳在对《鸟的天堂》一课的教学价值定位有何异同？

理论点1 黎锦熙的"三段六步"教学法

黎锦熙（1890—1978），湖南湘潭人，现代著名语言文字学家、语文教学法的奠基人之一。从小受到良好的教育，诗、书、画、印均有很好的功底。20世纪初步入语文教育界，从事语文教学和科学研究近70年。涉及的领域包括语法学、修辞学、音韵学、训诂学、目录学、辞书学、教育学、方志学、史学、文言教学、词典编纂等。在国语运动史和语言文字改革的研究方面，他是努力最久、建树最多、影响力最大的学者之一。

虽然黎锦熙的"三段六步"是在近一个世纪前提出的,但现在看来,他所提出的学生自动、教师主导的教学观与当前的生本课堂理念是一致的,尤其是他倡导的主张打通课内外语文,通过课内促进课外语文的学习自动主义阅读教学程序对当今语文教学仍具有重要的指导意义。

在教育实践中黎锦熙先后提出了"言文一致""国语统一""大众语文"等口号,并亲身投身到语文教育教学理论的研究当中,于1924年出版了《新著国语教学法》,是我国第一部语文教学法专著,系统地提出了改革国语教学的理论主张并制定了具体的操作计划。同年又出版了《新著国语文法》,又是我国最早、最系统研究白话文法的专门著作。

在1924年出版的《新著国语教学法》(商务印书馆发行)中,黎锦熙提出了阅读教学的"自动主义的形式教段",这种教段的主要特征是自动主义指导下的"三段六步"。"三段"即理解、练习和发展,其中每个阶段又分作两步,称为"六步",即预习、整理、比较、应用、创作、活用(图2-1)。从《新著国语教学法》一文语境来看,"形式教段"即今日所说的"教学程序"。1946年,历经20多年的实践探索,黎先生将"三段六步"并为"四段",将"整理"独立为一段,形成包含预习、整理、练习、发展四段的自动主义阅读程序。四段下面,则没有再进一步划分明显的步。

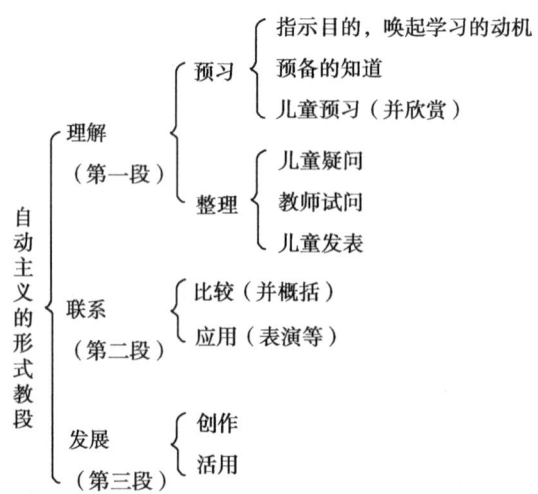

图2-1 黎锦熙:阅读教学的"自动主义的形式教段"

从"三段六步"到"四段",这一阅读程序的自动主义特征更加突出了,其适用阶段和范围更加广泛了,其步骤也更加简明而易于实际操作了。

一、学生自动、教师主导的师生观

黎先生认为,阅读教学最终目的是为了培养学生的语文能力和研究兴味。所谓语文能力,主要指能掌握并运用汉民族语言运用的"基本规律";所谓研究兴味,主要指能有读书的兴趣,语言文字鉴赏、批判的能力,"最要紧的,就是养成儿童到图书馆自由参考的习惯。再进一步,便要养成儿童对于文学(广义的)之鉴赏和批判的能力"。他尤其强调研究兴味的养成,"我国普通社会的根本弱点,就在于没有研究心,缺少求知的兴趣……研究心和求知的兴趣,在儿童时代不能够培养出来,那么,一般国民还是没有读书欲,还是不能收得适应时代的知识,还是不能有清新的活动力:这种国语教育,也不免要归于失败的"。

自动主义阅读程序设计的本义,就是要改变教师逐句讲解的弊病,把阅读学习的主动权交还给学生。因而,它非常重视学生学习的自觉主动性。这贯穿在每一个阶段,如预习段,学生首先要自学;整理段,学生要汇报自学成果;练习段,学生要动口动手跟老师学;发展段,学生则要实践所学。它的这种自觉主动学习,又不是放手让学生纯粹自学,而是将学生的自觉主动与教师的主导紧密结合。每个阶段教师都要指导:内容不同,教师的指导不同;学生不同,教师的指导也不同;学段不同,教师的指导也不同。总之,让学生的自动,成为教师主导的前提;让教师的主导,成为学生自动的方向。教与学在这里相互统一,相互促进。

二、听说读写四项共通的训练观

自动主义阅读教学程序,深刻体现了黎先生听说读写四项共通的语言观。

1. 以读促说。如"整理"段,要求"凡'整理'一项——问疑,试问,发表,都是练习话法的机会",意思就是要在阅读时抓住一切可能的机会有意识地训练学生说的能力。

2. 以读促听。在白话文阅读教学设计时,提出预习报告、范读、齐读时学生皆不可对看文本的"三不可"原则,并指出这样做的目的主要是想"'通过耳治'并训练'朗读'以结合语言",即通过读促进听,通过听促进读。即使像文言文这种高度书面化的文字,他也强调要做到读听结合,如在文言文朗读过程中学生须"对看文本而听"。

3. 以读促写。发展段中,他提出:"大凡作文出题与指导,必使与已讲读之教材有密切的关系;批改,亦必使能据已读之文而反省。"意思就是说,阅读要

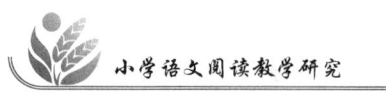

促进写作,写作要结合阅读,两者相互联系,相互促进。总之,黎先生的自动主义阅读教学程序,是以读为中心,听说读写四项相互促进、相互提高的阅读教学程序。

三、课内课外兼顾的课程资源观

自动主义阅读教学程序主张打通课内外语文,通过课内促进课外语文的学习,通过课外语文的学习提高对内语文的学习兴趣。这反映了黎先生开阔的语文课程资源观。他指出:"对于课内的'作文'和'略读(阅读参考书)',对于课外的一切有关语文的活动(如开会记录、写报告、壁报、通信、投稿、口头的宣讲、辩解、问答以及文娱的朗诵、演剧和看电影等),都实际联系起来,而予以有计划有系统的指导,使在讲读课上所学习的,能应用到现实生活上去,获得真切的意义,更增加学习的兴趣。"

黎锦熙的教学法是否对你有所启示?你能参考这些方法(或别的阅读教学方法)设计一节你自己的《鸟的天堂》阅读分析课吗?

材料3:蒋军晶:阅读教学的价值取向

《语文新课程标准》指出:"阅读教学是学生、教师、文本之间对话的过程。"价值取向是学生、教师、文本三者在对话过程中得到的共识。

如果有人问你,阅读教学要培养学生什么?谁都不会怀疑"听说读写"能力的培养是语文课的主要任务。但教学实际中,由于观念或理解的偏颇,课堂呈现的教学形态也会不一样。常见的有以下两种价值取向的教学形态:

◆通过"听说读写"读懂课文("文本解读式"教学形态)
◆凭借课文培养"听说读写"能力("表达本位式"教学形态)

通过"听说读写"来读懂课文,教学指向是课文内容;而凭借课文,培养学生的"听说读写"能力,教学指向是儿童的言语能力。或许,在比较中才容易发现问题,我们以人教版五年级下册《威尼斯的小艇》第四自然段两位老师的教学课例为样本,试着比较一下两种阅读教学的取向。

教学案例一:
师:听老师范读,看看哪些地方描写了船夫的驾驶技术特别好,用笔批注。
生:行船的速度快,操纵自如,毫不手忙脚乱。(理解"操纵自如"的意

思,并尝试让学生换词)

生:遇上拥挤的地方,它也能挤过去。

生:还能作急转弯,非常平稳、安全。

生:两边的建筑飞一般地往后倒退,写了行船速度快,也表现了船夫的驾驶技术好。

师:那老师为什么要在中间停顿一会呢?(教师在朗读中故意最后一句话前停顿片刻。)

生:我明白了,在这里,前面一部分描写了船夫,后面一部分描写了"我们"。

生:前面一部分描写了船夫的驾驶技术特别好,后面一部分描写了"我们"坐船时的情况。

生:前面一部分通过描写船夫如何驾船来表现船夫的驾驶技术特别好;后面一部分通过描写"我们"坐船时的感受来表现船夫的驾驶技术特别好。

师:你们说得真好。在听老师读的过程中体会到了作者描写的不同方法,从概括写到具体写,有正面描写和侧面描写。我们再次读读这个段落,来体会它们的不同。

这个教学片断中,学生听读、批注、交流,本是学生的语文学习活动,但教学指向读懂"船夫的驾驶技术特别好",感受小艇的作用和行船的乐趣。这样的学习活动结束后,给学生留下的只有内容——"船夫的驾驶技术高超",即使懂得从概括到具体,正面描写与侧面描写相结合表达形式,那也是抽象的概念,未必就"会"了。

教学案例二:

师:我们能不能给写船夫驾驶技术特别好的这个部分设计个表格或提纲,让人一看就知道,"船夫驾驶技术特别好"(学生边读边动笔自行设计,师巡视,发现典型)。

师:设计好的同学想一想,如果让你向大家介绍你的设计,你准备怎么说呢?现在,我们先来看看这位同学的设计。(投影卡片)从他的设计中,你看出他都读懂了什么呢?

生:我看出他读懂了"船夫的技术特别好",表现在3个方面:在船只很多、速度很快的情况下,船夫能操纵自如;在拥挤的情况下,船夫能左拐右拐地挤过去。

师:好,请你们再读这一自然段,根据文中意思用不同的关联词连接它们,准确地概括出船夫驾驶技术特别好的4个方面。

学生读书、思考后纷纷举手回答：虽然来往船只很多，但是船夫操纵自如。（板书：虽然……但是……）；不管怎么拥挤，它总能左拐右拐地挤过去。（板书：不管……总……）；即使是极窄的地方，它也能快而平稳地穿过。（板书：即使……也……）；不仅行船速度极快，而且能作急转弯。（板书：不仅……而且……）。

师：我们再来看看这两份设计，（投影）仔细看看，有什么不同吗？

生：我觉得第二份设计比第一份简单明了，他抓住了这一段的关键词"操纵自如"来设计。

生：我觉得第二份从船夫的驾驶和我们的感受两个方面表现驾驶技术，条理清晰。

师：老师发现，同学们的设计各有特色，有的抓住了关联词（投影演示）；有的分为"情况"与"表现"两方面来说明船夫的驾驶技术特别好（投影演示）；还有的，一份（投影演示）老师一时不知该怎么介绍了，它用上了关联词。下面请同学们也学着来写一写。

【媒体出示：今天天气很热……（提示：请你依据知了、狗、风、树、蒸笼这几个词，接着写一个片断，文中不出现"热"字，但写后的语言能给人感觉非常热。）（学生写略）】

师：真不错，我很欣赏你能把文中的语句化为了自己的理解！我们通过表格、讨论评议、创作，更加深入地体会到观察，用正面描写和侧面描写来表现一个事物。

这位老师让学生自主阅读课文，并尝试自主设计表格，以自己的理解介绍"船夫的驾驶技术"，无疑是让学生创造性地复述。同时，教师还提供类似的表达素材，让学生再创作，其概括写和具体写，正面描写和侧面描写的课程内容全隐含在学生学习的活动中了。

以上两个教学案例在比较后不难发现：同样的课文内容，两位教师却呈现出不同的课程内容，其教学形态也不一样了，其背后的实质，就是课程价值取向的差异。笔者就这两种教学取向命名，前者为"文本解读式"教学形态，后者为"表达本位"式教学形态，现分别就它们的利与弊稍作阐释，以便学理上作探讨。

我们所说的"文本解读式"，与"文本解读"这个概念不同，前者是课堂的表现形式，后者是为课堂教学服务。"文本解读式"教学形态，往往以教师的解读作课程内容，教学内容也往往以文本为中心，即学习教材其本身。而"表达本位式"教学形态，主要是借此材料（课文）为学生搭建"听说读写"的平台，在学生读解的基础上再通过言语活动，"听说读写"后转化为学生自己的内容。

【问题与解析】文本解读

【问题】什么叫文本解读？

"表达本位式"的教学形态是否也是文本解读的一种方法？

上述问题的答案你是如何获得的？

【解析】文本和文本解读

一、文本和课文文本

西方的文本一词，源于拉丁文的 texere，本义是波动、联结、交织、编织，并因此衍生了构建、构成、建造或制造等意义。文本定义颇多，可归纳为：一句话、一件事、一个人等被用话语记录下来，都可被视为文本。

文本，是指书面语言的表现形式，从文学角度说，通常是具有完整、系统含义（Message）的一个句子或多个句子的组合。一个文本可以是一个句子（Sentence）、一个段落（Paragraph）或者一个篇章（Discourse）。广义"文本"：任何由书写所固定下来的任何话语。（利科尔）狭义"文本"：由语言文字组成的文学实体，代指"作品"，相对于作者、世界构成一个独立、自足的系统。课文文本就是由语文课文组成的文学实体。

二、文本解读

"解读"的词典义为：（a）阅读解释。（b）分析；研究。（c）理解；体会。文本解读在新出版的《现代汉语规范词典》中解释为："通过分析来理解。"文本解读具有开放性、多元性、历史性、现实性、生成性、个性等特性。文本理解的价值在于实现作者与读者的交流，即通过自己的实际去走进文本，走近作者，形成自己对文本的理解。

三、文本解读范式

在库恩范式理论中，"解读"兼具上述3种词典意义，更有范式意义的参与。"解读"活动一般对文本而言，文本范式亦伴随着文本解读的全过程。"文本范式"术语接近通常所言的"研究范式""解释框架""描写模式""认知模型"

"叙事方式""结构原则"等,但与这些概念的内涵外延义相比,接受了库恩范式理论的文本范式理论更具宏观视角、动态发展、多元构成的综合要素特征。

当前,文本解读体现了从作者范式到读者范式的革新。

1. 作者范式

传统的文本解读范式以作者为中心,强调文学文本是作者根据其自身经历撰写的文字,表达作者的特定观点和情感。写作是核心,而阅读则处于附属地位,以读者通过作品理解作者,还原作者的观点、情感,凸显作者表达维度为目的。

作者范式为:

第一,基本假设:文学是作者的自我表达。文学文本由作者在其自身经验的基础上创作出来。作者运用一定的表达策略,通过文学形象表现作者从现实生活中提炼出来的观点和情感。

第二,分类学:文学文本可根据作品表达方式的差异、作者生活经历的类型、传递观点、情感的差异等表达维度进行多种分类。

第三,术语词典:包括作者背景、表达方式、文学形象、思想感情、体裁、形式、作品基调。

第四,学科的基本研究方式:结合作者经历和文学形象,从文本中抽象出前后一致、内外相符的"作者"观点与情感,在此基础上分析作者在文本中使用的表达层面的策略、方式。文本解读的目的性较为明确。

第五,经典研究范例:在长期的批评实践中抽象出来的"作者经历""思想情感""表达方式""语言形式特征"四元论。

作者范式的文本解读最早可追溯到前亚里斯多德时代,它本源于人类抽象理性思维所支持的一元论,即设定任何现象之上都有一个统一有序的本原存在,而人类可通过抽象理性把握这一本原。

文本解读过程中,作者的思想情感自然占据了这一先验本原的位置,一切文学现象都被视为这一本原的派生和演变,而对文学的批评研究,即是要通过纷繁、复杂的文学现象去抽象,还原这一本原。虽然千百年以来,文学研究经历了翻天覆地的变化,但作者范式的文本解读始终稳固地存在、运行。

2. 读者范式

在文本解读的长期实践中,搜寻隐藏在文学现象背后的统一有序的作者意识并非总是那么奏效。例如,批评者们常常碰到如下问题:在作者不在场的情况下,不同批评者(读者)对同一作品中的作者意识进行搜寻,得出完全不同结果,且都能成立,彼此无法调和。在西方有"一千个读者眼中就有一千个哈姆莱特"的说法，在东方则有不同学派对《红楼梦》的批评争论僵持百年不下。

同样的批评方式从同一文本中抽象出完全不同的作者意识，只能说明以作者为中心的一元批评范式本身存在缺陷。在长期的研究实践中，这类反常现象出现，问题意识累积，集聚成一股强大的力量，在研究者的意识中反复呈现，最终成为呼唤范式转换的契机。

既然不同读者根据统一文本和同一研究范式会得出截然不同的结论，那么这个被我们预设为先验存在的作者意识本身就不应作为权威，凌驾于文学活动之上，只有取消作者意识的本原地位，不同读者在研究中得出不同的批评结果时才不至于水火不容。一元，不再是文本解读的终极旨归，多样性的存在才是真理（图 2-2，2-3）。

图 2-2　格式塔转换：人脸/花瓶幻觉

（转引自弗里德里希·温格瑞尔等）

图 2-3　鸭子还是兔子

（转引自野家启一，2002：151）

理论点 2：阅读教学的价值取向与文本解读方式

学生以何种方式阅读，是被我们的阅读教学所"构造"的，很大程度上取决于语文教师的阅读方式。王荣生在其所著《语文课课程论基础》中梳理了文本解读方式的 4 种取向：

1. 概括段落大意和中心思想，寻求"思考与练习""正确答案"的**"作业者"**取向；

2. 以课文形式分析为主，归结为生词、语法、修辞、章法、结构特点、语言特色等的语文教师**"职业性阅读"**取向；

3. 遵循 2000 年大纲，以诵读为主要样式的**"鉴赏者"阅读**取向；

4. 2001 年《标准》所倡导的**"感受性阅读"**，在教学中表现为对"讨论法"的倚重。

当前的语文教学中，语文教师们都正经历着"鉴赏者"取向与"感受性阅读"，很多习惯了"作业者"、语文教师"职业性阅读"方式的教师更体验着两

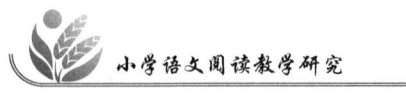

种价值取向激烈争斗的煎熬……

学生被语文教师所教的阅读是特定方式的阅读，其中蕴含着意识形态。但这个价值取向的问题长期被遮蔽，甚至有意被隐瞒了。然而这个取向问题也并不是自然而然就能被"看见的"。正如心理学告诉我们的，你想看什么，才能看见什么，"看见"需要现有"思想"。"阅读"教学的目的，是使学生会（建构）在阅读中如何合适地倾听、合适地言说，即学会"对话"——与文本的对话。

语文教学的内容，是必须由教学双方在教学实践中现实地生成出来的；语文教学的过程，也就是一个语文教学内容生成并完成的过程。改"教学大纲"为"课程标准"后，教师不再是教科书的执行者，而是教学方案（课程）的开发者，即教师是"用教科书教"，而不是"教教科书"。

叶开和郭初阳在讲《鸟的天堂》一课时，都不约而同地用到了原著与课文文本的对比，尽管教学价值的落点稍有不同，但他们在课文与课外文本之间的腾挪、迁移、切换、闪回，以及各种文本的交叠、互释，却有着异曲同工之妙。他们引领学生走入丰富的文本世界，犹如一座交叉小径的花园，在阅读与思维的游戏中领受语文课的独特魅力，而全无机械操练的单调与枯燥。

丰富的文本世界还有另外一层深意。美国教育家 Stephen D. Krashen 在进行了长期的阅读研究之后得出结论："阅读总是比直接教学来得有效。"提供尽可能多的文本供学生自由阅读，几乎是郭初阳语文课的规定动作。有的阅读材料不为特定的教学目标服务，甚至不一定与课文有直接的关系。在这里，文本阅读的目的就是阅读本身。由此，阅读教学中文本的教学价值是多元的，并且从来都不是显性存在的，文本的教学价值蕴含在教师引导学生进行文本解读的过程之中，总体上遵循课程标准的要求，但在实际操作中，更多的还是有教师个体对文本教学价值的认识程度、教师根据学生学力有侧重的培养目标所决定的。

实践：课文文本我来读（大作业二选一）

<要求>课文文本我来读——文本解读的教学尝试。

学习叶开和郭初阳的同课异构，应用本章两个理论点的知识分析，请针对《鸟的天堂》，或选择小学语文课本中的一篇其他课文，通过搜集课文文本与原著、同课异构教学案例，或通过与教师指导用书（教参）的对比分析，提出自己的观点或者教学设计。

步骤一：搜集和课文文本有关联的资料；
步骤二：确定教学目标（落点），据此取舍搜集到的材料；
步骤三：完成第二课时的阅读教学设计。

<支持>：

1. 阅读教师提供的参考书，图书馆借阅小语教材和教师用书；

2. 程老师的【i思考EDU趴】公众号中【教师教育】菜单内【文本解读】中的内容；

3. 百度和知网围绕关键词"文本解读"或相关课文题目搜索。

【研究报告范例】《火烧云》课文与原著对比的教学研究

提示：这是一篇"**案例分析类**"小论文，这是进行教育教学理论阐述或教学实践说明、指导常用的写作表述文体。"教学案例分析"的写作主要由两部分构成："案例"部分和"案例分析"部分，"案例"就是实录或提出教学的实例，"案例分析"就是针对案例进行分析，为了更鲜明地显示案例分析所针对的内容——课文文本与原著的比较分析，在两者之间增加了"提出问题"的部分，预先告知在本案例研究中要讨论和解决的中心问题。

"教学案例研究"的写作中要求：一是"案例"一定要客观真实的实录和转述。对案例一般不改动，可以删节，但必须尊重原文和原事件；一定要注明案例的出处。二是"案例分析"写作在内容上要注意针对性。要紧扣案例进行分析，不要游离案例泛泛而谈；要注意理论性，评议要言之有理、有据，注意深度；要注意归纳评价，要有自己的评议和分析，不要人云亦云；在形式上，要尽量使用"本案例""本案例中的……"字眼。

这篇范文中，立足课文文本与原著的对比，对教师指导用书中的教学定位进行讨论分析，并提出了自己的教学设计，较好地做到了有理有据的分析，但在应用相关理论方面还仍然有进一步深化的空间。

正文：

《火烧云》课文与原著的对比研究
陈萌　小学教育专业2013级

一、《火烧云》的原文

晚饭一过，火烧云就上来了。照的小孩子的脸。大白狗变成红的了。红公鸡变成金的了。黑母鸡变成紫檀色的了。喂猪的老头子，往墙根上靠，他笑盈盈地看着他的两匹小白猪，变成小金猪了，他刚想说：

"他妈的,你们也变了……"

他的旁边走来了一个乘凉的人,那人说:

"你老人家必要高寿,你老是金胡子了。"

天空的云,从西边一直烧到东边,红堂堂的,好像是天着了火。

这地方的火烧云变化极多,一会红堂堂的了,一会金洞洞的了,一会半紫半黄的,一会半灰半百合色。葡萄灰、大黄梨、紫茄子,这些颜色天空上边都有。还有些说也说不出来的,见也未曾见过的,诸多种的颜色。

五秒钟之内,天空里有一匹马,马头向南,马尾向西,那马是跪着的,像是在等着有人骑到他的背上,它才站起来。再过一秒钟。也没有什么变化。再过两三秒钟,那匹马加大了,马腿也伸开了,马脖子也长了,但是一条马尾巴却不见了。

看的人,正在寻找马尾巴的时候,那马就变靡了。

忽然又来了一条大狗,这条狗十分凶猛,它在前面跑着,它的后面似乎还跟了好几条小狗崽。跑着跑着,小狗就不知跑到哪里去了,大狗也不见了。

又找到了一个大狮子,和娘娘庙门前的大石头狮子一模一样的,也是那么大,也是那样的蹲着,很威武的,很镇静地蹲着,他表示着蔑视一切的样子,似乎眼睛连什么也不眨,看着看着的,一不谨慎,同时又看到了别一个什么。这时候,可就麻烦了,人的眼睛不能同时又看东,又看西。这样子会活活把那个大狮子糟蹋了。一转眼,一低头,那天空的东西就变了。若是再找,怕是看瞎了眼睛也找不到了。

大狮子既然找不到,另外的那什么,比方就是一个猴子吧,猴子虽不如大狮子,可同时也没有了。

一时恍恍惚惚的,满天空里又像这个,又像那个,其实是什么也不像,什么也没有了。

必须是低下头去,把眼睛揉一揉,或者是沉静一会再来看。

可是天空偏偏又不常常等待着那些爱好它的孩子。一会儿工夫火烧云下去了。

二、原文与课文对比

(加下划线的是被去掉的原文中的文字,加删除线的是被修改的原文中的文字)

晚饭一过后,火烧云就上来了。霞光照得小孩子的脸是红红的。把大白狗变成红色的狗了,红公鸡就变成金的了。黑母鸡变成紫檀色的了。喂猪的老头手儿,在往墙根上靠着,他笑盈盈地看着他的两头小白猪,变成小金猪了。他刚想说:

"他妈的，你们也变了……"

他的旁边走来了一个乘凉的人，那人说对他说："您你老人家必要高寿，您你老是金胡子了。"

天上空的云，从西边一直烧到东边，红堂堂红彤彤的，好像是天着了火。

这地方的火烧云变化极多，一会儿红堂堂红彤彤的，一会儿金洞洞金灿灿的了，一会儿半紫半黄的，一会儿半灰半百合色。葡萄灰、大黄梨梨黄、茄子紫，这些颜色天空上边都有，还有些说也说不出来的、见也未曾见过的颜色，诸多种的颜色。

五秒钟之内，一会儿，天空里有出现一匹马，马头向南，马尾向西。那马是跪着的，像是在等着有人骑到上它的背上，它才站起来似的。再过一秒钟。没有什么变化。过了再过两三秒钟，那匹马加大起来了，马腿也伸开了，马脖子也长了，但是一条马尾巴可却不见了。看的人正在寻找马尾巴的时候，那匹马变模糊麈了。

忽然又来了一条大狗。那这条狗十分凶猛，它在向前面跑着，它的后边似乎还跟着了好几条小狗仔。跑着跑着，小狗就不知跑到哪里去了，大狗也不见了。

又找到了接着又来了一头个大狮子，跟和娘娘庙门前的大石头狮子一模一样的，也是那么大，也是那样蹲着，很威武的很镇静地蹲着。它表示着蔑视一切的样子，似乎眼睛连什么也不眯，看着的一不谨慎同时又看到了别一个什么。这时候，可就麻烦了，人的眼睛不能同时又看东，又看西。这样子会活活把那个大狮子糟蹋了。可是一转眼，一低头，那天空的东西就变了，若是再找，怕是看瞎了眼睛再也找不着到了。

大狮子既然找不到，另外的那什么，比方就是一个猴子吧，猴子虽不如大狮子，可同时也没有了。

一时恍恍惚惚的，满天空里又像这个，又像那个，其实是什么也不像，什么也看不清了没有了。

必须是低下头去，把眼睛揉一揉揉一揉眼睛，或者是沉静一会儿再来看。

可是天空偏偏又不常常不等待着那些爱好它的孩子。一会儿工夫，火烧云下去了。

三、课文文本与原著的比较分析

一般而言，经典作品都是过去时代创造的，已经固定下来的文字，对于它们，无论是增删内容、改动情节还是文字替代在某种意义上都是对它们及作者的不尊重（何况多数作者已不在人世，无法征得他们的同意）。但说及入选教材，尤其是小学教材，作为孩子们的学习范文，不少人可能会认为应另当别论。他们会说，经典作品往往篇幅较长，有些夹杂生僻字，有些带有当时时代印记的字词、用语和表达习惯与今天不同，有些头绪太多、情节太复杂，还有些"儿童不宜"，因此有必要对它们进行改写，以便学生能更容易、更正确地接近它们。这些理由诚然都有道理，但并不意味对经典作品的改写就没有原则和标准。经典作品往往体现着语言、情感和审美3个因素的完美结合，它的基本特征是原创性、完整性和丰富性，因此改动应以不损害这3个特性为前提。

通过对《火烧云》原文与原著的对比，同样，我发现了很多改编的地方。当然，原文有一些地方是应该改动和删除，但是有很大一部分我觉得应该尊重作者和站在作者的角度来写。通过对比与分析，我下面就从3方面来说一说我自己的看法。

首先，从课文改好的地方来说，课文将老头说的话"他妈的"去掉。从小学生的认知特点和对他们价值观的培养这方面来说，这种不雅的词必然不能搬到台面上来。

其次，从语言风格上来说，我觉得课文原文的任何删减都是对作者的语言风格的一种破坏，都是对作者的不尊重。从小的方面来看，课文删除了原文中的很多"了""的"的地方，并且将作者特有的方言也改成普通话，如将"红堂堂"改成"红彤彤"，将"金洞洞"改成"金灿灿"。语文课文并不是修改作文，也不是学生普通话的范读本，它是学生学习语言文化的媒介和传播载体。如果将所有的课文改的千篇一律，语言风格也都大同小异，那学生的眼界也不容易开阔，更不利于学生语感的培养。从大的方面来说，课文不仅删除掉了细节的部分，也对原文的大部分做了改动。如描写狮子的那一段，课文将其大肆地删减，"它表示着蔑视一切的样子，似乎眼睛连什么也不睬，看着的一不谨慎同时又看到了别一个什么。这时候，可就麻烦了，人的眼睛不能同时又看东，又看西。这样子会活活把那个大狮子糟蹋了。"这一段话十分生动地描写了石狮子的威武，同样很好地证明了火烧云样子的变化多端、惟妙惟肖。课文又为什么将其删去呢？原因可能有两点，一是这段话有些拗口难懂，不符合小学生现在的认知水平，二是课文选择注重突出对马的描写，所以削弱了对石狮子的描写。但无论原因如何，将这一段删除确实不符，完全改变了作者的语言风格。由此可见，课文对火烧云这篇课文做的改动严重影响了作者语言风格的展现，将这种中规中矩的课文拿给学生，让学生无法真实地站在作者的角度上理解课文，对语文教学也是不利的。另一方面，语文的阅读和写作也是分不开的，学生阅读什么、形成怎样的写作风格、拥有怎样的语感，这些都是密不可分的。然而，课文是学生阅读的重要部分，千篇一律的阅读带来的是学生们千篇一律的写作风格。这不应该是语文教学的目的，也不应该是培养学生的目的。

最后，从思想感情上来说，我觉得教师和课标定位的教学目标也与作者的初衷有所不同。我们可以先来看看《小学教师用书》中对《火烧云》这篇课文是怎样定位的。

第4课　火烧云

一、教材解读

这是一篇非常优美的写景之作。著名女作家萧红以热情酣畅的笔墨给我们勾画了一幅绚丽多姿的火烧云图景。

教学本文，要引导学生边读边想象课文描绘的画面，感受大自然的美妙景象，还要体会作者是怎样生动地描写火烧云颜色和形态的变化的，并在反复诵读中积累语言。

二、教学目标

1. 认识5个生字。
2. 有感情地朗读课文，背诵自己喜欢的段落。
3. 想象火烧云的奇异景象，体会作者赞美自然景象的心境。

三、教学建议

1. 课前，教师可以提醒学生观察清晨或傍晚天空云霞的变化，特别是火烧云的自然现象。

2. 本文是略读课文，文字浅显易懂，可以放手让学生自主阅读。初读课文时，要求学生读准字音、读通句子，先自读，然后同桌之间互相听读，达到流利朗读全文的程度。

3. 在学生充分读的基础上，引导学生交流自己读懂了什么、读文的感受和体会是什么。教师相机引导学生解决以下问题。

（1）厘清作者思路，粗知课文大意。可以提出问题引导学生思考、交流，如：读课文时，跟随作者的目光，你都看到了什么？

（2）引导学生边读文边想象画面，具体体会火烧云颜色极多、形状丰富、变化极快的特点。学生交流时，可以建议学生找出自己喜欢的部分多读几遍，说说自己眼前仿佛看到了什么。另外，还可以让学生说说课文中没有提到的景象，如，火烧云还有哪些颜色？还有其他什么形状？让学生借助想象或结合生活实际，也学着作者的方法进行描述。或者教师向学生展示课件，让学生根据课件上的内容展开想象，并仿照课文进行说或写的练习。

4. 在朗读时，要引导学生将自己的感情融入课文中，与作者一道"观察"，一同"赞叹"，读出自己对火烧云的喜爱之情。在熟读的基础上，鼓励学生选择自己喜欢的段落背诵下来。

另外，"红彤彤"的"彤"单独念时读 tóng，在"红彤彤"这个ABB结构的词组里发生变调，应读作 hóng tōng tōng。在朗读时应提醒学生读正确。

5. 学习本课之后，可以建议学生运用作者的观察方法，去观察自己喜爱的其他自然景象，并充分展开想象，然后记录下来。或者引导学生课后继续查阅有关火烧云的资料，如，了解火烧云是怎样形成的，以培养学生探究自然奥秘的兴趣。

以上是《小学语文教师用书》中对这篇课文的定位，从教材解读、教学目标、教学建议3个方面来引导教师怎样教，可是3个方面自始至终都是贯彻这是一篇写景的文章的思想，并没有丝毫地提示教师引导学生体会萧红写这篇文章的心情以及写这篇文章的原因。同样，我查找了这篇课文不同的教学设计，每一篇都遵循《小学语文教师用书》中的大方向来设置自己的课程。但我想说，一位好老师要做到的是"用教材教"，而不是"教教材"。显而易见，大多数教师还是在教教材，并没有深刻地分析教材、研读教材。

这篇课文在萧红的《呼兰河传》中并不是以单纯地写景而出现的，这篇文章并不是写实景，而是萧红在晚年，在远离故乡数千千米的香港，写下的对故乡的回忆。只有读了《呼兰河传》全文才明白，萧红对于晚霞的美的描写，是在大段的对于故乡的脏和乱的环境、对于令人悲哀的屈辱的小人物的人生描写之后出现的一点亮色，与前面大段灰色描写的反差下读来与其说是美的，不如说令人心酸和凄凉。如果单纯地将课文定义为写景那我只能说是以偏概全了。

对于学生来说，教师是学生学习的引导者，教师的教是学生学的方向和标准。现在的教学要培养发展的人、培养学生的创新精神和实践能力。但在我看来，最先要发展创新精神的还是我们教师。所以，基于以上分析，我设计了一份新的教学设计，目的是突破课标的限制，开阔学生的眼界，调动学生的思维，在写景的基础上引导学生体会作者的思想感情，同时感受作者不一样的语言魅力。

四、教学设计

人教版四年级上册4课《火烧云》教学设计

授课年级	四年级	课程名称	火烧云
课题	火烧云	课时	2课时
教学目标	1. 有感情地朗读课文，理解课文内容，了解火烧云的绚丽多彩和美妙奇异 2. 学习作者观察事物和积累材料的方法 3. 通过课文与原文的对比，感受作者语言风格 4. 激发学生热爱自然的情感、感受作者的思想感情		
教学重点	对比原文，感受作者的与众不同的语言风格、了解作者的思想感情		
教学难点	了解作者的思想感情		
教　法	讨论法、讲授法		
教（学）具	课件、原著《呼兰河传》第一章打印版		
教材分析	《火烧云》是四年级上册第四课的内容，这篇课文是一篇略读课文，选自萧红的《呼兰河传》。《呼兰河传》的写作背景是萧红在晚年，在远离故乡数千千米的香港，写下的对故乡的回忆。《火烧云》这篇课文描绘了晚饭过后夕阳西下时，天空中火烧云颜色和形状的变化，是在大段的对于故乡的脏和乱的环境、对于令人悲哀的屈辱的小人物的人生描写之后出现的，算是整本书的一个亮点，寄托着这作者悲凉的心境。所以，要引导学生体会作者的思想感情，感受作者独特的语言风格，需要结合原著，这变成了教学的一个难点。		

(续表)

授课年级	四年级	课程名称	火烧云
教学过程及内容设计（第一课时）	一、创设情境，激发学习兴趣 使用多媒体课件出示配上优美音乐的火烧云图片供学生欣赏，并向学生解释火烧云的特点及形成过程。【设计意图】通过创设情境引发学生的学习兴趣。 二、自学课文 （一）出示自学要求 1. 用自己喜欢的方式读课文，读准字音，读通课文。 2. 边读边思考感兴趣的问题，试试自己能解决多少问题。（允许同桌或小组讨论。） （二）检查、反馈、交流 1. 通过自学，你已经会读哪些生字和词语了（指名中下生读一读）根据朗读情况重点提醒学生注意："檀"读 tán，不读 tái；"寿"读 shòu，不读 sòu；"彤"读 tóng，但"红彤彤"是读第一声。 2. 会读还要会写，把这些生字工工整整地在旁边写一写。如果你觉得哪个字容易写错或要提醒同学们的，请你把它写到黑板上来。 3. 同学们学得不错，想不想跟着录音轻声读一读课文呀？（播放课文录音） 4. 火烧云很美，课文写得也很美，请你再读一读最喜欢的段落或句子。读完后指明几位同学读。 （三）厘清作者写作思路 1. 作者观察火烧云的顺序是怎样的？你能从课文中找到答案吗？快速默读课文。结合回答板书：上来、变化、下去 2. 你对火烧云感受最深的是什么？结合学生回答，教师板书：霞光、颜色、形状，找出课文中相应的自然段。 【设计意图】：读准字音、读通课文、厘清写作思路，是学好课文的基础。 三、认识火烧云 1. 什么是火烧云？请同学们速读课文，从文中找出文中的句子，用自己的话说一说。 （提醒学生不能一概搬抄，添加适当的词语，使回答完整） 2. 全班齐读句子。（天空的云从西边一直烧到东边，红彤彤的，好像天空着了火。） ①"烧"是什么意思？这里可不可以换成"红"？把句子中的"烧"换成"红"通不通？ 学生小声读一读，比较比较。 ②既然通，作者为什么不用"红"，而用"烧"？ （避免重复、点题、与后文照应，写出火烧云动感。"烧"字用得贴切，在句子中有扩展、蔓延的意思，既写出了火烧云的颜色是红色的，又写出了火烧云的动态和气势。导：正是因为这样，我们把这些云叫作——（火烧云）） 3. 课文写的是什么时候的火烧云？ （提醒学生从文中找出依据，完整而准确地说） 【设计意图】这个问题的设计目的是培养学生的"咬文嚼字"，推敲词语的阅读习惯和阅读能力。通过词语的变换，体会作者语言的精妙。 四、感受霞光 1. 师范读课文第一自然段。 2. 晚饭过后，火烧云上来了。霞光照在大地上，你发现地面上发生了哪些变化呢？你能用笔把这些变化找出来吗？（板书：大白狗——红，红公鸡——金，黑母鸡——紫檀色，白胡子——金）

(续表)

授课年级	四年级	课程名称	火烧云
教学过程及内容设计（第一课时）	从这些变化中你发现了什么？（是霞光照在地面上使颜色在变）这些颜色为什么变得不一样？ 3. 是呀，霞光映照在大地上，一切都变了，你能想象出还会有哪些变化吗？用"火烧云上来了，霞光照在大地上，（　　）变成（　　）的了。"的句式说一说。 4. 同学们的想象力真丰富呀，霞光映照地面的景色这么美，简直是一个童话世界，如果你也被这一片霞光所包围，你的心情怎样，你又想说什么呢？说得真好，你们能把这些感受用朗读表达出来吗？（学生尽情地朗读后，指名读一读，齐读） 5. 作者不是直接写火烧云，而是写了霞光，你觉得这样写好吗？（这样写不仅准确细致地描绘了霞光的颜色，而且描写了霞光映照在大地上的生动景象，具有渲染烘托的作用和先声夺人的效果。） 【设计意图】：通过学习"霞光"这部分的内容，感受火烧云的景色美，培养学生热爱大自然的思想感情 五、作业布置 课下阅读《呼兰河传》的第一章的内容，并且写一段读后感		
教学过程及内容设计（第二课时）	一、复习导入 同学们，火烧云上来时，霞光使大地的一切颜色都变了，我们仿佛置身于一个神秘的童话世界之中。这么耀眼的霞光，不光使地面镀上了一层绚丽的色彩，连天上的云也变得更迷人了，你瞧——（出示句子：天空的云从西边一直烧到东边，红彤彤的，好像天空着了火。） 二、自读原文 1. 自己读《火烧云》原文，并将原文和课文进行对比。 2. 找几名同学说自己找的不同点及原因（抛砖引玉，教师做简单的指导，从字的删减到语言的运用再到句子的删减这些方面进行指导）。 3. 说说自己读原文和课文的感受，说说课文和原文那一篇可以走进自己的内心。 【设计意图】通过进行对比，让同学们感受作者的语言风格。 三、共读原文 1. 小组同学共读《呼兰河传》的第一章内容（课前教师已经布置作业让学生读《呼兰河传》这本书，在此设计这一环节是让同学们回忆自己所读的内容）。 2. 小组合作，归纳《呼兰河传》第一章的内容，写了几件事，选取代表进行发言。 3. 哪件事对你的触动最大？ 4. 教师提问：读课文你们感受到的是什么？读原文你们感受到的又是什么？ 5. 拿出你的读后感，组内交流自己的感受，并且每个小组选取一个代表进行发言，向全班同学说说自己的感受。 【设计意图】让学生深刻体会作者故乡的环境以及故乡的人，进而理解作者在写火烧云时的感情 四、课堂总结 同学们，咱们上了一节不同的阅读课，通过这两节课的学习，你们有什么感受？是不是看到了不一样的火烧云呢？咱们语文书中有很多经过改编的课文，或许改编后的课文与作者要表达的本意有差别，老师希望你们有一双善于发现的眼睛和乐于深究的心灵，能够在以后的学习中多思、多想、多看，你们会发现更多的东西。		

(续表)

授课年级	四年级	课程名称	火烧云
教学过程及 内容设计	二、自读原文 1. 自己读《火烧云》原文，并将原文和课文进行对比。 2. 找几名同学说说自己找的不同点及原因（抛砖引玉，教师做简单的指导，从字的删减到语言的运用再到句子的删减这些方面进行指导）。 3. 说说自己读原文和课文的感受，说说课文和原文那一篇可以走进自己的内心。 【设计意图】通过进行对比，让同学们感受作者的语言风格。 三、共读原文 1. 小组同学共读《呼兰河传》的第一章内容（课前教师已经布置作业让学生读《呼兰河传》这本书，在此设计这一环节是让同学们回忆自己所读的内容）。 2. 小组合作，归纳《呼兰河传》第一章的内容，写了几件事，选取代表进行发言。 3. 哪件事对你的触动最大？ 4. 教师提问：读课文你们感受到的是什么？读原文你们感受到的又是什么？ 5. 拿出你的读后感，组内交流自己的感受，并且每个小组选取一个代表进行发言，向全班同学说说自己的感受。 【设计意图】让学生深刻体会作者故乡的环境以及故乡的人，进而理解作者在写火烧云时的感情。 四、课堂总结 同学们，咱们上了一节不同的阅读课，通过这两节课的学习，你们有什么感受？是不是看到了不一样的火烧云呢？咱们语文书中有很多经过改编的课文，或许改编后的课文与作者要表达的本意有差别，老师希望你们有一双善于发现的眼睛和乐于深究的心灵，能够在以后的学习中多思、多想、多看，你们会发现更多的东西。		

参考文献：

萧红 . 2000. 呼兰河传［M］. 北京：解放军文艺出版社 .

小学语文文本体裁分析

《义务教育语文课程标准（2011年版）》在小学阶段就已经明确提出了文体的"名目"，如第一学段的"童话、寓言、故事、儿歌、儿童诗和（浅近的）古诗"，第二学段的"叙事性作品"和"优秀诗文"；第三学段的叙事性作品、诗歌、说明性文章、简单的非连续性文本。可见每篇课文有着各自不同的体式。

20世纪90年代末，语文教育界主张"淡化文体"的观点开始兴起。支持主张"淡化文体"的观点代表：梁继平认为，淡化文体代表了素质教育对语文教学的必然要求。管建刚认为，"文章本无体"。小学生作文的性质是练笔，不必强调完整规范的作文体式。由此，在《新课标》中仅是提到"童话、寓言、故事、儿歌、儿童诗、古诗、叙事性作品、说明性文章、简单的非连续性文本"这几种类型，并没有进一步地对不同文本的阅读教学范式进行规定，正是出于"淡化文体"的考虑。

近年来，文体意识的重要性重新得到学者的认可。反对"淡化文体"的代表：胡元德认为，文体反映了文章从内容到形式的整体特点，对写作和阅读都有举足轻重的作用，是不可以淡化的。彭润和认为，文体不能淡化。在今后的教学活动中，教师还必须一如既往地按文体顺序展开作文教学和作文训练。杨斌认为，文体为什么不能淡化？简言之，是文体使语文成为语文！

在王荣生主编的《参与式语文教师培训资源》丛书中，就按照文体分为《散文教学教什么？》《小说教学教什么？》《实用文教学教什么？》《文言文教学教什么？》《语文综合性学习教什么？》等，针对"教学内容的适宜性"和"教学设计的有效性"两个核心问题展开分析和讨论。

【问题与解析】 小语课文文本分为哪些体裁？

【问题】小学语文课文中不同体裁的文章分别该怎么教？

翻翻小学课本，找找小学语文3个学段的课文分别侧重于哪些体裁？

小学语文教师是否有必要了解文体体裁的知识？不同题材的文章分别该怎么教？

【解析】 文章体裁的划分

中小学语文教学向来有抓住文章要点、理解文章重要语句的说法，但是，试图用一种方法抓住所有文章的要点，去识别和理解所有文章的重要语句，结果就是造就了无所适用的"阅读方法"。把握重要语句的前提是认识文章的体式特性。按照文章体裁特性去阅读，往往就能比较合适地判断出重要语句的所在，把握语句的方式也会比较对头和到位。

文学体裁是指文学作品的具体样式，它是文学形式的因素之一。一切文学作品的思想内容都要通过这样或那样的体裁来表现，没有体裁的文学作品是不存在的。这犹如人们做衣服，必定要量体裁衣，选择一定的样式。在文学发展的历史上，出现了多种多样的文学体裁，例如神话、史诗、寓言、行情诗、叙事诗、短篇小说、中篇小说、长篇小说、悲剧、喜剧、正剧、抒情散文、杂文、报告文学等。这些名目繁多的文学体裁的产生和演变，都有一定的社会根据和它本身的发展规律。

文学体裁主要分为文学文体和实用文体两大类。有塑造形象的是**文学作品**，分四类：

1. 诗歌：诗、词、曲、民谣等。
2. 散文：描写出对社会、人生、自然界的特殊感悟。
3. 小说：塑造人物形象反映社会生活。
4. 戏剧：指剧本、戏剧文学、电影文学（神话、传说、寓言、童话、民间故事等可列入小说类）。

没有塑造形象的是一般**实用文章**，分四大类：

1. 记叙文：消息、通讯、特写、人物专访、传记、记人叙事。
2. 说明文：说明具体事物或事理，介绍科技知识、地理状况等。
3. 议论文：对人或事发表自己的见解、主张、看法或批驳对方观点。有时评、社论、按语、杂文及观后感、读后感等。
4. 应用文：固定格式、固定用途、专门对象。如：书信、通知、启事、调查报告、借条、申请书等。

请你翻阅人教版小学语文教材，将课文题目填入图3-1中空白处，并与同学交流，并说说你发现了什么？

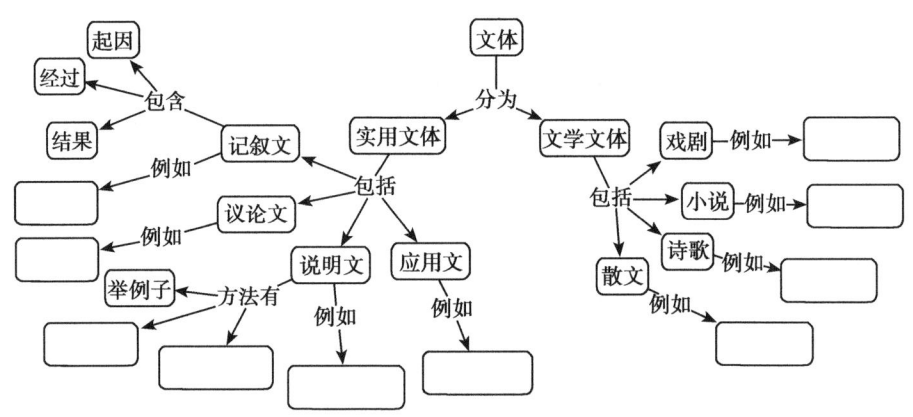

图3-1　文体分类的概念

值得注意的是，有一种观点认为**散文**是介于文学作品和实用文章之间的一种文体，散文具有记叙、议论、抒情3种功能，与此相应，散文可分为记叙性散文、抒情性散文和议论性散文3种，当然还有一类科学散文，如竺可桢的"唐宋诗歌中的物候学"。古代的散文是相对于骈文而言的，除了骈文以外的都叫散文。现代散文，则是指与小说、诗歌、戏剧并列的一种文学体裁，对它又有广义和狭义两种理解。广义的散文，是指诗歌、小说、戏剧以外的所有具有文学性的散行文章。除以议论抒情为主的散文外，还包括通讯、报告文学、随笔杂文、回忆录、传记等文体。随着写作学科的发展，许多文体自立门户，散文的范围日益缩小。狭义的散文是指文艺性散文，它是一种以记叙或抒情为主，取材广泛、笔法灵活、篇幅短小、情文并茂的文学样式。

语文课程标准（2011）版中，提到了"童话、寓言、故事、儿歌、儿童诗、古诗、叙事性作品、说明性文章、简单的非连续性文本"这几种类型的文本体裁，但对于不同文本体裁的教学没有提出进一步的具体要求，仅在教师指导用书中针对不同文本体裁的具体课文教学给出了一些教学建议。

学生的阅读能力，可以描述为掌握阅读方法，叶圣陶曾告诫学生："不在读法方面多注点意，阅读十个选本也是徒然，不用说一个。"阅读方法，也就是"怎么读"，可分为战略的和战术的两个层面：战略层面——是宏观的，即阅读价值取向或文本解读的价值取向，由阅读目的（动机）、文本体式（体裁）等决定，表现为一种特定的阅读样式，或称解读模式（惯例）；战术层面——是微观的，即通常所说的"阅读方法"，是在某一特定取向下阅读什么的问题。研究如何培养学生的阅读能力，实际上就是要对特定阅读取向下"读什么"进行具体化的研究。比如：小说怎么读？——读什么？诗歌怎么读？——读什么？科技文怎么读？读什么？不同体裁的文章有不同的读法，不同体裁的文章要读不同的地方，教学中要结合具体文本逐篇解读。

材料1：中美老师讲《灰姑娘》的课例对比

中国版课堂实录

上课铃响，学生，老师进教室。

老师：今天上课，我们讲《灰姑娘》的故事。大家都预习了吗？

学生：这还要预习？老得掉渣了。

老师：灰姑娘？是童话还是安徒生童话？他的作者是谁？哪年出生？作者生平事迹如何？

学生：……书上不都写了吗？不会自己看啊？

老师：这故事的重大意义是什么？

学生：得，这肯定要考的了。

老师：好，开始讲课文。谁先给分个段，并说明一下这么分段的理由。

学生：前后各一段，中间一段，总分总……

老师：开始讲课了，大家认真听讲。

学生：已经开始好久了……

老师：说到这里，大家注意这句话。这句话是个比喻句，是明喻还是暗喻？作者为什么这么写？

学生：(n人开始睡觉……)

老师：大家注意这个词，我如果换成另外一个词，为什么不如作者的好？

学生：(又n人开始睡觉……)

老师：大家有没有注意到，这段话如果和那段话位置换一换，行不行？为什么？

学生：我又不是你，我怎么会注意到啊？（又n人开始睡觉……）

老师：怎么这么多人睡觉啊？你们要知道，不好好上课就不能考好成绩，不能考好成绩就不能上大学，不能上大学就不能……你们要明白这些做人的道理。

美国版课堂实录

上课铃响了，孩子们跑进教室，这节课老师要讲的是《灰姑娘》的故事。

老师先请一个孩子上台给同学讲一讲这个故事。孩子很快讲完了，老师对他表示了感谢，然后开始向全班提问。

老师：你们喜欢故事里面的哪一个？不喜欢哪一个？为什么？

学生：喜欢辛黛瑞拉（灰姑娘），还有王子，不喜欢她的后妈和后妈带来的姐姐。辛黛瑞拉善良、可爱、漂亮。后妈和姐姐对辛黛瑞拉不好。

老师：如果在午夜12点的时候，辛黛瑞拉没有来得及跳上她的番瓜马车，你们想一想，可能会出现什么情况？

学生：辛黛瑞拉会变成原来脏脏的样子，穿着破旧的衣服。哎呀，那就惨啦。

老师：所以，你们一定要做一个守时的人，不然就可能给自己带来麻烦。另外，你们看，你们每个人平时都打扮得漂漂亮亮的，千万不要突然邋里邋遢地出现在别人面前，不然你们的朋友要吓着了。女孩子们，你们更要注意，将来你们长大和男孩子约会，要是你不注意，被你的男朋友看到你很难看的样子，他们可能就吓昏了（老师做昏倒状）。

老师：好，下一个问题，如果你是辛黛瑞拉的后妈，你会不会阻止辛黛瑞拉去参加王子的舞会？你们一定要诚实哟！

学生：（过了一会儿，有孩子举手回答）是的，如果我辛黛瑞拉的后妈，我也会阻止她去参加王子的舞会。

老师：为什么？

学生：因为，因为我爱自己的女儿，我希望自己的女儿当上王后。

老师：是的，所以，我们看到的后妈好象都是不好的人，她们只是对别人不够好，可是她们对自己的孩子却很好，你们明白了吗？她们不是坏人，只是她们还不能够像爱自己的孩子一样去爱其他的孩子。

老师：孩子们，下一个问题，辛黛瑞拉的后妈不让她去参加王子的舞会，甚至把门锁起来，她为什么能够去，而且成为舞会上最美丽的姑娘呢？

学生：因为有仙女帮助她，给她漂亮的衣服，还把番瓜变成马车，把狗和老鼠变成仆人。

老师：对，你们说得很好！想一想，如果辛黛瑞拉没有得到仙女的帮助，她是不可能去参加舞会的，是不是？

学生：是的！

老师：如果狗、老鼠都不愿意帮助她，她可能在最后的时刻成功地跑回家吗？

学生：不会，那样她就可以成功地吓到王子了。（全班再次大笑）

老师：虽然辛黛瑞拉有仙女帮助她，但是，光有仙女的帮助还不够。所以，孩子们，无论走到哪里，我们都是需要朋友的。我们的朋友不一定是仙女，但是，我们需要他们，我也希望你们有很多很多的朋友。下面，请你们想一想，如果辛黛瑞拉因为后妈不愿意她参加舞会就放弃了机会，她可能成为王子的新娘吗？

学生：不会！那样的话，她就不会到舞会上，不会被王子遇到，认识和爱上她了。

老师：对极了！如果辛黛瑞拉不想参加舞会，就是她的后妈没有阻止，甚至支持她去，也是没有用的，是谁决定她要去参加王子的舞会？

学生：她自己。

老师：所以，孩子们，就是辛黛瑞拉没有妈妈爱她，她的后妈不爱她，这也不能够让她不爱自己。就是因为她爱自己，她才可能去寻找自己希望得到的东西。如果你们当中有人觉得没有人爱，或者像辛黛瑞拉一样有一个不爱她的后妈，你们要怎么样？

学生：要爱自己！

老师：对，没有一个人可以阻止你爱自己，如果你觉得别人不够爱你，你要加倍地爱自己；如果别人没有给你机会，你应该加倍地给自己机会；如果你们真的爱自己，就会为自己找到自己需要的东西，没有人可以阻止辛黛瑞拉参加王子的舞会，没有人可以阻止辛黛瑞拉当上王后，除了她自己。对不对？

学生：是的！！！

老师：最后一个问题，这个故事有什么不合理的地方？

学生：（过了好一会）午夜12点以后所有的东西都要变回原样，可是，辛黛瑞拉的水晶鞋没有变回去。

老师：天哪，你们太棒了！你们看，就是伟大的作家也有出错的时候，所以，出错不是什么可怕的事情。我担保，如果你们当中谁将来要当作家，一定比这个作家更棒！你们相信吗？孩子们欢呼雀跃。

【问题与讨论】两节课的教学落点（教学目标）分析

【问题】通过材料中描述的教学过程，你认为中美教师的教学目标有何不同？

【参考资料】美国新泽西州《核心课程内容标准·语言艺术素养（即英语）》（1996年）

总目标：

1. 所有学生能在不同条件下为了各种真正目的和听众讲话。

2. 所有学生能在不同的场合积极的倾听，以便接受、解释和评价来自各种来源的信息并对此做出回应。

3. 所有学生能为不同的听众和真实而多样的目的组织在内容和形式上都不一样的文本。

4. 所有学生能通过理解和批判性分析来阅读、倾听和评论各种材料和文本并对此作出回应。

【讨论】你认为中美教师对这篇童话的教学分别应用了那种阅读类型？

课堂教学的落点，就是教学目标的确定，这不仅是一个技术问题，更是体现了教师教学价值认识的导向问题。结合专题一中的理论点1［审辨阅读的类型］你认为中美教师对这篇童话的教学分别是应用了那种阅读类型？

理论点1：文章体裁与文本体式

如今，小学语文教材"多纲多本"。以人教版小学语文教材为例，课文是按主题编排，淡化了文体意识。这种编排方式给教师的教学带来了错觉。很长时间里，老师们教学落实主题，忽略所选课文的文体。自第八届阅读教学大赛以后，小语界涌起了一股"与内容分析式语文教学说再见"的热潮。小学语文阅读教学的方向从关注课文写了什么，到既关注写了什么，更关注怎么写的，为什么这么写；阅读教学从"得意轻言"到"得意又得言"。对此，虽然老师们普遍达成了共识，但实践起来又谈何容易。看我们的家常课，依然是"整体感知、字词教学、语言感悟、回归整体、小结作业"这样模式化的课堂。面对所有的课文都这样教，老师教得倦怠，学生学了就忘。在这种模式化的教学下，学生的阅读不会"辨体"，更不用说写作"得体"了。

一、小学语文文本体裁与阅读教学

古代文章体裁分为骈文和散文。近代，文言文独为一类，"散文"继续分为文学作品、非文学作品和散文3类。

语文教学方面，梁启超在《中学以上作文教学法》中按记静态之文、记动态之文、记事文、论辩之文分为4类。夏丏尊亦在开明作文讲义中将文体总结为记叙文、叙述文、解说文、议论文4种，并指出，这4种文体常常混合在一篇文章中。夏丏尊列举诗和词、辩论、小说、小品文、叙事诗、劝诱与讽刺、寓言、新体诗、对话和戏剧、曲等专题文体进行进一步分析，涉及抒情、用典、演绎法和归纳法等也都列出专题分析，并对文字的分类、文字品格、文篇组织形式列出专题，从中可见文体分析视角的多样。

文体分为文章体裁和文学体裁。其中文章体裁：记叙文、说明文、议论文、应用文、演讲稿。文学体裁：诗歌、小说、戏剧、散文。对于小学语文文体的分类，大致有两种分类体系。一种是按表达方法，分为记叙文、说明文、议论文；一种是按《新课标》中提到的"童话、寓言、故事、儿歌、儿童诗、古诗、叙事性作品、说明性文章、简单的非连续性文本"。第一学段"童话、寓言、故事、儿歌、儿童诗和（浅近的）古诗"，第二学段的"叙事性作品"和"优秀诗文"；第三学段的"叙事性作品、诗歌、说明性文章、简单的非连续性文本。20世纪90年代末，语文教育界主张"淡化文体"的观点开始兴起。支持主张"淡化文体"的观点代表：梁继平认为，淡化文体代表了素质教育对语文教学的必然要求。管建刚认为，"文章本无体"。小学生作文的性质是练笔，不必强调完整规范的作文体式。由此，在《新课标》中仅是提到"童话、寓言、故事、儿歌、儿童诗、古诗、叙事性作品、说明性文章、简单的非连续性文本"这几种类型，并没有进一步地对不同文本的阅读教学范式进行规定，正是出于"淡化文体"的考虑。

近年来，文体意识的重要性重新得到学者的认可。反对"淡化文体"的代表：胡元德认为，文体反映了文章从内容到形式的整体特点，对写作和阅读都有举足轻重的影响，是不可以淡化的。彭润和认为，文体不能淡化。在今后的教学活动中，教师还必须一如既往地按文体顺序展开作文教学和作文训练。杨斌认为，文体为什么不能淡化？简言之，是文体使语文成为语文！

李海林说，阅读教学教什么？首先考虑的是所教课文的文类，即文体分类。当教师拿到一篇文本时，首先考虑的是它是什么文体，有怎样的特点。如果是小说，属于虚构的文学，需要教给学生"欣赏"的方法；如果是新闻，属于文章的范畴，则需教给学生"快速提取信息"的技能；如果是小说、童话的教学，则不能满足于学生仅停留在"了解"的层面，不然文本文体就失去了教学的价值，学生进不了阅读"姿态"，打不开阅读的思维，更不可能收到良好的阅读效果。倘若阅读教学无"文体"可循，那么学生的写作也不得要领。因此，教师在执教不同文体时，要选择相应的内容尤为重要。如，说明文条理清楚，结构严谨，用语准确，作者运用一定的说明方法来介绍说明对象。因此，教师在教学说明文时，要将教学的重点放在说明顺序、说明方法和说明的语言上，力求让学生在学习的过程中了解文章的说明顺序和几种常见的说明方法，并在品读中感悟说明文语言的准确性等。对小说教学的内容选择，要聚焦小说跌宕起伏的情节发展，主人公的形象，引导学生感知作者运用怎样的描写方法来表现人物性格，又是采用何种方法来推动情节的发展。对神话教学的内容选择，则要关注神话中丰富奇特的想象，以及文字背后包含的人类的精神品质。最重要的是将想象力这一思维品质植入孩子的心田。在教学时，必不可少的内容是让学生通过朗读想象神奇，借助神奇的想象复述故事，收获一份内心的美好和一片梦想的天空。

二、辨识文本体式确定教学内容

"依据文本体式确定教学内容"是王荣生教授提出的研究和解决"语文教学内容的确定性"问题的一种基本理路。依据文本体式确定教学内容，首先要面对的问题是如何辨识文本体式。文本体式，即文本文体的特定样式，好比一个人，既具有作为人类的共性特征，又具有自己独特的个性风采。文本体式包含体变、体性、体貌3个基本要素，辨识文本体式，需要对这3个要素加以系统的考量。

1. 了解"体变"是辨识文本体式的基本前提

体变中的"体"指体裁，这里的体裁指的是文本的类别，即文类。"每一文类都拥有其特殊标志，被赋予了某种足以使其相对独立的性质；这些标志试图指示出某一种文类独一无二的身份，以便让它的家族成员共享一种相似性"。体裁包含规范和变化两方面的因素。体裁中规范的因素可以称为"体常",这是体裁的共时性特征,亦即作为文类的共性特征。

刘勰在《文心雕龙·通变》中谈到:"夫设文之体有常,变文之数无方……文辞气力,通变则久,此无方之数也。"说明文章的体裁虽有常规,但文章写法的变化却没有定规。体裁中这种变化的因素可称之为"体变"。体常与体变是辩证统一的,它们之间的辩证关系是通过具体文本客观呈现出来的。一方面,体裁强调规范性,但绝不是墨守成规,它的规范是开放性的、不断更新的;每种体裁都是在规范与反规范、尊体与破体、继承与革新的运动中发展的。另一方面,体常与体变也相互转化,对规范的革新又会成为一种新的规范,继而又产生新一轮的继承与革新。

2. 明确"体性"是辨识文本体式的有效参照

体性指的是作者的个性,文本体式是作者个性的一种外射,因于内而形于外,同一种体裁(包括各种亚文类),不同的作者都在用,体裁同而体式绝不同。"文体是指一定的话语秩序所形成的文本体式,它折射出作家、批评家独特的精神结构、体验方式、思维方式和其他社会历史、文化精神。"不仅同一体裁,甚至同样的题材,在不同作者的作品中,体式也各呈异彩。比如朱自清与俞平伯的两篇同题散文《桨声灯影里的秦淮河》,两人同游秦淮河,现实中一样的歌吹泛舟,一样的灯彩月影,在二人的笔下却呈现出不同的面貌。

关于体性的具体构成要素,专家多有论述,如刘勰分为才、气、学、习4个方面,郁达夫认为包括作者的世系、性格、嗜好、思想、信仰以及生活习惯等。我们可以将体性理解为作者在气质性情、思想观念、审美趣味、创造才能等方面的个性特征。任何一个文本的体式,必然镂刻着作者独特的艺术个性,体性的差异也直接影响文本体式,是对文本体式起决定作用的内因,所以明确体性是辨识文本体式的有效参照,这也是从文本解读的角度对孟子提出的"知人论世"观的一种阐释和运用。

3. 认识"体貌"是辨识文本体式的核心问题

"体貌"原指人物的形体容貌,进而引申为对事物的表现和描绘等。我们这里用"体貌"一词,意在说明,文本是一个有机生命体,是"外显之形"与"内蕴之质"的有机统一,在言、象、意构成的由表及里的文本系统结构中,"言"与"象"是文本的"外显之形","意"是文本的"内蕴之质","外显之形"蕴蓄着丰富的"内蕴之质",这种"言""象""意"相统一所构成的文本特定的言语系统,我们称之为"体貌"。

体貌客观呈现在读者面前，辨识文本体式时，我们凭借的是具体语言符号及其呈现的感性形象，寻言以观象，寻象以观意。认识体貌就是把握文本言、象、意的关联，认识言、象、意相统一所形成的文本特征。体貌直接作用于读者阅读经验，尤其以"言"为最直观、最可感的层面，"言"具体的要素包括声音、词汇、句子、情调；从不同的性质功能看，又有叙事、抒情、状物、说理等。读者阅读语言符号时，自然会浮现相应的"象"（形象——文本层次的核心），童庆炳将文学形象划分为3种形态：典型、意境、意象。"典型"指文学言语系统中显出特征的富于魅力的性格，"意境"是指抒情性作品中呈现的那种情景交融、虚实相生的形象系统及其所诱发和开拓的审美想象空间，"意象"是指以表达哲理观念为目的，以象征性、荒诞性为其基本特征的表意之象。我们认为，在文本语言特定的声音、词汇、句子中，"象"会呈现典型与意象、典型与意境、意境与意象等两两融合甚至是三者融合的许多不同的具体形态，读者就是在对不同形态的"象"的认识过程中体会和感悟到"意"的。

辨识文本体式需要从了解体变、明确体性、认识体貌3个维度加以考查，可以作为研究和解决"依据文本体式确定教学内容"问题的一种思路。但必须说明，这三者之间构成的是一种逻辑上的关联而不一定是程序上的递进，至于它们之间如何在相互关联的基础上发生作用以及发生怎样的作用，是接下来需要深入研究的问题。

理论点2：任务分析法

任务分析法属于学习障碍诊断的主要方法之一，任务分析法从行为主义出发，关注儿童的具体任务表现。在运用任务分析法时，教育者首先要尽可能详细地解释任务的本身，把任务的完成过程分解为具体步骤，或把完成任务所需技能分解为各个方面，然后鉴别导致儿童在该任务上失败的步骤或技能上的问题。

一、教学任务分析法的由来

任务分析最早由在第二次世界大战从事军事培训的心理学专家米勒提出。他认为在学习心理学理论与人员培训之间存在一段距离，他们需要设计一种过程来填补这段距离，而这个过程就是任务分析。由于不同的领域对任务的分析侧重点不同，因而对任务分析的定义也不同。

教学任务分析是任务分析在教学中的应用。由于任务分析没有统一的定义，因此，叫教学任务分析的定义也一样。不同领域的学者对教学任务分析的定义如下：

（1）1973年Anderson认为：将教学目标分解成先行知识与技能的层次的过程。在进行任务分析时，通常首先描述为学生设定的教学目标，然后用逆推的方式将目标逐步分解，直到列出必需的先行条件。

（2）1991年Slavin提出，将教学目标分解成一系列子目标或步骤，以指导学生达到终点目标的程序。进行任务分析时，教师应考虑下述3个问题：第一是需要什么样的先行知识和技能；第二是完成任务需要什么样的步骤；第三是完成步骤时应遵循什么样的顺序。

（3）我国皮连生教授将任务分析描述为：第一，通过对教材与学生的分析，确定单元或者单课的具体的教学目标；第二，对教学目标的学习结果进行分类；第三，根据对不同类型的学习的条件分析，揭示实现教学目标所需要的先行条件即使能目标及其顺序关系；第四，确定与教学目标有关学生的起点状态。

由杨心德和徐钟庚编著的《教学设计中的任务分析》一书中认为教学任务分析可以被定义为在开始教学活动之前，现对教学目标所规定的、需要学生习得的能力或倾向的构成成分及其层次关系详加分析，为学习顺序的安排和教学条件的创设提供心理学依据的一种教学设计技术。

笔者认为教学任务分析就是在确定教学目标的同时对教学内容进行分析，找出学习者的现状与教学目标之间的差距的原因，然后根据现有的教学条件，确定教学内容的教学顺序，选择恰当的教学策略和教学方法。教学任务分析为达到教学目标提供有力的保障。

二、教学任务分析的过程

1. 学习需要分析

学习需要分析指对学习者已有的知识能力水平和情感认知态度与即将学习的学习任务之间的差距的分析。学习需要分析是确定教学目标、教学策略以及教学方法的重要前提，只有知道了学习者需要什么，才能确定怎么教、教什么。

2. 教学目标分析

以概括能力为例，《语文课程标准》对各学段学生概括能力的培养做了具体的要求：

第一学段：①能认真听别人讲话，努力了解讲话的主要内容。②听故事、看音像作品，能复述大意和自己感兴趣的情节。③能较完整地讲述小故事，能简要讲述自己感兴趣的见闻。

第二学段：①能初步把握文章的主要内容，体会文章表达的思想感情。②能复述叙事性作品的大意，初步感受作品中生动形象和优美的语言，关心作品中人物的命运和喜怒哀乐，与他人交流自己的阅读感受。③听人说话能把握主要内容，并能简要转述。

第三学段：①在阅读中揣摩文章的表达顺序，体会作者的思想感情，初步领悟文章基本的表达方法。在交流和讨论中，敢于提出自己的看法，作出自己的判断。②阅读叙事性作品，了解事件梗概能简单描述自己印象最深的场景、人物、细节，说出自己的喜欢、憎恶、崇敬、向往、同情等感受。阅读诗歌，大体把握诗意，想象诗歌描述的情境，体会诗人的情感。受到优秀作品的感染和激励，向往和追求美好的理想。③阅读说明性文章，能抓住要点，了解课文的基本说明方法。④听人说话认真耐心，能抓住要点，并能简要转述。

以《卖木雕的男孩》一课为例，概括内容中关于阅读感受的表述，在3、4年级只要说明"从中可以看到少年的美好心灵"或"一位非洲少年对中国人民的友谊"即可。5、6年级则要在此基础上写出"我"的感受。

3. 知识分类

确定所授知识是良构知识还是非良构知识，事实性知识、程序性知识还是策略性知识？概括文章内容属于良构知识，阅读感受的表述则属于非良构知识，但两者之间存在联系，阅读感受是基于内容概括基础上阐发的，因此，教学设计仍以程序性良构知识为主。

仍以《卖木雕的男孩》为例，在指导学生概括文章内容时可借鉴专题一中图1-1和表1-2中的程序性良构知识的教学策略，采用决策树、示例等方式对学生进行引导，具体说来，可以借鉴如下方法。

（1）要素串联法：对于叙事性作品（写人、写事的文章）通常都有时间、地点、人物、事件起因、经过、结果这六要素，概括这些文章的主要内容时，我们就只要把这几个要素弄清了，用词语串连起来，就是这篇文章的主要内容，这就是"要素串联法"。

（2）中心句扩充法：围绕文章中心句"中国人是我们的朋友"概括：因为中国人是我们的朋友，所以在我发愁是否买沉甸甸的木雕回国时，卖木雕的少年送给我一个方便携带的木雕小象墩……

（3）题目扩充法：围绕题目"卖木雕的男孩"，我们再去非洲旅行时，碰到一个卖木雕的少年，我本想……但是……后来男孩送……从中看出……

（4）关键词扩充法：提取文中关键词"非洲""木雕""男孩""重"，串联并表述上述内容。

对于这篇叙述性文章，不同的概括方法概括得到的内容都是近似的，都包括要素串联法中的六要素。可以说，其他几种概括方法是要素串联法的演变。

4. 使能目标分析

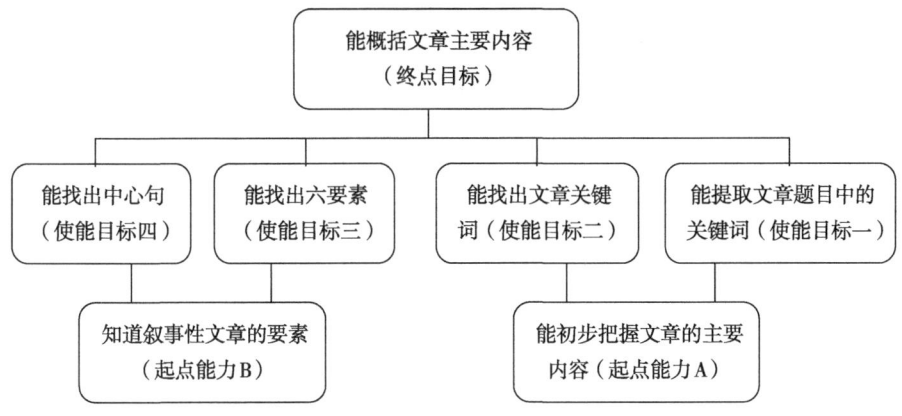

图 3-2　使能目标和终点目标

5. 学习支持分析

学习支持分析即对提高教学效率的条件分析，如我们常用的教学情境设计、恰当的教学策略的适用、教学媒体的选择运用以及教师个人魅力等这些都是学习支持性条件。学习者特征分析是了解学习支持分析的重要来源，了解学习者的学习爱好及兴趣基础，有助于教师设计合适的支架，图 3-2 中使能目标一至四便属于不同的学力表现，对应的起点能力亦有差别，教学中教师要根据学生不同的起点能力设计教学才是有效策略。

6. 产生式分析

在程序性知识的运用中，就存在着无数个产生式的运用。什么是产生式分析呢？产生式分析来源于计算机程序，每一个计算机程序就是有许多个产生式构成的。产生式即"如果……，则……"。产生式分析就是对解决程序性知识的应具备的知识进行分析。如图 3-2 中，针对起点能力 A 的学生应用使能目标二、三，采用关键词扩充法或题目扩充法指导学生完成文章内容的概括，而对于起点能力 B 的学生应用使能目标三或四，尝试在找出中心句或六要素的基础上概括文章大意。

实践：小组专题研究（小组作业）

自由结组，选择一种感兴趣的文本体裁，结合人教版课文文本谈谈你的教学设计思路，并说明这样设计的依据。每组将研究成果绘制成概念地图，并派代表阐述研究成果、回答其他同学提出的问题。每位同学在听讲过程中也可以根据同学的阐述自己绘制出概念地图。可选体裁包括童话、寓言、神话、故事和叙事性作品、说明性文章、儿歌和儿童诗、古诗与文言文、非连续性文本。

支持资料：思维导图和概念地图

一、发散思维，应用思维导图进行头脑风暴

托尼·巴赞是英国教育学家，他的主要研究领域是人的大脑；思维导图的概念就是他发明的。

思维导图，又叫心智图，是表达发射性思维的有效的图形思维工具，简单却又极其有效（图3-3）。思维导图运用图文并重的技巧，把各级主题的关系用相互隶属与相关的层级图表现出来，把主题关键词与图像、颜色等建立记忆链接，思维导图充分运用左右脑的机能，利用记忆、阅读、思维的规律，协助人们在科学与艺术、逻辑与想象之间平衡发展，从而开启人类大脑的无限潜能。

绘制思维导图的7个步骤：①从一张白纸的中心开始绘制，周围留出空白。②用一幅图像或图画表达你的中心思想。③在绘制过程中使用颜色，一般来说，同类内容应用同色系颜色。④将中心图像和主要分支连接起来，然后把主要分支和二级分支连接起来，再把三级分支和二级分支连接起来，依此类推。⑤让的分支自然弯曲而不是像一条直线。⑥在每条线上使用一个关键词。⑦自始至终使用图形。

思维导图是一种将放射性思考具体化的方法。我们知道放射性思考是人类大脑的自然思考方式，每一种进入大脑的资料，不论是感觉、记忆或是想法——包括文字、数字、符码、食物、香气、线条、颜色、意象、节奏、音符等，都可以成为一个思考中心，并由此中心向外发散出成千上万的关节点，每一个关节点代表与中心主题的一个连结，而每一个连结又可以成为另一个中心主题，再向外发散出成千上万的关节点，而这些关节的连结可以视为您的记忆，也就是您的个人数据库。

思维导图以放射性思考模式为基础的收放自如方式，除了提供一个正确而快

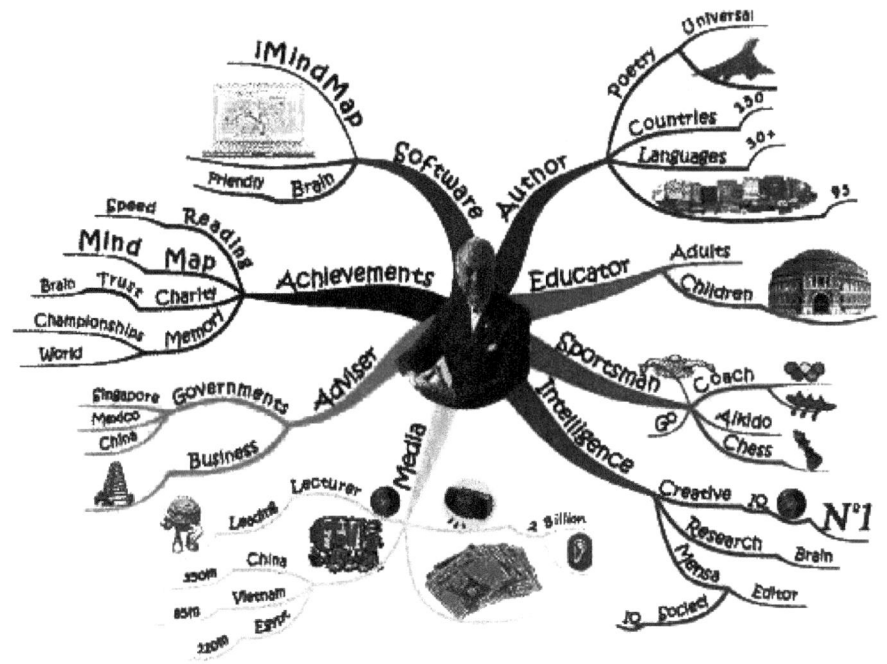

图 3-3 思维导图范例

速的学习方法与工具外，运用在创意的联想与收敛、项目企划、问题解决与分析、会议管理等方面，往往产生令人惊喜的效果。在小组学习中，可以将小组讨论、头脑风暴的内容随时画在途中，小组成员共同思考、组共同创作思维导图。首先由各人自己画出自己已知的资料或意念，然后将各人的思维导图合并及讨论，并决定哪些较为重要，再加入新意念，最后重组成为一个共同的思维导图。在此过程中，每个组员的意见都被考虑，提升团队归属感及合作。共同思考时，也可产生更多创意及有用的意念。最后的思维导图是小组共同的结晶，各组员有共同的方向及结论。

当然，在绘制思维导图时也可以应用软件，如 MindJet、FreeMind、MindMap 等，也可以应用概念图绘制软件 CMAPtools（图 3-1）等。所谓"概念图"（Concept-Map），是一种用节点代表概念、连线表示概念间关系的图示法。就是指利用图示的方法把人脑中隐形知识显性化、可视化，便于思考、交流和表达。概念图（Concept-Map）与思维导图（Mind-Map）最直观的区别在于连线上是否标注文字。

二、聚合思维，构建概念图

如果说思维导图记录的是思考的过程的话，概念图就用来呈现思考的结果的（图3-4）。

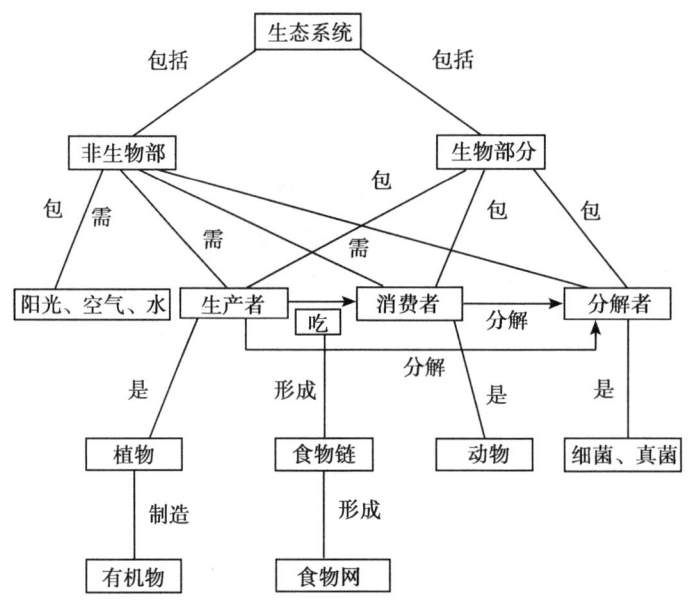

图 3-4　概念图范例

概念图的理论基础是奥苏贝尔的学习理论。奥苏贝尔认为新知识的学习取决于新旧知识能否达到意义的同化。换言之，知识的构建是通过已有的概念对事物的观察和认识开始的。学习就是建立一个概念网络，不断地向网络增添新内容。

制作概念图可以使新旧知识之间、概念之间的关系清晰可见，迫使学习者将这些关系外化。从这个意义上说，概念图帮助学生了解知识的结构，了解知识构建的过程。这就是帮助学生学会学习。那么，怎样构建概念图？

根据诺瓦克博士的介绍，要确定一篇研究报告、一章内容的主要概念，或哪怕想到某一门学科的概念，第一步是必须列出概念。有人觉得把概念写在卡片上，便于移动，对构成概念图很有帮助。

第二步是把含义最广、最有包容性的概念放在图的顶端。可是，有时要确定含义最广、最有包容性的概念比较困难。这时，可以注意一下概念的背景，或了解概念出现的顺序也会有帮助。第三步，继续往下写，以增加更多具体的概念。但诺瓦克博士向教师建议，任何一个概念下面不要有3个以上连接的概念。用线条把概念连接起来，并用连接词语注明连线。概念间的连线可以是单向、双向或无方向的。连接词语应能说明两个概念之间的关系。这种说明语可视为一句陈述，或叫命题。连线使概念之间建立了意义。当许多相互联系的概念捏到一起时，就看到了这方面知识的意义。第四步，寻找概念图不同部分概念之间交叉连线的联接，并标明连接线。第五步，把说明概念的具体例子写在概念旁。对同一组概念可以画出许多不同形式的概念图。所以概念图的画法不是一种。随着对概念之间关系理解的变化，概念图也会发生变化。

概念图是学习工具。诺瓦克研究概念图的初衷是用来帮助学习。建构主义的学习理论认为，要记住知识并懂得意义，那么，新知识就应当与现有的知识结构整合。概念图的作用是促进这个过程的形成。这是因为概念图可以把整合的过程清晰地呈现出来，并使学习者看到概念之间的关系。研究发现，在学习中使用概念图的学生，在较长一段时间以后，其知识的保持超过不用概念图学习的学生。用画概念图和看概念图学习的学生，他们的知识面也比用死记硬背来学习的学生宽，也更能解决问题。研究人员还发现，当学生试图用图来表示知识的理解时，他们最肯动脑筋。

概念图是交流的工具。一个人制作的概念图代表了一种组织信息或思想的方法。它是可以被其他人共享的东西。一组人制作的概念图代表了集体的思想。无论哪一种情况，概念图可用作人们讨论概念和概念之间关系的交流的工具。他们可以设法赞同一个共同的结构，以此作为下一步行动的基础。

【研究报告范例】 不同文本体裁的阅读教学指导研究

提示：这类"问题对策类"的研究论文，是就教育教学的某个问题分析原因并提出对策。从内容上看，这类研究论文的形成过程及所做的工作和要求有3个方面：一是理论论述，要求围绕论题，如"童话的阅读教学"，从理论上充分说明意义、依据和要求；二是现状分析，要在针对"童话阅读教学现状"进行实际情况调查的基础上，通过分析，对照理论上的要求找出差距，即存在的问题，还可以针对这些问题存在的原因予以探讨；三是提出对策，要求针对现状中存在的问题提出解决问题的对策或方法，提出改进优化后的童话阅读教学策略。这3个部分是相辅相成的：理论论述是为了衡量现状中是否存在问题、存在一个什么样的问题树下标杆；现状调查就是要找出问题所在，为解决问题提出对策树立靶子；提出对策就是解决问题，体现文章的应用价值，也就是写作目的。但是范例1的论述中缺少了理论和现实两部分的铺垫，使得作者所提出的教学策略显得立论不足，范例2则以课标为依据，按课标要求梳理散文教学方法基础上针对

《桂林山水》一课提出自己的教学设想，做到了辩体教学，进一步地，若能从文本体式角度就体变、体性、体貌3个基本要素进行分析并确定教学落点，再从学生起点能力出发进行教学设计则更佳。

范例1正文：
小学童话阅读教学指导研究——以《巨人的花园》为例
蒋丽焕

童话一直深受学生的喜爱，它那动人的故事、曲折的情节和优美的语言，能把学生带入美好的情境，使他们受到真、善、美的熏陶。那童话类的阅读课文，我们应该怎么教呢？本文以《巨人的花园》一课为例，谈一谈童话类文本的一些阅读教学策略。

首先，应该先给学生一点时间让他们自己阅读童话《巨人的花园》，让他们先熟悉课文内容并体会文章的文字之美。然后教师以生动形象、极富儿童色彩的语言示范朗读，吸引学生的兴趣，使其有兴趣去阅读《巨人的花园》。然后再指导学生自己阅读，让他们用眼、用心、用脑进行思考。只有通过充分地读，才能将语言内化为自己的理解，从而体会到童话的语言美。

然后，教师就要对童话进行内容分析。因为小学生对事物的认识理解有限，童话又极富教育意义，所以教师对其的教育指导必不可少。通过巨人有孩子，花园美丽；赶走孩子，花园凄凉；留住孩子，花园恢复美丽这3个环节，教师应使学生明白只有将快乐进行分享，才是真正的快乐，对待别人要宽容，要懂得分享。让学生读懂故事，理解寓意。

再然后，给学生一定的时间让他们去感悟《巨人的花园》这篇童话阅读，进一步品味童话中的分享情感之美。因为是童话阅读教学指导，所以要通过"读"与"悟"的过程去点燃儿童心灵的火种，决不能以抽象琐碎的分析替代个体体验、感悟的心理过程。

接下来，可以再让学生去进行角色扮演，分角色进行情景演绎。"演"，会促使儿童更主动地去理解文章，把握形象，充分感受到童话文学的形象美，同时又在故事所创造的情境之中进行了生动的言语训练。在童话阅读中抓住学生的热情，让他们试着把童话演出来，揣测表演技巧和理解角色心理的过程不仅能促进学生的心理发展、社交能力和创造力的提升，还能使儿童产生丰富的美感体验，在积极尝试中学会欣赏自己和感受成功。

最后，教师应组织学生对《巨人的花园》进行讨论。问学生：巨人一开始的做法是正确的吗？你认为那时如何做？如果是你，你会如何做？让学生在阅读中提升他们的创造力和想象力。

范例2正文：

散文教学研究总结
齐少卿　张利南　宋磊　张帆

散文是一种作者写自己经历见闻中的真情实感的、灵活的文学体裁。我们研究发现，散文在小学教材中占有不少篇目，主要集中在中高年级，是教学的重点也是难点。在文学审美活动中，正确地学习、分析散文有助于开阔视野，提高小学生的鉴赏能力和写作水平，获得审美的享受和思想的启迪。

同时也发现小学散文教学有一定难度，在教学过程中存在很多困难。我们把这种困难归结于两方面，一方面，散文本身具有的特点："形散而神不散"，使它不像记叙文那样完整、说明文那样明白。这种整体中的"断续"，使学生在理解上有一定的困难。另一方面，这和小学生的认知特点密不可分，散文语言优美，但话题凝重、深沉，小学生年龄较小，生活经验不够丰富，对文本的体验很困难，对于一些寓意深刻的语句，学生的理解始终在表面上而达不到更深的层次。

散文的教学目标

《语文课程标准》指出：

1. 在通读课文的基础上，厘清思路，理解主要内容，体味和推敲重要词句在语言环境中的意义和作用。

2. 欣赏文学作品，能有自己的情感体验，初步领悟作品的内涵，从中获得对自然、社会、人生的有益启示。对作品的思想感情倾向，能联系文化背景作出自己的评价；对作品中感人的情境和形象，能说出自己的体验；品味作品中富于表现力的语言。

散文的教学方法

一、抓住线索，厘清思路

"形散而神不散"——散文不管如何纵横驰骋，都有线索可循。"不散"的担子是由线索挑起来的。这就告诉我们，教散文有一个不可忽略的技巧，那就是要善于找线索。抓住了散文的线索，文章的脉络就清清楚楚了。线索可以是景，可以是物，也可以是人，也可以是一个生活中的细节，也可以某种思想情感为线索。

二、语言品味，体会情感

散文意境深邃，语言优美凝练，富于文采。需要同学们细细咀嚼，从而深化对课文思想感情的认识和体会。

1. 欣赏特殊的词语、句子

散文，很讲究用词的传神，它的精妙之处在于既形象又包含丰富的内容。所以，引导学生认真琢磨是体会文章所表达情感的重要途径。对于一些特殊的，说明问题或表达文章主旨的句子要研读，通过对特殊的、表达文章主旨的句、段的欣赏，让学生由点及面地发散到整篇课文，才能体会语言文字中蕴含的深刻哲理。

2. 注重语文教学"读"的功能

诵读课文是体验情感的有效方法之一。作为具有较强哲理性的散文，读更是必不可少的。因此在教学中，教师要善于灵活运用朗读的多种形式，以保持学生的朗读兴趣，避免学生对重复朗读的厌倦。要采用不同形式的读，并步步推进。

（1）粗读。在教师范读之后，要求学生自由朗读，初步感知课文大体内容，这样由浅入深，让学生充分接触文本，做好铺垫后再向情感的升华过渡。

（2）细读。在了解课文内容，厘清情感线索的基础上，引导学生独自在朗读中体会感悟，细细阅读课文，一字一句，去揣摩作者的情感，从而引发学生的情感，使学生—老师—作者产生情感共鸣，让学生自己在朗读中感受奇迹。

（3）议读。在读的过程中要讨论交流，可以就文中不理解的字、词、句进行交流，也可以是读的方法与技巧，让学生交流自己喜欢的词语、句子，怎样读才能表达出作者的思想感情。在讨论和交流中，达到教学目的。

三、基于散文的分类选择教法

1. 写人叙事类的散文

这类散文相对来说与小说比较接近，因此在教这类散文时，应该借鉴教小说时的一些方法：①注重人物形象的分析；②注重细节的揣摩；③注重描写方法的运用。

2. 写景类的散文

教这类散文时，要注重对象征、托物言志、烘托等表现手段的揭示和领会。在结构上要从画面、层次、动静、虚实等方面梳理。画面包括色彩和线条，层次有远近之分。这类散文，一般在语言上具有明显的优势，要特别注重语言的品味。修辞手法的分析在这类散文中是必不可少的。朗读在这类散文的教学中显得尤其重要。

3. 议论随笔类的散文

教这类散文要引导学生领悟它们的立意美、哲理美、思想美。要将人文性充分拓展，要注重课文内容与社会现实的联系，要注重思想与思想的碰撞。

以《桂林山水》一课为例，《桂林山水》是由陈淼所作的一篇描述桂林风景的山水游记的抒情散文作品。

这篇散文抓住桂林山水的特点（水：静、清、绿；山：奇、秀、险），以优美、简练的语言，生动形象地展示了桂林山水的美景，表达了作者对桂林风景的喜爱之情。

一、教学目标

1. 知识与能力：学会本课生字新词，理解重点词句，理解欣赏文句的语言美。

2. 过程与方法：通过朗读、理解、品味文中的精美佳句，想象文句创设的情景美，并运用观景移情法领略大自然的美景。通过看图、学文，体会山水合一的自然美、情景相融的美妙境地。

3. 情感态度与价值观：感受桂林山水的美好，培养热爱祖国大好河山的思想感情。

二、教学过程

1. 情境导入

"以画变话"借画悟文，借用课本插图引导学生想象，把枯燥的文字变为鲜活的画面。紧紧抓住学生的注意力，把学生引入课文，激发他们的学习兴趣，唤起学生阅读的愿望，使他们积极主动地参与学习。

2. 读中入境、读中悟境，欣赏全文

在读中整体感知，在读中有所感悟，在读中培养语感，在读中受到情感的熏陶。教师要善于灵活运用朗读的多种形式，以保持学生的朗读兴趣，避免学生对重复朗读的厌倦。要采用不同形式的读（默读、粗读、细读、议读），并步步推进。

（设计目的：为实现第二学段阅读板块的教学目标："①用普通话正确、流利、有感情地朗读课文。②初步学会默读，做到不出声，不指读。学习略读，粗知文章大意"。）

3. 巧设情境，激发情感，感受漓江水的美、桂林山的美

教师先创设优美的情境，然后通过看图、学文，使学生从语言文字的具体描写中，进一步体会、感悟漓江的水、桂林的山的特点。学生随着有声有色的朗

读,通过观察、比较领略漓江的水的特点,感受桂林山水的美好,培养热爱祖国大好河山、热爱大自然的感情。同时,让学生了解作者的语言表达特点,从中学习作者的表达方法。

(设计目的:为实现第二学段阅读板块的教学目标:"③能联系上下文,理解词句的意思,体会课文中关键词句在表情达意方面的作用。能借助字典、词典和生活积累,理解生词的意义。④能初步把握文章的主要内容,体会文章表达的思想感情。⑤能复述叙事性作品的大意,初步感受作品中生动的形象和优美的语言,与他人交流自己的阅读感受。⑥诵读优秀诗文,注意在诵读过程中体验情感,展开想象,领悟诗文大意。)

4. 拓展知识,学习导游

通过让学生想、说、演课文的内容,抓住契机,做到演说结合,以促使提高学生的演说水平,有效地加强学生畅谈对课文的理解和感受,掌握学生对课文学习的反馈情况,使教材真正成了一个"活生生的例子"。

(设计目的:为实现第二学段口语交际和综合性学习的教学目标:"1.能用普通话与人交谈。在交谈中能认真倾听,领会要点,并能就不理解的地方向对方请教,就不同的意见与人商讨。2.听人说话能把握主要内容,并能简要转述。3.能清楚明白地讲述见闻,并说出自己的感受和想法。讲述故事力求具体生动";"能在教师的指导下组织有趣味的语文活动,在活动中学习语文,学会合作"。)

范例3:小组研究成果展示文本体裁分析,扫码观看。

专题四
单元主题与群文阅读

中国语文教材的变革，一直是在维持传统的大格局下进行的。从教材的编撰策略看，这个传统可以归结为"范文制度"凝聚为"文选型"的教科书。"范文制度"下的"文选型"语文教科书，依据的是"取法乎上"的精神，它选取"文质兼美"的典范篇章，以供学习者讽咏、研习、模仿。"取乎法上"，既包括人格方面，也包括文采方面，而这两方面汇集于诗文的写作。中国古代的语文教育，"选文"的直接目的是为了写文章，但中国古代又从未产生过专门的写作教材，除了对范文的讽咏、研习、模仿（积理、积材、积词），写作训练几乎别无二途。

语文教材以"文选型"作为编撰的策略，在国外也是通例。自1993年起，除人教版的语文教材外，北京、上海、广东、广西、辽宁、河北、四川、江苏、浙江等地累计有13套中小学语文教材陆续由实验期进入试用期。这一时期的中小学语文教材，编者普遍重视以能力提高为建构教材的主线，同时以生活为本源、学生为主体、知识为先导，并吸收教法、学法改革经验，组建教材的结构体系网络，从而基本摆脱了文选式的单一体系和"三阶段""两循环""讲读中心"的模式，为实现教材的科学化、民族化迈出了可喜的一步。

材料1：小学语文课本的单元主题

人教版小学语文教科书采用"主题单元"的编排方式，首先确定贯穿1~6年级的主题领域，然后确定每个年级、每册的主题单元，每个主题单元一般有3~4篇主体课文（选编与主题相关的各种类型、各种体裁的作品），精读、略读与参读的相互配合（教科书目录中课文编号右上角加星的为略读课文，教材最后几篇为参读或称选读课文）。

叶圣陶先生在《精读指导举隅前言》一文中指出："精读文章，只能把它认作例子与出发点,既已熟悉了例子,占定了出发点,就得推广开来,阅读略读书籍,参读相关文章。"

为什么要"参读相关文章"?叶圣陶先生指出:倘若死守着"课堂精读文章","不用旁的文章来比勘、印证,就难免化不出来,难免知其一不知其二。"只有把课内"精读文章"和课外"参读"的"相关文章"结合起来,方能"普遍领会某一文章的各方面"。这实际上是一条培养学生逐步具有广博与精深学问的重要途径。

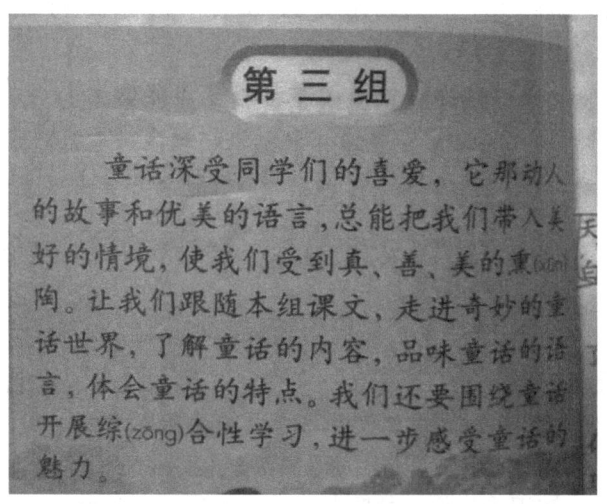

图4-1 单元导读范例(人教版四年级上三单元)

人教版小学语文教科书的每个单元都有一个单元主题,写在每单元开头的单元导读之中,如四年级上册第三单元(图4-1):

唱晓旭老师曾将小学语文各册教科书中的单元主题进行了梳理,将所有单元主题内容梳理如下。

1. 胸怀祖国　放眼世界
2. 良好品质　伴我成长
3. 童年生活　丰富多彩
4. 热爱生活　感受真情
5. 博览群书　学习语言
6. 热爱自然　保护环境
7. 走近科学　勇于探索

【问题与解析】小学语文课本中的单元与单元主题

【问题】找找单元主题

从图书馆借一本小学语文课本及配套的教师用书,试分析其中一个单元的主题,并说说你是从课本和教师用书的哪些细节获得了对于这个单元主题的认识的。

【解析】小学语文课本中的单元主题
一、教材内容和教学内容之辨

就选文型语文教材而言,把课文作为"教材的内容"之一,是符合实际情况的。因为在选文型教材中,课文是教材的重要组成部分,是教材的主体。但是,把课文当做"教学内容"却是错误的,也与教学实际不相符合。问题是"既然课文本身就已经是教学内容了,何以在教、学课文时又要跑去'传授语文知识、训练语文能力,进行思想教育,培养审美情趣?'"正如张宇田所指出的:"把课文当作语文科教学内容,在理论上经不起推敲,在实践中经不起检验。"事实上,不同的教师教同一篇课文,各人在课堂上所实际教学的内容,以及同一个人在不同时候面对不同学生时所教学的内容往往大相径庭。

从选文的作用或功能而言,按照王荣生的研究,可分为定篇、例文、样本和用件4种类型。定篇类型的选文本身就是语文课程内容,而例文、样本和用件则属于用来教语文课程内容的"语文教材内容"。因而,语文教材的内容之一的"课文系统",包括课程内容和教材内容两个方面。钟启泉曾指出:"从某种意义上说,不认识教材的教学论意义与内容、效果、成果的侧面,不明确教材所起的实际作用,教材的研究与编制便不会有进步,这是因为教材与教学内容既有联系又有区别"。一方面"教材的内容"与"教学内容"是两个不同的概念,语文教材的内容是指语文教材的构成要素,而语文教材内容则连接着语文课程内容和语文教学内容;另一方面"语文教学内容"黏附于"语文教学的内容",要通过教材的各种要素来体现。

由此,在语文教学中有必要对"教教材"和"用教材教"进行辨析。作为"课程内容"的"定篇"的选文,那些凝结了民族精神源泉的千百年来家喻户晓的、渗透到一个民族每一个人心灵深处的经典作品，我们的语文教学就是要"教教材"，就是要带领学生透彻地理解和领会它，从而最大限度地从经典作品中汲取精神的养料，为学生的发展打下精神的底子。但对于作为"教材内容"的例文、样本和用件的选文，就应该"用教材教"，就需要考虑用什么教材教以及教什么的问题。不应该随便摘取选文的某一个点，随便拾取教材的某块碎片，然后随便去教一些什么东西，然后就总结说，我的教学体现了"用教材教"的新课程理念。"用教材教"的关键是我们"教什么"，而这需要我们联系具体的教材做具体的分析。

一般来说，就某套特定的教材，要确定"教什么"的问题，可做如下考虑：第一，看教材的编排体例和教材结构。第二，看教材的单元导语。单元导语往往体现着教材编制者的编辑意图以及该套教材在该单元的教学目标以及所建议的教学内容，把握了单元导语，"教什么"的问题就有底了。第三，最为关键的，是教材的"思考和练习"部分。因为"在具体的教学中，一篇课文教什么乃至怎么教，很大程度上要受制于助读和练习的编排。"换句话说，离开了对"教什么"的认定，而泛泛地谈论"用教材教"是不妥当的。

二、小学语文课本单元主题教学设计

"单元主题教学"不同于传统的逐课教学模式，以一个单元作为语文教学的基本单位，从整体出发，统筹安排，以一篇或两篇带动整个单元教学，把讲读、自读、练习、写作、考查等环节有机、灵活地结合起来，使单元整体运转（图4-2）。

教师在进行单元主题教学设计时，要做到：

（1）要通盘规划教学的目标、内容、教学过程以及评估标准，要特别重视学生自身素养全面发展；

（2）按单元主题教学的整体目标要求，确定分年级、分阶段、分单元的具体教学目标，把握单元整合的切入口；

（3）根据内容的不同特点，设计不同类型的主题教学，使"主题"各有特色；

（4）培养学生创造性能力不能只停留在口头上，要从自身做起，构建创新思维模式，为学生学习、研究及自主发展奠定坚实的基础；

（5）不能只沿用原有的一些教学手段，要充分运用新的教学手段，如计算机、多媒体、互联网；

（6）不能只满足于学科成绩，要乐于把学生引进现实生活的大舞台，让学生把所学的知识与生活实践紧密联系起来，哪怕不能立竿见影显现所谓理想的分数。

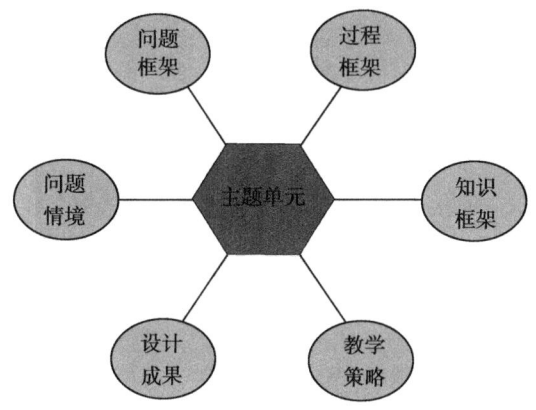

图 4-2　主题单元分析

阅读是一个双向选择的过程，读的意义的产生是以文本提供的图式和读者接受视野的同构或局部同构为前提条件的。一个文本适合这一部分读者的视野，但未必能进入另一部分读者的视野。同样，一个文本有多个层面，并不是所有的层面都能够自动进入读者的视野，读者往往只选择与自己接受视野相应的层面去感受和理解作品。这样，我们在确定教学内容的时候，就必须考虑到师生之间的差异，教学对话应当以这些差异为契机，而不是简单地停留在学生已经能够抵达的层面。教学对话赖以进行的前提条件，是师生、生生之间对同一文本、同一层面的感受、理解的差异性；教学对话的目的，是让文本中还没有进入学生视野的层面在教师或者其他同学的帮助下，顺利地进入学生的视野，从而提高他们的理论与鉴赏水平。

单元主题教学对教师的教学水平提出了更高的要求，单元主题教学是根据课程实施的水平目标，确立若干个教学主题，教师遵循学生学习的一般规律，以主题为线索，开发和重组相关的教学内容，进行连续课时单元教学的教学方式。开展单元主题教学体现学习领域水平目标达成的针对性、知识技能教学的连贯性和生本化、生活化等特性，将整个教学置于具体的生活情境之中，有利于学生对知识技能的意义建构，重视学生技能的综合运用的实践体验，提高学生理解和运用知识和技能的能力和意识。

围绕单元主题展开讨论，实际上是对语文课程目标及价值观的讨论，赵希斌在《正本清源教语文》中指出，语文教学传递的价值观的核心追求是自由与尊严，具体分为6个层面的基本价值观，即：

- 公平、正义——保障自由和尊严的基本内容
- 慈悲、关怀——自由与尊严的精神内核
- 有意义的人生——自由与尊严的具体实现
- 坚韧、乐观——实现自由和尊严的精神支柱
- 探索与求真——实现自由和尊严的理性手段
- 表达与追求美——自由和尊严最高级别的表现形式

对单元主题从价值观方面的归纳与分析，有助于引领教师开展群文阅读和单元主题教学设计。

【说课稿范例】《去年的树》说课稿

提示：所谓说课，就是让教师以语言为主要表述工具，在备课的基础上，面对同行、专家、系统而概括地解说自己对具体课程的理解，阐述自己的教学观点，表述自己具体执教某课题的教学设想、方法、策略以及组织教学的理论依据等，然后由大家进行评说。按时间，说课可分为课前说课和课后说课两种，课前说课重在说教学设想，课后说课则要针对教学效果进行分析反思。

《说课论》中概括的说课的"基本内容"有四大方面：说教材；说教法；说学法；说教学程序设计。说教材包括的内容要点有：教材的体系与结构；大纲（现在是课程标准）；教学目的要求（教学目标）；教材的"两基三点"；对教材的具体处理。说教法包括的内容要点有：选择的方法是什么；选择这样的方法的根据是什么；运用这样的方法应该注意哪些问题；对所选择的方法有怎样的改进与创新。说学法包括的内容要点有：本课教学中对学生学习方法主要作哪些指导；进行这样的学习方法指导的根据是什么。说教学程序设计包括的内容要点有：课型和结构设计；课堂教学设计流程。其中，课堂教学设计流程一般包括：教学条件的准备；温故知新，由此及彼的教学安排；新教材的掌握过程与教育技术的使用；新教材的巩固、重点难点的落实鉴定；作业与新学习的指导。

说课其实也是一种集体备课的形式，是为了提高课堂教学效率，教师之间进行的一次思想碰撞、一次智慧的交流。通过说课，教师能高屋建瓴地把握教材，预设学习中的各种"教学事件"，反馈教学中的得失，选择适宜的教学方法，提高课堂教学效率，促进教学研究。通过说课，能够展现一名教师的教学理念和教学能力，诠释教师的教学思想、教学境界，展示演讲才华。

张利南同学的说课稿从单元教学框架分析入手，在分析单元主题和单元目标的共性问题基础上，落实到精读课文的个性教学设计之中，能够有意识地针对课文文本体变、体性、体貌进行分析，这种整体与局部兼顾的备课意识是可圈可点的。

正文：

《去年的树》说课稿
张利南

一、说教材

1. 教材分析

《去年的树》选自人教版新课标小学语文实验教科书四年级上册第三组的第二篇精读课文。从教材编排来看，本组课文都是以"童话故事"为主题的，旨在让学生通过本组课文的学习，能够了解更多的童话，品味童话的语言，感受童话的特点。这篇童话的作者是日本作家新美南吉，作者主要写了一棵大树和一只鸟是好朋友，鸟儿天天给大树唱歌，在离别之际，鸟儿答应明年春天再回来唱歌给他听。等到第二年鸟儿回来后，却找不到大树。鸟儿历经千辛万苦，最后找到了由大树做成的火柴点燃的灯火。鸟儿对着大树用自己的生命点燃的灯火，唱起去年的歌。朋友不在，但友情还在，表现了朋友之间真挚的友谊。这篇童话最大的特色就是以对话来推进情节，情节中充满了淡淡的伤感，语言质朴，真诚感人。

2. 教学目标

（1）正确认读"伐"，正确书写"融、剩"等4个生字，并积累"融化""剩下"等好词。

（2）通过有感情地朗读课文、分角色朗读课文，把握课文的主要内容，理解鸟儿在寻找中的心情变化，体会鸟儿和大树之间真挚的友情。

（3）理解两个"看了一会儿"，体会作者用对话来推动情节的写作方法。

3. 教学重难点

（1）教学重点：把握课文的主要内容，理解鸟儿在寻找中的心情变化，体会鸟儿和大树之间真挚的友情。

（2）教学难点：理解两个"看了一会儿"，体会作者用对话来推动情节的写作方法。

我之所以这样设置重难点，是因为这则童话充满着一种淡淡伤感气氛的同时还留下了很多情感空白，四年级的学生很容易理解到环保的主题，但是作为一则童话，本身应该蕴含着暖暖的爱意、柔柔的忧伤、浅浅的悲情、淡淡的失落，课文给我们更多的是小鸟与大树之间真挚的友情。新课标提出语文教学应当是"人文性和工具性的统一",所以如何使学生感受到小鸟与大树之间的真情就是重中之重了。

二、说学情

四年级的学生已经具有一定独立识字和把握课文主要内容的能力。针对本课生字词字数较少、个别字形较繁的特点,教师应在学生自主学习的基础上,加以引导和点拨。这篇课文内容简单,学生比较容易把握课文的主要内容,但要学生深入体会大树与鸟儿之间真挚的友情还有难度,需要教师的引导和点拨。对学生来说,理解鸟儿寻找过程中心情的变化也是有难度的,需要教师的点拨。同时,这个年龄段的孩子,他们对真正的友谊理解不深,这都需要教师在教学中创设情节,帮助学生更好地走进文本。

三、说教法学法

教法:因为阅读教学是教师、学生和文本三者之间对话的过程,所以我采用了以讲读法为主,辅以分角色朗读法、情境创设法、想象朗读法、自主探究法等方法,重点是促进师生、学生、文本3种对话方式的生成,这堂的重点研读我放在了故事开头第一段,采用演读和自由读的方式,使学生体会鸟儿和大树感情的深厚。剩下的4组对话都采取自主学习的方式,分角色读,在感知的基础上能够进入课文,与小鸟的感情一致。教学过程是师生共同生成的新的教学资源,在教学过程中我会努力营造和谐的师生对话环境,把激励的语言、赞赏的眼神给予他们,激发他们内在的潜能。

学法:新课标指出,阅读教学是教师学生以及文本三者之间对话的过程,学生与文本主要的对话方式有读、品、悟、辩、议、入。在本课的教学设计中用到的是读和入。读:自由读、齐读、默读、分角色读等,真正做到以读激情。在这个过程中,我会注意启发学生的感觉,比如在指导最后一段的朗读时我会让学生在前3段焦急、牵挂的基础上读。入:以一种体验式的方式让学生两次研读课文。如让学生换位成那只小鸟,体会小鸟的心情。努力构建诗意的、生命的课堂,始终体现学生是活生生的学习主体,更是教学资源重要的构成者和生成者。

四、说教学过程

根据以上分析,我设计了图片导入,未成曲调先有情——初读课文,一词一句总关情——细读课文,说尽心中无限事——品读结尾,情到深处方是真——拓展延伸这五部分。

1. 图片导入,未成曲调先有情

以鸟儿和大树的图片引出课题,并引导学生提出质疑。

以形象直观的图片导入，能激发学生的学习热情，尽快拉近学生与文本之间的距离。这篇课文的题目非常有意思，教师引导学生质疑课题，能激发学生的思维想象力，质疑问难是学生积极想象的前提，也是学生有质量学习的保证。

2. 初读课文，一词一句总关情

（1）生字词教学。出示生字，请学生朗读，正确朗读后引导学生观察这些生字书写时需要注意的地方，重点指导"伐"字的书写。

（2）厘清课文内容。请学生说说这篇课文主要讲了什么以及题目为什么叫去年的树。

词语教学要有针对性，在学生自学的基础上，我结合音、形、义进行点拨。叶圣陶说过：作者有思路，遵路识斯真。教师在第一时间帮助学生理清思路，展示教师的教路，使学生尽快进入他们的学路。这样有利于达到师生共乘一舟，批文入情的效果。

3. 细读课文，说尽心中无限事

（1）感受天天，体会形影不离。请学生读故事的开头，引导学生想象鸟儿都在什么时候为大树唱歌，由此引出"天天"，引导学生从"天天"中体会鸟和树的深厚友情。

（2）感受寻找，体会心情变化。请学生找到课文中的5个人物，分角色朗读4组对话，并引导学生如何读出感情。通过想象鸟儿在飞行过程中遇到的困难，进一步体会鸟儿对大树情感的真挚。

阅读时学生的个性化行为，不应以教师的分析来替代学生的阅读实践。童话教学中，我引导学生在角色中体会，在体悟文字中感受。

4. 品读结尾，情到深处方是真

引导学生从故事结尾找到鸟儿的动作细节——看，由鸟儿的看回想开头鸟儿为大树唱歌的画面，请学生写写鸟儿想对大树说的话，使学生在本课所学到的语言得到积累，并得到情感共鸣，实现语文工具性与人文性的结合。

5. 拓展延伸

为学生推荐本课作者新美南吉的其他作品《白蝴蝶》，增加学生的阅读量，开阔学生的视野，进一步培养学生的语文素养。

五、说板书设计

去年的树　　天天　　形影不离　　好朋友（深厚）　　寻找　　信守承诺

好的板书设计能让学生一目了然地了解课文的主要内容。本课的板书设计我抓住"好朋友"这个点，从两方面进行板书，给学生直观的理解，不仅有利于学生掌握课文的主要内容，还有利于学生体会鸟儿和大树之间的感情。

理论点1：小学语文单元主题教学设计

一、单元主题教学设计要点提示

（1）主题单元教材整体解读及学情分析（主题、篇目，主要内容，篇目之间整体联系。分析学生对教材感受，知识能力的起点和需求、要求）。

（2）主题单元教学整体目标解读（主题价值目标：知识、能力、体系等具体目标，具体在每课中的分解，课时安排）。

（3）主题单元教学构想及教学设计（围绕专题，对每节课教与学的设计、板书、课件）。

基本模块：单元导读、浏览每课、整体感知——精读感悟每课重点实践练习——回归整体、拓展比较、积累运用——口语、习作，整理测试。

（4）单元主题作业设计，呈现方式，评估方式。

（5）单元主题目标达成综合水平测试题及答案（如：篇目及内容了解、单元积累及联系生活的运用，年段及本单元目标知识点、基本能力情况、对文本的感悟、比较、拓展阅读、写作等）。

（6）单元主题教学资源包（课件、拓展资料等）。

二、单元内课文的篇章比较

"篇章比较"，主要指的是几篇文章或一组文章之间，甚至一本书的几个章节之间进行的比较阅读，以"篇"为最小阅读单位，就是要切实实现"把大量的阅读实践活动放到课堂上进行"的理念。

篇章比较主要有3种新课型——专题总结课、拓展提升课、学法迁移课，都是以"篇"为单位，通过题材比较、主题比较、表现手法比较、语言比较、结构比较等多种渠道，使学生从一篇到多篇，从一文向一类，从一课向一单元拓展、迁移、总结、提升，帮助学生打开联系的视野，不断使学生生成新的发现，形成更丰富、系统的语言认知，产生更多元的思维，从而真正提高学生的语文能力（尤其是阅读能力、习作能力和语感）。

1. 专题总结课

顾名思义，即以某个专题为线索，把几篇已经学过的课文串连在一起，通过这样一组课文间的求同或比异，总结出某些规律的东西（包括学法、读法、写法方面的），从而使学生的认知更系统、更深刻，思维更多元，语文能力得以提升。

这里所说的"专题"，可以是内容、主题，也可以是题材、写法；它是这一组课文共有的一个特点；它就像一根线，把散落在教材各段、各单元、各册的那几篇课文穿在一起，成为一个新组合，让学生再次阅读后生成新的发现、新的思考、新的收获。

方法一：以题材、内容等为专题的总结课

例如，在11册学完了《金色的鱼钩》之后，我们上了一节"长征题材"的专题总结课，把之前10册学过的《丰碑》《草地夜行》和《金色的鱼钩》组合在一起，进行比较阅读。通过比"同"，引导学生归纳了3篇文章在"塑造主要人物"方面的共同特色——均选取典型的场景描写、均体现了次要人物的衬托、均采用含蓄表达的结尾。在比"异"环节里，"三篇文章中你更喜欢哪篇，为什么？"的问题极大地激发了学生的研究兴趣。课后再请学生将这3篇文章和四年级《马背上的小红军》、六年级《赣南游击词》进行比较。这样的学习方式让学生感觉很新奇，他们在读书笔记中这样写道："几篇文章比较着读，让我不仅将4、5、6年级教材中都是长征时期的文章联系起来，更让我知道了什么是长征精神。""我想，今后再作文，也要选择最能表现人物品质的典型场景来写。""我发现，以后写结尾要多想一想，当自己感情强烈、不吐不快的时候，就可以直接抒情，干脆利落；当自己想让读者咀嚼品味，就可以含蓄一些，不要太直白。""以后我也可以把同类题材的文章找来一起读，这样会比读一篇理解得深刻。"……

方法二：以主题、思想观点等为专题的总结课

北京版课改教材的人文性可谓无处不在，表达同一主题、同一思想观点、同一种情感的课文，就像散落在各册教材中的珍珠，有心之人可以信手拈来，把它们串成夺目的珍珠项链，获得另一种美的享受。

例如，我们把散落在4、5、6年级中的《母亲》《母亲的纯净水》《我看见了大海》《父亲的麦芽糖》《这是儿子的鱼》等课文，以"父母之爱"为专题把他们组合起来比较阅读，不仅对学生进行了爱的熏陶，使他们感悟到父母的爱形式万千，无处不在，却不求回报，同时也打开了学生选材的思路，培养了他们发现的眼睛。

这样的例子还有很多，比如：组合《买小狗的小孩》《看不见的爱》《理想的风筝》等课文进行的"残疾人自强不息"专题总结课，学生感受到残疾人拥有着丰富的内心世界，他们不需同情需平等，从而学会了尊重并以新的视角看待残疾人。组合《小珊迪》《我一定要等他》等课文进行的"诚信"专题总结课；

组合《给予树》《卖木雕的少年》等课文进行的"给予"专题总结课；组合《开国大典》《世界杂交水稻之父》《钱学森归国》等课文进行的"啊！祖国"专题总结课……

方法三：以明显的单元特征为专题的总结课

北京版课改教材中，有些单元具备明显的单元特征，在这样一个单元学完之后，不针对本单元特点做一些总结归纳，提炼出一些规律性的东西，让学生能"既见树木，又见森林"，实在是辜负了编者的苦心。

例如，京版第 11 册第 4 单元是一组写景的文章——《林海》《鼎湖山听泉》《松坊溪的冬天》《迷人的张家界》，在"写景单元"专题总结课上，我们引导学生对 4 篇课文进行了一番比同求异，学生发现：①这 4 篇课文都通过丰富的想象和联想，运用比喻、拟人的方法，展示了大自然的无穷魅力——这一点，以后在习作中可以模仿借鉴。②这 4 篇课文表达的情感各有独特之处，不同于我们对一般写景文章的认识，不只是简单的赞美、热爱，可见好的文章最重要的是表达自己真实、具体的感受，而不是说大话、套话、空话。这两点发现或许并不新颖，或许教师单篇授课时也会讲到，但几篇课文互相印证，学生的印象必定比一篇课文深刻得多，尤其是这种自主发现的过程，对学生的益处是不言而喻的。

方法四：以表达方法为专题的总结课

"学语言学表达"这是近几年大家的共识，从语言的角度、从表达方法的角度做专题总结课，也是我们努力在探索的。

例如，12 册第 7 单元作文是《谢谢你》，根据预作情况，我们发现学生知道运用心理描写表现人物的特点，但是写不好。于是，我们上了一节"心理描写"专题总结课。将五、六年级学过的《穷人》《我的心事》《我的战友邱少云》《深山风雪路》《一夜的工作》这几篇课文组合起来比较阅读，引导学生发现：①"心理描写"在这几篇课文中起的作用都比较大。②《穷人》《我的心事》直接写出主人公的内心想法，从而展示人物的性格特点；《我的战友邱少云》《深山风雪路》《一夜的工作》借助"我"的心理描写，从侧面烘托出主人公的性格特点等。在此基础上，再让学生修改习作，80%以上的学生都根据表达的需要，对原文中的心理描写进行了添加或修改，有一位学生是这样修改的：

原句：我抚摸着它的绒毛，透过它柔软的绒毛，我仿佛感觉到了它那微微的心跳。

修改后：我抚摸着它的绒毛，透过它柔软的绒毛，我仿佛感觉到了它那微微的心跳。此时，我的心不禁为之一动：翘翘能把它的全部放心地交给我，这不就源于它对我的信赖吗！谢谢你！

添加理由：通过"我"的心理描写，写出了"我"对小猫的感谢，点明了文章的主题。

在这节课上，没有烦琐的分析、过多的讲解，但对于"心理描写"的意味、妙处，学生水到渠成地心领神会。

2. 拓展提升课

这里的拓展提升课，是指以一篇课文的某个特点为标杆，引入类似一篇或几篇新的文章，进行拓展阅读，借助阅读视野的拓宽和阅读体验的丰富，使学生某方面认知、思维、能力等得以提升。打个比方，一次拓展提升课就像是种植一株榕树，课文是榕树主干，与课文的某个特点相关的作品就是枝枝叶叶，其中的一个作品都可能成为一条须根，只需加以"灌溉"，又能散发枝叶。久而久之，在学生心中，就培植了一片茂密的"丛林"。

一篇课文的内容、形式，甚至它的作者、语言风格等都可当作它的"标杆"。

以此"标杆"去选取一个或几个新的阅读材料并不难，难的是类似的材料如何激发学生的阅读兴趣，而不是阅读疲劳。成功的关键在于：要创造良好的阅读氛围，使学生体验到求知的欲望和成功的愉悦，使接下来的阅读成为自身的需要。

例如，四年级老师在讲《珍珠泉》一课时，发现学生很爱读这篇课文，上网一查，才知作者吴然的作品不仅多次选入教材，还很受新加坡、中国台湾、中国香港教材的青睐，他的作品以"孩子的眼睛看世界，以孩子的语言写世界"，赢得了众多小读者的喜爱。我们以此为契机，上了一节"孩子的世界——吴然作品阅读"拓展提升课，引导学生阅读了《歌溪》《灵泉》两篇文章。这种拓展，自然有利于学生了解更多的溪、泉，开阔他们的视野。但我们的目的不止于此，我们希望让四年级学生具体感受一下"孩子的世界、孩子的语言"是什么，通过喜欢吴然，感受什么叫"我手写我心"，希望能在语感、写作方面让学生获得一些潜移默化的提升。当然，因为是四年级，所以我们的要求不高，只是感受而已。我们还打印了吴然的《桃花水》等文章引导学生课外阅读。结果是：孩子们对吴然笔下的世界兴趣盎然、恋恋不舍，纷纷索要老师手中的《吴然作品集》。

类似的案例还有很多，比如，《将相和》学完之后，通过拓展阅读《晏子使楚》，学生至少有了两点新的认识：

（1）外交家的语言风格是多种多样的。

（2）弱国无外交，祖国强大是每个人立足的根本。《奇异的琥珀》学完之后，我们引入《黄河象》上了一节拓展提升课，课后效果显示：除对黄河象有了了解，学生对化石的认识增加了（知道了什么是化石、化石的作用等），更由此引起了对科学、考古的兴趣；通过两文结构的比较，对如何组织材料有了新的、具体的认识；学完毛泽东的《清平乐·六盘山》和《浪淘沙·北戴河》后，我们以"大气磅礴"为"标杆"，拓展阅读了毛泽东的《忆秦娥·娄山关》和《水调歌头·游泳》，使学生认识到"大气磅礴"是毛主席诗词的显著特点，毛泽东不愧是伟大的词人，即使是豪放派的代表苏东坡、辛弃疾也不及他的气魄；学完《跳水》，我们以"别出心裁的文章结构"为"标杆"，拓展阅读了托尔斯泰的《鲨鱼》，使学生打破了原有的窠臼，豁然开朗：原来这就叫"出人意料"，原来主人公不一定是花笔墨最多的！

需说明的是，拓展提升课虽与"拓展阅读"有许多共同之处，但区别也是明显的：

（1）既然是"课"，很明显，就不是一节课中的一个环节，而是实实在在的40分钟（中、低年级可根据情况相应调整为30分钟、20分钟）；对于拓展的文章，就不仅仅是阅读、了解，而是有明确的阅读目的、实在的学习任务、具体的操作层次，要达到一定的阅读效果。

（2）拓展阅读是手段，有所提升是目的。一般的拓展阅读，都可以拓宽视野、丰富阅读体验，除此之外，拓展提升课更重视学生在某方面（如认知、思维、能力）是否有新的收获，是否在原有基础上有所提高。所以，拓展的阅读材料要让学生有兴趣、有发现，在这个过程中有思考，有分析，有归纳，有结论，从而实现真有提升。

3. 学法迁移课

很简单，就是把教师在 A 课文教的学习方法直接迁移到 B 课文、C 课文，教师不用再教，学生可以自己读懂 B 课文、C 课文，这正是教师追求的理想境界"举一隅以三隅反""教是为了不需要教"。

对于小学生而言，学法迁移要实施得比较好，几篇课文间的相似度需比较高，从内容到形式，相似点要比较多才行。

例如，同是11册的两篇课文——《我看见了大海》与《唯一的听众》，两课从内容、结构到主题等都非常相似。先学了《唯一的听众》，再学《我看见了大海》，便可以采用学法迁移。课上，

（1）了解这两课的相似度，明确自学任务。

（2）引导学生归纳出《唯一的听众》一课的学法：①归纳"老教授到底为小伙子做了什么？"——感受老教授的特点。②归纳"小伙子的发展变化"——感受老教授的特点。再提炼出《我看见了大海》一课的学法。

（3）自学完成任务（在20多分钟的时间内，学生就较好地对文本进行了解读）。

（4）品味两篇文章结尾的好处，总结、归纳两篇文章的写作特色。

可以说，学法迁移课是程度很高的高效、自主的课型。它加速了学生对知识、方法的消化、迁移、运用，使他们触类旁通、化难为易，提高了理解能力。如：他们理解了《唯一的听众》中老教授为什么"装聋"，再学习《我看见了大海》《母亲的纯净水》《零点降生的女孩》这些也有"善意的谎言"的文章时，以往"为什么说谎"的难点就毫不费力地迎刃而解了。

同样可上学法迁移课的还有：同是3册的《王冕学画》和《法布尔小时候的故事》，在重点写王冕和法布尔怎样做的这两部分内容中，都写了他们遇到了什么困难，是怎样克服的，结果怎样，从中表现出王冕和法布尔都具有做事坚持到底，有恒心的特点。教学中，引导学生回忆学习《王冕学画》一课的学法——抓住描写王冕所想、所做的语句，体会王冕坚持不懈的特点。有"法"可依了，虽然是二年级的学生，他们也出乎意料的在自主地独立阅读，小组交流过程中围绕法布尔所想、所做的语句，了解到他坚持不懈、好奇心强的特点。与此同时，在教师的引导之下，对阅读写人文章"可以抓住人物怎样想、怎样做的语句体会人物特点"的方法有所感知。《董存瑞舍身炸暗堡》《狼牙山五壮士》，虽然一篇课文在9册、一篇在11册，但二者相似度也很高：都是英雄题材，都有题眼，都是一件典型事例，都是按事情发展顺序写，都具体写了重点场景。从《董存瑞舍身炸暗堡》提炼出学法后："由题眼领悟英雄精神，由重点场景体会英雄壮举"，学生就可自己读懂《狼牙山五壮士》。

材料2：群文阅读

教育唯有与时俱进，才能永续经营。不知道大家有没有发现，现在孩子的语文学习环境，已经发生了巨大的变化，我们的语文课程框架已经到了必须拉大的时候了。我理想的阅读课程体系，包括3种阅读：单篇（课文）阅读、群文阅读、整本书阅读。三者之间，相互无法替代。今天单讲"群文阅读"，下面分享蒋军晶群文阅读《创世神话》教学案例。

从两个"群文阅读"的案例说起

2007年,台湾陈易志老师在南京一次教学研讨会上上了一节"群文阅读"课,课中他让学生读了6篇文章:《石头汤》《雷公糕》《南瓜汤》《敌人派》《肉丸子汤》《兔子蛋糕》(绘本),然后鼓励学生进行比较阅读(内容、叙写手法、文学要点的比较);引导进行交错的分析(《石头汤》里的和尚会如何解决《敌人派》里的困难)。现场听课的一位老师即时记录下听课的感受:"这节冷清的课,只有教师温柔平静的声音通过话筒传播在会场,孩子们在忙碌地看书、思考、陈述、倾听。的确是不够热闹,如果放到我们的公开课评审系统中,估计连入场的资格都没有。但是这的的确确是一节阅读课,一节真正让学生学习阅读的阅读课。那么我们的课堂上,能否接纳下这样的教学?"很显然,听课的老师对"群文阅读"感到非常新鲜,有点惊异,觉得与我们传统的课文教学有点"格格不入",但是又直觉到它的巨大价值,内心处于一种想尝试又不敢涉及的矛盾中。我们在矛盾,别人早已开始尝试,中国台湾赵镜中教授在全国第七届阅读教学观摩会的主题演讲中,这样描述中国台湾新课程改革后阅读教学的其中一种变化:"在政府大力推动儿童阅读运动的影响下,学生的阅读量开始增加,虽然教师还是习惯于单篇课文的教学,但随着统整课程的概念推广,教师也开始尝试群文的阅读教学活动,结合教材及课外读物,针对相同的议题,进行多文本的阅读教学。"这段话里,出现了"群文"这个概念,并且大致描述了"群文阅读"的方向:多个文本、同一个议题、教学。

2010年10—11月,我反复讲教材里的一篇神话《开天辟地》,改变提问,调整环节,变换策略,教学方案换了好几个,最终的教学效果也不错:生字认识了,词语理解了,故事会讲了,盘古的精神也了解了……总而言之,教材规定的教学目标基本都达成了。可是我总是觉得不过瘾,心里总是有遗憾。神话的神奇与隐秘孩子们并没有感受到,孩子们对神话没有那种发自内心的好奇感,我真的感觉到挺没劲的。

于是,我要"开天辟地"似的大刀阔斧地换一种上法。我在50分钟的时间里,让孩子们读了7篇神话(详见《创世神话》群文阅读课堂实录)。在那堂课里,孩子们疑惑、好奇、不解、发现,在一种轻松而又充满挑战的氛围里,发现了神话的许多"秘密",发现了一些神话的"母题",孩子们在创世神话发现了哪些神话母题呢?

1."宇宙卵"的母题。天地之初,混沌一片。什么是混沌?可作混沌的比喻很多,例如"初烹时,茶叶乱浮,清浊不分,是混沌"。但在神话里,都喜欢把混沌的宇宙比作"卵",即宇宙最初像一个大蛋。《开天辟地》里说"混沌如鸡子",在伊朗神话、印度神话、罗马神话等诸多神话中,都有这样的描述,宇宙或者是鸟蛋,或者是石蛋,或者是金蛋,这就是"宇宙卵"的母题。

2. "英雄创世"的母题。《开天辟地》的故事结构也是非常明晰的:先是说宇宙混沌,昏天黑地;接着说盘古大刀阔斧,开天辟地;最后说盘古化生万物改天换地。这就是典型的神话故事结构,很多神话结构都是这样的:人类的苦难——神(英雄)的出场——神的肉身消失或者重生。即使长篇如《西游记》,一百回,也是如此,为取真经,历经九九八十一难,最后功德圆满。在这个叙事结构中,英雄是非常重要的,在《开天辟地》里是盘古,在《女娲造人》里是女娲,在《后羿射日》里是后羿,在其他的神话中,也总会出现一个神,一个英雄来拯救世界,来帮助人类。这就是"英雄创世"的母题。

3. "垂死生化"的母题。盘古死后,他的身体各个部分化为万事万物。在其他神话中,这样的想象也是屡见不鲜,神或者动物的身体器官,化成日月,化成山河,化成风云,化成庄稼。如果说,"宇宙卵"和"英雄创世"的母题还只适用于部分世界创世神话,那么"垂死生化"的母题却是世界创世神话的普遍共性。

当你看完这3个神话母题的描述后,你或许觉得对于小学生来说,太难了,太深了。但是我必须要强调我在课堂上的切身感受,孩子们始终处于一种自发的探索与发现中,讨论是那样积极而热烈,尤其当他们得知老师是不会将讨论的结果作为考试的题目的时候,更是放松、坦率。而且,我自己感觉这是一种"深入浅出"的、"适可而止"的境界,这是"群文阅读"带来的。

于是,我决定,在课文教学的基础上,开始补充"群文阅读"。

一节课里读一组文章意味着什么?

我并不想否认一篇课文一篇课文教学的价值,我坚持认为在现有的背景下,架构在20世纪初期和中期行为主义理论和阅读工学理论之上的技能取向的课文教学(如认字、识词、句式掌握、篇章组织、理解等),也是有其意义的。因此,在我自己的课堂里,是不可能出现那种"大手笔"的、"大刀阔斧"地将教材撇在一边的改革的。

我所指的"群文阅读"是指在教材的基础上,补充5、6组文章,或者更多,进行教与学。即使是这样,也需要老师的勇气和魄力,因为"一节课里读一组文章"意味着我们要作出相应的巨大的改变。

"一节课里读一群文章"意味着什么?意味着老师不可能讲太多话,意味着老师不可能提太多问题，意味着老师不能发起太多讨论，老师话多了，问题多了，对话多了，学生阅读的时间相对就少了，此长彼消，这群文章，学生就读不完了。所以"群文阅读"只有发展"让学"，让学生自己读，让学生自己在阅读中学习阅读。

"一节课里读一群文章"意味着什么？意味着你对课堂结构的艺术性不能有太多苛求，起承转合、层层递进、环环相扣、步步为营、前后呼应、高潮迭起……过于精致细腻的课堂，往往是连结和环节偏多、转换频繁的课堂，这样的课堂间接地侵占了孩子自读自悟、大块时间读、大块时间悟的时间，没有大块时间读、大块时间悟，"群文阅读"就不可能实现。

"一节课里读一群文章"意味着什么？意味着你老师不可能这么深、这么细、这么透地讲析文章了。微言大义，字斟句酌，咀来嚼去……这种分析性阅读的典型特征是：20字的《登鹳雀楼》，在小学二年级要条分缕析35分钟，热热闹闹一节课，数数字数20个。在"群文阅读"里，你不可能这么上，很简单，时间来不及啊。

"一节课里读一群文章"意味着什么？意味着你也不能按部就班地"从字词的学习开始，经由句式、篇章结构、内容探讨进行教学"，你不可能面面俱到，你不可能步步扎实……"群文阅读"，教学目标一定抓住重点，突出要点，把握难点，一定要学会放弃。

"一节课里读一群文章"意味着什么？意味着你不能将"朗读"、将"有感情朗读"无限放大，一则时间上不允许，因为有感情朗读是特别费时间的；二则无限放大有感情朗读，势必会挤占掉一些更重要的阅读能力的尝试与学习。你必须根据读物的不同性质，更多地尝试略读、浏览、跳读等阅读方式，你必须更多地尝试真实的更实用的类生活化阅读。

"群文阅读"的成功与否，很大程度上取决于我们把怎样的文章放在一起，如何放在一起。有的人可能会问，教材里不是已经有一组一组的文章了吗？有的地方不是已经在尝试"单元整组"教学了吗？你为什么还要"另起炉灶"呢？这真是个关键问题，在我眼里，教材里的一组一组文章，虽是把一篇一篇文章放在一起了，但关联性不大，并且教材的设计本质上还是基于老师的"教"的。为了将我心目中的"群文"这一概念解释清楚，先列举一些我校已经和打算实践的4—6年级的群文主题：

【四年级】
"反复结构的故事"一组

"友情诗"一组（《我喜欢你》《阿贵只有九岁》《打过架那天的夕阳》《等待》《赠汪伦》）

"图像诗"一组

各个版本"龟兔赛跑"一组（一个故事多种版本）

"有特色的人物外貌描写"一组

"大作家也写流水账"一组

各个版本"三个儿子"的民间故事一组

"淘气包"文章一组

穿越式"幻想小说"一组

"大人国小人国"类文章一组

【五年级】

"创世神话"一组

"对话"组成的文章一组

突出"声音"的文章一组

突出"色彩"的文章一组

结尾出人意料的"小小说"一组

"月亮"一组

"一句话在文章中多次出现"文章一组

"吝啬鬼"文章一组

"言不由衷"文章一组

【六年级】

观点完全对立的文章一组

父母与孩子的"通信"一组

谢尔·希尔福斯坦作品一组

老舍文章一组

豪迈与温婉风格一组

"一部作品不同人翻译"文章一组

谈论"死亡"的文章一组

谈"人与环境"文章一组

谈"幽默"文章一组

"通感"一组

透过上面的"群文主题"，大家或许已经发现，选怎样的文章组成"群"考验着老师的阅读视野、品味以及阅读教育理念。因为我们要尽量选用多种文类的文本,包括丰富学生文学体验的文学类文本,例如神话、故事、寓言、散文、童话、诗歌、小说、传记,也包括为获取和使用信息的实用性文本,例如新闻报道、说明书、广告、通告。我们还要尽量选用多种行文特色和叙事风格的作品。教材中的课文,主题是往往是明确的、正向的,意义是"显而易见"的,篇幅是有限制的,语言也是经过规范的,词语的选用是经过衡量的,这就是大家所说的"教材体"文章,而"群文阅读",选文的自由度大大增加,选文应该努力保持原貌,不随意删、换、改,包括保留原文的文字风格,保留叙述的复杂性。

问题与解析　群文阅读课

【问题】如果让你用这些文章上一堂"群文阅读"课,你会怎么上?

按照上文中《创世神话》一课列出的群文名称,试着查找一下,看看你能找到几篇,研读这些文章,思考一下,如果让你用这些文章上一堂"群文阅读"课,你会怎么上?

【解析】群文阅读,把怎样的文章如何放在一起是个关键

一、当前小学群文阅读教学的基本课型

(一) 基于单元整组教学的群文阅读课,让教材的功能充分发挥出来

现行的小学语文教材是以主题组单元的,一个单元围绕一个主题往往选编了四篇课文,为开展群文阅读带来极大的便利。如人教版五年级上册第六组主题是"父母之爱",课文有《"精彩极了"和"糟糕透了"》《地震中的父与子》《慈母情深》《学会看病》。我们可以先指导学生精读最有特色的课文《"精彩极了"和"糟糕透了"》,感受别样的父母之爱,体会父母之爱的深沉,习得抓住人物语言、神态、动作描写体会人物情感的阅读策略,再运用群文阅读的方式教学其他三篇课文;也可以先分课教学,再利用"回顾·拓展"中"交流平台"的提示在"本组课文中,有不少描写人物外貌、动作和语言的语句……读一读课文中这样的语句,体会这些语句好在哪里",上好单元总结课,把单篇课文教学时获得的散乱的知识系统化,完善学生的认知结构。

（二）基于略读课文拓展的群文阅读课，让略读课文教学简略而丰厚

人教版小学语文教材从三年级开始，每个单元选编了一篇略读课文，到了五、六年级每个单元选编了两篇略读课文，并在《教师教学用书》中再三强调略读课文"理解内容的要求要低于精读课文，一般是粗知大意""主要靠学生运用在精读课文中获得的知识与方法，自己把课文读懂"。为了更好地体现略读课文的编写意图，我们可以采用群文阅读的方式教略读课文。如教学人教版五年级下册略读课文《刷子李》，我们可以让学生先读课文，再泛读《俗人奇事》一书中的《张大力》《苏七块》《泥人张》等多篇文章，在大量阅读中充分感受冯骥才笔下的人物形象，体会人物描写的方法，以一篇带多篇，提高学生的读写能力。

（三）基于综合性学习的群文阅读课，让阅读材料成为探究学习资源

为了加强语文课程内部诸多方面的联系，加强与其他课程以及生活的联系，促进学生语文素养全面协调地发展，《语文课程标准（2011年版）》在"学段目标与内容"中还提出了"综合性学习"的要求。人教版小学语文教材从五年级开始，每册教材安排了一个单元的"综合性学习"，并提供了多篇"阅读材料"。如六年级上册综合性学习"轻叩诗歌的大门"，选编了《诗经·采薇（节选）》《春夜喜雨》《西江月·夜行黄沙道中》《天净沙·秋》《太阳的话》《白桦》等"阅读材料"。这些"阅读材料"与课文不一样，不能一篇一篇地教。我们可以运用群文阅读的教学方式，让学生在多首诗歌的比较阅读中发现诗歌描写内容、古诗与现代诗表达方式、不同诗人表达风格等方面的异同，充分感受诗歌魅力，为学生接下去开展确定主题、搜集诗歌、整理诗歌、编小诗集等实践活动打开思路。

（四）基于课外阅读教学的群文阅读课，让课外阅读的指导更有成效

随着儿童阅读的推广，书店里学生课外阅读的内容非常丰富。读什么，怎样读，是摆在学生、家长、教师面前的两大问题。围绕某一主题选择一些相关的文章，开展群文阅读是一种课外阅读的好方法。课外书中还有一些书是由多篇小文章组成的，如《俗世奇人》《中外神话故事》等，与人教版小学语文教材单元主题配套的《同步阅读》等，我们也可以运用群文阅读的教学方式。我们还可以开展群书阅读的指导。如人教版六年级上册第七单元"课外书屋"，提示学生课外阅读我国著名作家沈石溪的《狼王梦》《第七条猎狗》、加拿大作家西顿的《小战马》《红脖子》、美国作家杰克·伦敦的《荒野的呼唤》《海狼》等作品，就可以在学生自主选择书籍阅读的基础上进行交流讨论，深入感受人与动物、动物与动物之间丰富的情感。

二、"群文阅读"的教学取向

"群文"最应该强调的还是它的"结构性",这种"结构性"既可借鉴应用教材里的单元,也可以由教师自主选择"群文",但无论哪一种,"结构性"和"教学落点"都至关重要:

1. 群文的结构性

组合的线索非常明确。以文学类文本为例,"反复结构故事"群文的组合线索是"表达形式","友情诗"群文的组合线索是"主题",各个版本"龟兔赛跑"群文的组合线索是"故事内容","淘气包"群文的组合线索是故事中的人物,"创世神话"群文的组合线索是"体裁","老舍群文"的组合线索是作者。线索虽然丰富多样,但相对明确,不模糊。这种线索清楚的一组一组的文章,如果后面的教学跟进得好,某种程度上可以弥补叶圣陶先生所担忧的单篇阅读的弊端:"现在的精读教材全是单篇短章,各体各派,应有尽有。从好的方面说,可以使学生对于各种文体都窥见一斑,都尝到一点味道。但是从坏的方面说,将会使学生眼花缭乱,心志不专,仿佛走进热闹的都市,看见许多东西,可是一样也没有看清楚。现在的国文教学成绩不能算好,一部分的原因,大概就在宣读单篇短章,没有收到好的方面的效果,却受到了坏的方面的影响。"

2. 群文教学的落点

线索背后又有明确的意图。一群文章,按一定线索放在一起的意图一定要明显,有的是要引发学生的认知冲突,有的是要强化学生某一种认识,有的是要丰富学生的多元理解,有的是要学生领会读某类文本的方法……蒋军晶所实践的《创世神话》群文阅读,选用了7个不同地区的创世神话,就是要学生在比较性阅读中主动去发现和思考,因为这一组文章"相似处"和"不同点"都显而易见,尤其"相似处",可以引发学生强烈的好奇心和探究欲:为什么不同地方的创世神话都把远古的世界想象成一个蛋?为什么不同地方的创世神话都有一个不畏艰险、法力无边的大神?为什么不同地方的创世神话都想象最后是神的身体化成了万事万物?为了找到这7个神话,我真是费尽周折,但是这种"费尽周折"的意义在于它让学生在较短的时间内经历、体验了较高水平的研究性阅读。再如后面的"群诗阅读"的案例中,五首诗虽然都是讲"友情"的,但五首诗分别叙述了友情的不同面,包含了朋友的生离死别以及争执,多角度地提供学生去探讨"什么是朋友",丰富了学生对友情的理解。这五首诗歌也是精挑细选的,"精挑细选"的意义在于,学生在有限的阅读中经历、体验了较高水平的思考性阅读。

有限的单位时间里要读好几篇文章，客观上决定了"群文阅读"和单篇文章的教学有许多不同之处。但是客观的被动的"不同"不是我们选择"群文阅读"的理由，你想啊，你在"群文阅读"的课堂里不强调字词了，你不做烦琐的分析了，也不一味感情朗读了……那你要干什么？你总要有所作为吧，你到底怎么做呢？"群文阅读"的教学设计中一定要明确阅读教学的价值取向，明确教学活动的落点，即教学目标。

理论点2：中国学生发展核心素养

2016年9月13日上午，中国学生发展核心素养研究成果发布会在北京师范大学举行，公布了中国学生发展核心素养体系。核心素养是关于学生知识、技能、情感、态度、价值观等多方面要求的综合表现；是每一名学生获得成功生活、适应个人终生发展和社会发展都需要的、不可或缺的共同素养；其发展是一个持续终身的过程，可教可学，最初在家庭和学校中培养，随后在一生中不断完善。

学生发展核心素养，主要指学生应具备的，能够适应终身发展和社会发展需要的必备品格和关键能力。中国学生发展核心素养以培养"全面发展的人"为核心，分为文化基础、自主发展、社会参与3个方面，综合表现为人文底蕴、科学精神、学会学习、健康生活、责任担当、实践创新6大素养，具体细化为国家认同等18个基本要点。核心素养是对素质教育内涵的具体阐述，可以使新时期素质教育目标更加清晰，内涵更加丰富，也更加具有指导性和可操作性。

总体框架

中国学生发展核心素养，以科学性、时代性和民族性为基本原则，以培养"全面发展的人"为核心，分为文化基础、自主发展、社会参与3个方面。

综合表现为人文底蕴、科学精神、学会学习、健康生活、责任担当、实践创新六大素养，具体细化为国家认同等18个基本要点。根据这一总体框架，可针对学生年龄特点进一步提出各学段学生的具体表现要求。

基本内涵

核心素养课题组历时3年集中攻关，并经教育部基础教育课程教材专家工作委员会审议，最终形成研究成果，确立了以下六大学生核心素养。

（一）文化基础

文化是人存在的根和魂。文化基础，重在强调能习得人文、科学等各领域的知识和技能，掌握和运用人类优秀智慧成果，涵养内在精神，追求真善美的统一，发展成为有宽厚文化基础、有更高精神追求的人。

（1）人文底蕴。主要是学生在学习、理解、运用人文领域知识和技能等方面所形成的基本能力、情感态度和价值取向。具体包括人文积淀、人文情怀和审美情趣等基本要点。

（2）科学精神。主要是学生在学习、理解、运用科学知识和技能等方面所形成的价值标准、思维方式和行为表现。具体包括理性思维、批判质疑、勇于探究等基本要点。

（二）自主发展

自主性是人作为主体的根本属性。自主发展，重在强调能有效管理自己的学习和生活，认识和发现自我价值，发掘自身潜力，有效应对复杂多变的环境，成就出彩人生，发展成为有明确人生方向、有生活品质的人。

（3）学会学习。主要是学生在学习意识形成、学习方式方法选择、学习进程评估调控等方面的综合表现。具体包括乐学善学、勤于反思、信息意识等基本要点。

（4）健康生活。主要是学生在认识自我、发展身心、规划人生等方面的综合表现。具体包括珍爱生命、健全人格、自我管理等基本要点。

（三）社会参与

社会性是人的本质属性。社会参与，重在强调能处理好自我与社会的关系，养成现代公民所必须遵守和履行的道德准则和行为规范，增强社会责任感，提升创新精神和实践能力，促进个人价值实现，推动社会发展进步，发展成为有理想信念、敢于担当的人。

（5）责任担当。主要是学生在处理与社会、国家、国际等关系方面所形成的情感态度、价值取向和行为方式。具体包括社会责任、国家认同、国际理解等基本要点。

（6）实践创新。主要是学生在日常活动、问题解决、适应挑战等方面所形成的实践能力、创新意识和行为表现。具体包括劳动意识、问题解决、技术应用等基本要点。

主要表现

那么，人文底蕴、科学精神、学会学习、健康生活、责任担当、实践创新六大核心素养具体包括哪些要点呢？小编也很好奇。仔细一看，原来六大素养还具体细化为人文积淀、国家认同、批判质疑等18个要点，各要点也确定了重点关注的内涵。

文化基础——人文底蕴

1. 人文积淀

重点是：具有古今中外人文领域基本知识和成果的积累；能理解和掌握人文思想中所蕴含的认识方法和实践方法等。

2. 人文情怀

重点是：具有以人为本的意识，尊重、维护人的尊严和价值；能关切人的生存、发展和幸福等。

3. 审美情趣

重点是：具有艺术知识、技能与方法的积累；能理解和尊重文化艺术的多样性，具有发现、感知、欣赏、评价美的意识和基本能力；具有健康的审美价值取向；具有艺术表达和创意表现的兴趣和意识，能在生活中拓展和升华美等。

文化基础——科学精神

1. 理性思维

重点是：崇尚真知，能理解和掌握基本的科学原理和方法；尊重事实和证据，有实证意识和严谨的求知态度；逻辑清晰，能运用科学的思维方式认识事物、解决问题、指导行为等。

2. 批判质疑

重点是：具有问题意识；能独立思考、独立判断；思维缜密，能多角度、辩证地分析问题，做出选择和决定等。

3. 勇于探究

重点是：具有好奇心和想象力；能不畏困难，有坚持不懈的探索精神；能大胆尝试，积极寻求有效的问题解决方法等。

自主发展——学会学习

1. 乐学善学

重点是：能正确认识和理解学习的价值，具有积极的学习态度和浓厚的学习兴趣；能养成良好的学习习惯，掌握适合自身的学习方法；能自主学习，具有终身学习的意识和能力等。

2. 勤于反思

重点是：具有对自己的学习状态进行审视的意识和习惯，善于总结经验；能够根据不同情境和自身实际，选择或调整学习策略和方法等。

3. 信息意识

重点是：能自觉、有效地获取、评估、鉴别、使用信息；具有数字化生存能力，主动适应"互联网+"等社会信息化发展趋势；具有网络伦理道德与信息安全意识等。

自主发展——健康生活

1. 珍爱生命

重点是：理解生命意义和人生价值；具有安全意识与自我保护能力；掌握适合自身的运动方法和技能，养成健康文明的行为习惯和生活方式等。

2. 健全人格

重点是：具有积极的心理品质，自信自爱，坚韧乐观；有自制力，能调节和管理自己的情绪，具有抗挫折能力等。

3. 自我管理

重点是：能正确认识与评估自我；依据自身个性和潜质选择适合的发展方向；合理分配和使用时间与精力；具有达成目标的持续行动力等。

社会参与——责任担当

1. 社会责任

重点是：自尊自律，文明礼貌，诚信友善，宽和待人；孝亲敬长，有感恩之心；热心公益和志愿服务，敬业奉献，具有团队意识和互助精神；能主动作为，履职尽责，对自我和他人负责；能明辨是非，具有规则与法治意识，积极履行公民义务，理性行使公民权利；崇尚自由平等，能维护社会公平正义；热爱并尊重自然，具有绿色生活方式和可持续发展理念及行动等。

2. 国家认同

重点是：具有国家意识，了解国情历史，认同国民身份，能自觉捍卫国家主权、尊严和利益；具有文化自信，尊重中华民族的优秀文明成果，能传播弘扬中华优秀传统文化和社会主义先进文化；了解中国共产党的历史和光荣传统，具有热爱党、拥护党的意识和行动；理解、接受并自觉践行社会主义核心价值观，具有中国特色社会主义共同理想，有为实现中华民族伟大复兴中国梦而不懈奋斗的信念和行动。

3. 国际理解

重点是：具有全球意识和开放的心态，了解人类文明进程和世界发展动态；能尊重世界多元文化的多样性和差异性，积极参与跨文化交流；关注人类面临的全球性挑战，理解人类命运共同体的内涵与价值等。

社会参与——实践创新

1. 劳动意识

重点是：尊重劳动，具有积极的劳动态度和良好的劳动习惯；具有动手操作能力，掌握一定的劳动技能；在主动参加的家务劳动、生产劳动、公益活动和社会实践中，具有改进和创新劳动方式、提高劳动效率的意识；具有通过诚实合法劳动创造成功生活的意识和行动等。

2. 问题解决

重点是：善于发现和提出问题，有解决问题的兴趣和热情；能依据特定情境和具体条件，选择制订合理的解决方案；具有在复杂环境中行动的能力等。

3. 技术运用

重点是：理解技术与人类文明的有机联系，具有学习掌握技术的兴趣和意愿；具有工程思维，能将创意和方案转化为有形物品或对已有物品进行改进与优化等（图4-3）。

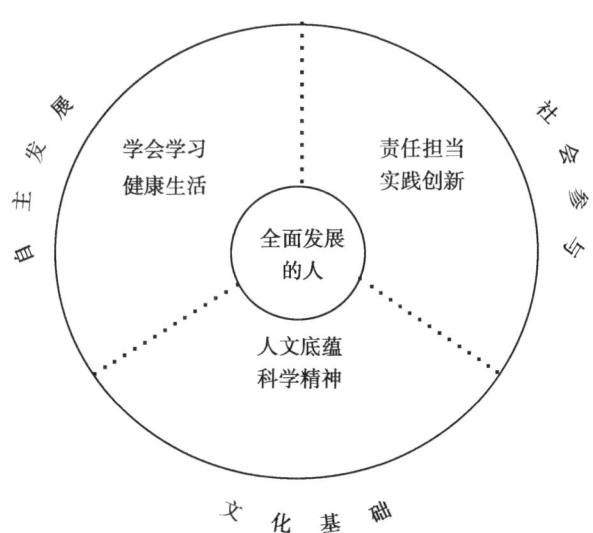

图4-3 中国学生发展核心素养

理论点3：阅读的历程和阅读学习方法

中国台湾郑园玲教授在其《阅读素养一本通》《有效阅读》两本著作中，提出了阅读按照创新的层次可以分为被动式的蚂蚁阅读、主动式的蜘蛛阅读和创造式的蜜蜂阅读。

一、3种阅读学习层次

蚂蚁式的学习：就像蚂蚁只知道不停地采集食物，囤积粮食，从不想尝试将采集回来的东西变得更可口些。所以阅读的材料，虽然多元，但学习时只会将作者所说的内容照单全收，不假思索地记忆下来，不想主动地思考、组织与内化，这就是蚂蚁式的学习，一种被动式的学习类型。这种囫囵吞枣式的学习，虽然吃下很多东西，却可能不够营养。庄子就提醒我们："君之所读者，古人之糟粕已夫"若你读的都只是前人的知识残渣而已，可能是徒劳无功的。孔子也提醒我们："学而不思则罔。"只会累积知识而不思考，会让人越来越糊涂，更可能是有危险的。所以孟子特别告诫我们："尽信书，不如无书。"书怎么说，你就怎么信，还不如不看书，因为书的内容可能是胡说八道的误导。

蜘蛛式的学习：蜘蛛会利用自己肚子里的东西，吐丝结网，搜集食物。虽然它结的网不能将食物变得更可口些，但它所结的网，却因为结构严密，对食物具有过滤、筛检的作用，保证能捕捉到对自己有用的食物。所以阅读时，如果能以系统化的历程，思考、组织与内化这些材料，阅读后一定能得到有用的收获，这就是蜘蛛式的学习，一种主动式的学习类型。

蜜蜂式的学习：有如蜜蜂会借由飞行，到更远的地方采集食物，又能将采集的食物转化创造，酿成滋味甜美的蜂蜜。蜂蜜比原有的食物更加美味可口，自然能为食物增添价值。所以阅读时，如果能先利用系统化的思考历程，让材料变成对自己有用的数据，再进一步酝酿、转化为创造性的个人见解或创作，这就是蜜蜂式的学习，一种创造式的学习类型。目前中国台湾的学习环境中，有很多像蚂蚁一样，辛苦采撷知识、背诵知识的学生，同时也有很多辛苦指导学生背诵知识的老师。校园里的许多阅读活动，虽然办得热闹非凡，但多数仍停留在推广"蚂蚁式学习"的层次，例如比赛大量阅读、抄写佳言美句、抄写读后心得、背诵成语等，却很少利用系统化的阅读学习，帮助学生进行有价值的阅读。所以学生自然无法从阅读中酿造蜂蜜，提出创造性的个人见解或创作。

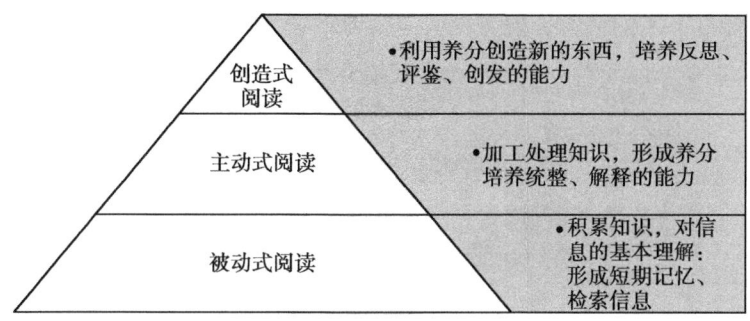

图 4-4　阅读的历程

二、阅读学习的方法——蜘蛛式学习

"蜘蛛式"学习，为创造性阅读搭建鹰架。

学生的学习没有办法直接从蚂蚁式跃升为蜜蜂式，老师必须为孩子搭建一个鹰架作为过渡，这个协助孩子学习跃升的鹰架，就是"蜘蛛式的学习"。

提供孩子蜘蛛式的学习鹰架，是指利用一个有方法、有步骤，能循序渐进的系统化学习历程，让孩子自己逐渐学会"统整、组织、思考、内化"阅读内容，再进一步酝酿出对阅读内容具创造性的看法，用以享受深层阅读带来的思考之乐。当然也希望老师能跳脱传统局限，利用系统化的学习历程，带领学生去采撷花粉，进行系统性的内化，最后让学生自己酿出蜂蜜。孔子认为理想的学习是"学思并用"，"学思并用"其实就是蜜蜂采粉、酿造蜂蜜的过程。我们可以尝试这样理解："蚂蚁觅食"是阅读的第一步，它是一种基础性质的被动式阅读；"蜘蛛结网"是阅读的第二步，它是一种进阶性质的主动式阅读；"蜜蜂酿蜜"是阅读的第三步，它是一种发展性质的创造式阅读。

那么，阅读的乐趣会不见吗？

或许有人会担心，阅读不是应该充满乐趣吗？如果带着这么强烈的学习目的，做这么多的思辨、分析，会不会让人丧失了阅读的乐趣？会不会到最后连书都不想打开了？

这个问题可以这样思考。

如果蚂蚁只能吃到米粒，它们饮食的趣味，就只能局限于米粒的滋味。可是，如果蚂蚁有机会尝到蜂蜜的滋味，它们对饮食趣味的视野将有所不同。

纯粹为乐趣而阅读，自然有它调剂身心的重要价值；但我们希望带领孩子们体验的，是一种借由思考、创造所获得的"自我突破、自我提升"之乐，这种乐趣不属于米粒，而是属于蜂蜜的层次。你对这样的滋味是否充满期待呢？

请试析图 4-5 的内容，属于图 4-4 中哪种类型的阅读。

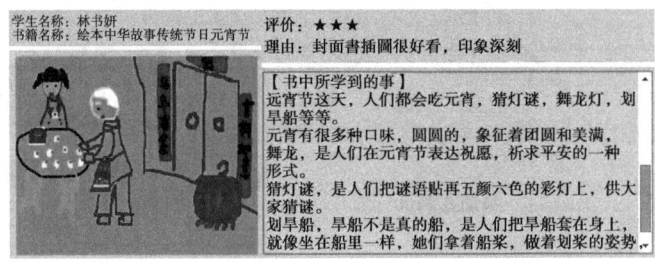

图 4-5　泉州东门实验小学林书妍小朋友，在明日阅读云平台的作品

实践：现场教学学习总结与反思

1. 观摩六加一说课活动，撰写学习总结，谈谈你对小学单元主题教学和群文阅读教学的认识。

2. 观摩主题阅读活动，撰写活动记录，并试分析其中阅读教学的层次及实现的教学目标。

【研究报告范例】我对"自主阅读"活动的观察与构想

提示：这是一篇"理论—现状—对策"型教育研究论文，是运用自主阅读的相关理论针对青年书店绘本课教学现状进行分析，进而提出对策的研究论文。这类论文结构主要由 3 部分构成：理论的阐述、现状的分析、对策的提出。尽管最后文末作者的对策还不成系统，调查问卷的设计还不很成熟，但只要紧扣自主阅读这一论题援用理论，对现状的归纳概括基础上适当探讨分析而不是罗列现象，就一定能够得到具有操作性的有的放矢的解决对策。

正文：

我对"自主阅读"活动的观察与构想
——青年书店绘本课观摩有感
钱悦

一、自主阅读界定

自主阅读：

1. 指学生在没有教师指教的情况下，独立地阅读、分析、理解、品味阅读材料，处理、筛选、搜集、接受各种有效信息的能力；调动已有的认知基础、阅读经验，解决新问题的能力，同时包含各种良好的阅读习惯的形成。

2. 自主阅读是获取知识的主要途径。自主阅读能力是学生在已有知识的基础上，运用正确的学习方法，独立进行学习的一种能力，在学习过程中，学生是学习的真正主体，而教师只是引路人，学习中的大量的问题，主要靠学生自己去解决。

综上自主阅读的特点：

1. 独自，学生是学习的主体。
2. 具有阅读方法的基础。
3. 养成学习的习惯，具备解决问题的能力。

二、自主阅读的教学步骤

根据自主阅读特点我将进行自主阅读教学分为3个步骤：

1. 阅读前准备；
2. 阅读中观察记录；
3. 阅读后心得交流，指导自主阅读策略。

（一）阅读前准备：

1. 文化氛围：激发读书兴趣，营造读书氛围，拓宽课内外阅读渠道。如"读书角"、图书馆等。

2. 方法指导：精读，默读，略读，把喜欢的句子摘录下来。

（二）观察记录

我去秦皇岛市青年图书馆听了一节课的绘本课，课上的孩子从两周岁到九岁，大部分孩子听的时候都很认真，并能积极回答老师的提问，参与到故事和活动中。我研究的是自主阅读，而绘本课就是自主阅读的根基，孩子们通过听老师讲绘本，从而激起阅读的兴趣，并借阅书籍回家阅读。下面我详细介绍一下听课的过程：

我去的比较早，讲课还没开始，就到处看了看，绘本的种类很多，有女生喜欢的白雪公主、芭比娃娃的故事，有男生喜欢的探险故事，有富含教育意义的《三字经》等古代书籍的绘本，有中外名著绘本等。环境布置优雅温馨，如果学生处于这样一种氛围之中，想必不用老师逼着也能自己跑去拿书去看。虽然天气很冷，但是还是有许多小朋友早到了，开始挑选自己喜欢的书籍，大一些的同学可以自己读书，小一点的让家长读或者自己看图画。可见这些孩子都有一份对读书的热爱。课开始之前，是老师和学生的互动聊天，老师问："同学们有没有人观察雪是什么形状?"同学答案都很新奇:"是小片片落到手里都化了。"还有同学补充到:"雪落到手里遇热都变成小水滴了。"我不禁感叹四五岁的孩子知道的真多。老师还询问学生昨天的家庭作业完成的怎么样。还表扬了一些同学,希望他们再接再厉。他们在家庭作业中的表现被父母拍成了视频发到网上与大家共享。

然后才开始今天的讲课,老师讲的是《神奇的魔镜》。与其说是老师在讲,不如说是学生和老师一起讲。学生积极回答老师的问题,想法奇特,想象丰富,在这种故事的讲述中学生参与进来,成为主体并能积极大胆地展开想象,举几个例子。师问:"你们觉得点点如果想要实现他的那么多愿望,他该怎么实现呢"孩子们有的说:"一天实现一个",有的说:"再多一把镜子"孩子的世界多丰富啊。再如师问:你们猜点点有了猫头鹰的眼睛、狐狸的尾巴、熊的身子,他变成了什么?"孩子们想象力更丰富了,有的说像恐龙,有的说像怪兽,一边说着还一边比划着。老师和孩子一起讲故事,更能激起他们阅读的兴趣,对以后自主阅读起到了基础作用。当然绘本的讲授让学生学会的不只是喜欢读书,而是对人性的培养。

故事讲完后是活动时间,同学戴上眼罩摸玩具,有些同学也自愿把自己的玩具分享出来,这样孩子的集体意识和分享意识也得到培养。接下来老师给孩子布置家庭作业,一般都是帮父母做家务,为父母捶背、洗脚等力所能及的事情,这样学生不仅能体会大人的辛苦还能给予父母更多的爱,增进亲子感情。同学们通过抽卡片的形式来抽取自己的任务。卡片上是图画,学生根据图画猜出自己的任务,有些同学很可爱,把帮爸妈洗盘子想象成浇花。孩子的世界真的很童真。最后,到了同学们自主借阅读物的时刻了,同学们都兴奋得像小兔子一样奔向了书架。

如果把这个当作案例去研究自主阅读,我觉得老师应在下节课之前,让同学们分享自己读过的书籍,并且可以让家长将孩子阅读的画面拍下来,或者通过问卷调查,从中发现孩子在阅读中的问题,做自主阅读策略的指导,以便在以后的阅读中再次发现这样的问题。

我设计问卷调查的内容包括:

1. 孩子读书的姿势;
2. 孩子读书的形式:默读、出声读;
3. 是否需要家长的陪同;
4. 读书时注意力是否集中;
5. 是否有做读书笔记的习惯;
6. 读书的选择是否根据自己的喜好;

7. 是否能坚持每天读书；

8. 通过一段时间的自主阅读，孩子在与人交流方面的进步。

（三）阅读后心得交流，指导自主阅读策略。我对问卷中的问题提出解决办法：

1. 读书时要坐正，书放平，默读不出声。

2. 学会精读。阅读是一种与作者心灵沟通的过程，多阅读，可以丰富学生的大脑，美化学生的心灵。

3. 学会选择读书。知识如烟波浩渺的大海，书多如沙砾。在此中间有一部分书需要精心研读，有一部分书要远离（内容不健康的书）。

4. 学会写读书笔记。阅读只单纯去读是不够的，俗话说"好记性不如烂笔头"，读书要做到眼到、心到、手到。我在指导阅读时要求学生做到"不动笔墨不读书"，阅读时做好读书笔记，增强读书的效果。①摘抄原文。阅读中遇到好词佳句进行摘抄，以加强语言积累，丰富写作素材。②提纲式摘录。要求学生写出所读文章的主要内容、各部分的大意，以培养学生总结、概括的能力。③写读后感。阅读时引导学生抒发读书感受（年级稍大的孩子）。

5. 建立读书汇报制度。这样不会使读书流于形式，学生互相交流，会积累许多知识，达到意想不到的效果。

6. 形成制度，确保读书时间。学生天性爱玩，经常对读书"两天打渔三天晒网"，要使学生养成习惯，必须有时间的保障，学生读书的质量自然就会有明显的提高。

设想：通过老师和同学一起讲授故事，激起学习的兴趣，然后学生根据自己的兴趣去选择书籍，一周以后进行问卷调查或者是观看阅读时的视频并进行读书汇报交流，老师根据存在的问题予以建议，1个月进行一次测试，3个月进行一次测试，半年一次测试，一年以后进行测试。看一年的自主阅读对学生独立地阅读、分析、理解、品味阅读材料，处理、筛选、搜集、接受各种有效信息的能力的提升有无效果。

专题五
整本书的阅读

  课外阅读是阅读教学的重要组成部分，它是相对于课内阅读而言的，与课内阅读一起构成了完整的阅读教学。有人说，一个人的阅读史就是他的精神成长史。阅读，尤其是课外阅读，对于一个人的精神成长具有重要作用。著名语言学家吕叔湘在谈到课外阅读时说："在课内学得慢，学到的少；在课外阅读学得快，学到的多。这个现象既然这么普遍，咱们从事教学的人就应当加强课外指导，不要把所有的力气都花在课内，而课外就放任不管了。"课外阅读对于开阔学生的阅读视野，丰富学生的课外知识，提高学生的阅读能力，提升学生的语文素养，都具有不可替代的作用。

  《语文课程标准2011》在"课程目标与内容"中指出：具有独立阅读的能力，学会运用多种阅读方法。有较为丰富的积累和良好的语感，注重情感体验，发展感受和理解的能力。能阅读日常的书报杂志，能初步鉴赏文学作品，丰富自己的精神世界。能借助工具书阅读浅易文言文。背诵优秀诗文240篇（段）。9年课外阅读总量应在400万字以上……积极尝试运用新技术和多种媒体学习语文。这些阐述不但指出了课外阅读的重要性，更强调课外阅读方法指导的重要意义，并指明了利用现代媒体拓宽阅读的途径，使课外阅读具有鲜明的时代特征。

材料1：《如何阅读整本书》的教师培训活动介绍

  儿童需要阅读整本书吗？班级读书会与常规的语文课堂有什么区别？教师如何在自己的班级开展整本书的教学？如何带领孩子阅读一本好书……岳乃红老师将从整本书阅读的意义、课程内容的择选、教学实施的策略等几个方面阐述整本书阅读教学。丁筱青老师将从不同的文学体裁的介绍入手，带领大家了解作品，探讨阅读的乐趣。

模块一　自主研修

《朗读手册》：[美]吉姆·崔利斯/著，沙永玲、麦奇美、麦倩宜/译，南海出版社。

《书，儿童与成人》：[美]保罗·阿扎尔/著，梅思繁/译，湖南少年儿童出版社。

《说来听听：儿童、阅读与讨论》：[英]艾登·钱伯斯/著，蔡宜容/译，北京联合出版公司。

《豆蔻镇的居民和强盗》：[挪威]托比扬·埃格纳/著；叶君健/译；湖南少年儿童出版社

《不老泉》：[美]巴比特/著；吕明/译；二十一世纪出版社。

模块二　课程指导：如何共读一本书

1. 整本书阅读及其意义
2. 如何挑选一本好书
3. 如何进行整本书导读
4. 如何推进整本书阅读
5. 如何进行整本书阅读交流
6. 整本书阅读课程的实施

模块三　素养提升：如何阅读儿童文学

1. 如何阅读童话
2. 如何阅读儿童故事
3. 如何阅读儿童小说
4. 如何阅读幻想小说

模块四　典型课例

1. 交流课——《豆蔻镇的居民和强盗》（二年级）
2. 导读课——《随风而来的玛丽阿姨》（三年级）
3. 交流课——《不老泉》（六年级）

【问题】为什么小学生要读整本书？

为什么小学生要读整本书？你上小学时读过哪些整本的书？

你知道的小学生推荐读物有哪些？你觉得哪些整本的书适合让小学生读，为什么？

【分析】谈小学整本书阅读

1941年，叶圣陶在其重要论文《论中学国文课程标准的修订》中对"读整本的书"，作了专门论述，明确提出"把整本书作主体，把单篇短章作辅佐"的主张。2001年7月出版的《全日制义务教育语文课程标准（实验稿）》在"教学建议"部分，这样表述："培养学生广泛的阅读兴趣，扩大阅读面，增加阅读量，提倡少做题，多读书，好读书，读好书，读整本的书。"读整本书的思想已经被重视。

一、整本书阅读的意义

"试问，养成读书的习惯，不教他们读整本的书，那习惯怎么养得成？"从叶圣陶的这句话可以看出，叶老重视读整本书是因为读整本书能够养成读书习惯。具体而言，读整本书可以扩大阅读空间，应用阅读方法，养成阅读习惯。

叶老在他的著述中不厌其烦地谈到方法、能力、技能、习惯，因此，历来的研究者多据此把叶老归为彻底的工具论者。叶老在1922年1月20日发表的《小学国文教授的诸问题》一文中多次谈到关注学生心灵："须认定国文是发展儿童的心灵的学科。""所以欲求成功的教师，当从为儿童特设的境遇里，发展儿童的心灵，务使他们情绪丰富，思想绵密""教授国文不以教授形式为目的，这不过是附带的目的；宜为学童开发心灵，使他们视学习语文如游泳于趣味之海里。"这篇文章中类似的呼吁还有很多，可见叶老对儿童心灵的关注程度。后来，叶老多呼吁习惯养成等，应该是语文教学没有实效的现状使然。没有基本的语文学习能力，怎么能空谈发展心灵？叶老一直力图解决教学的现实问题。

整本书阅读对于学生还具有更深刻的意义。

1. 发展语言。整本书阅读让学生有机会接触到大量的作品。丰富的语言材料，有利于学生根据自己的喜好进行吸收。有一个有趣的现象，遇到自己喜好的语言形式，学生会不自觉地模仿。在某一个阶段读某位作家的作品，学生日记中就会有模仿的痕迹，而这种模仿不是有意识的，是潜意识的。

2. 锻炼思维。不同作者类似作品之间的比较，同一作者不同作品的比较，不同作品中某类人物的比较，如比较童话作品中的"王子""公主"，比较不同作品中的"智慧老人"等，学生能够通过材料的"重整"，对作品进行"伸展""评鉴"，最后实现"创意"阅读。学生能通过对比，做出新的思考和判断，使思维更加深入。

3. 丰富体验。整本书负载着丰富的文化信息，在阅读的过程中，学生自然会受到文化的熏染。学生品味的语言越多，接受的文化越丰富，受到的影响也就越大。学生发展了语言，发展了思维，开阔了视野，能够在阅读中获取更多的情感体验。整本书阅读的过程，必然包含智育和德育的因素，并且是始终伴随语言学习过程。不管就语言所承载的内容而言，还是语言本身，都具有不可抗拒的美的因素。语言承载的美与语言本身的美被学生分享，被学生接受的时候，学生的审美水平也会不断提高。

二、整本书的选择

叶圣陶提出"学校里课程的设置，通常根据3种价值：一种是实用价值，一种是训练价值，还有一种是文化价值。"整本书可以从3个角度进行选择，一是能够增进学生知识的，一是能够锻炼学生阅读能力的，一是能够开启智慧、启迪心灵、传承文明的。教师可以根据自己的需要从这3个角度进行选择。

选择整本书应该本着东西合璧、古今结合的原则。可以根据书评人的推荐，但是最主要的标准是孩子是否喜欢。所以，教师在选择整本书以前，一定要先读一读，然后推荐给学生。

选择整本书，师生必然经历一个自我判断的过程。不同的出版社和书评人推荐的书目会有不同，也都存在一定的局限性。在这些书目中都出现的书，可以先让学生阅读。书目也不是一成不变的，要随时关注变化。一般的选本，作者不同，形式有变化，适宜刚刚开始进行整本书阅读的学生。有的选本在节选时列出了选文出自哪些著作，所以，在读选本时就要有意识地引导学生去读原著。如果学生阅读欣赏能力已经提高了，可以根据学生兴趣、教师取向、作品价值相结合的方式进行选择。

选择整本书，还可以和教科书的内容结合起来。人教版课标实验教科书的"课外书屋"栏目向学生推荐了与本单元有联系的整本书，教师可以有选择地让学生阅读。教师也可以联系课文内容进行延伸阅读，如，学习人教版课标实验教科书五年级下册的"作家笔下的人"单元时，可以读《小兵张嘎》《红楼梦》《儒林外史》《百万英镑》等名著，这些是与课文内容联系的整本书，属于内容的延伸阅读。也可以选取《小王子》《毛毛》《爱德华奇妙之旅》《长袜子皮皮》《彼得·潘》中任何一本，看作者是如何表现人物形象的，这属于表达方式的延伸阅读。

究竟一个学期可以读多少本书比较合适呢？阅读数量不能强求统一，要根据学生的实际情况。一、二年级学生阅读能力有限，开始的时候需要老师给学生朗读，读书的数量反而会多一些，一学期阅读的图画书可能有十几本。三、四年级为了培养良好的习惯，为了教给方法，可能阅读的速度会慢一些，选的书也会少一些，一学期有两三本。五、六年级经过了前几年的培养，阅读能力提高了，阅读速度快了，能够读得更多一些，范围也更广一些，选取的书能做到一个月一本，那一学期就可以读四五本。当然这个数量是在师生"同读一本书"的范围内，不包括学生自己的自由阅读数量，有了阅读兴趣和阅读能力的学生读的数量会更多一些。

理论点1：阅读能力和阅读策略

阅读是学生一切能力的核心，阅读能力是学生学习其他学科的基础，是现代人的基本素养。在阅读能力的发展方面，国际阅读素养进展研究委员会（Progress in International Reading Literacy Study，PIRLS）认为小学三年级（9岁左右）是儿童阅读能力发展的关键期。因为1~3年级是基本的，对于本地语文符号的一个初步接触，到了四年级，那是一个很重要的转变过程，也就是在基本的积累上已经达到了，重要的是后面的发展。所以他们从四年级调查。如果在三年级之前学生没有培养出阅读的兴趣和阅读技能，那么以后将出现"富者愈富，贫者愈贫"的现象，也将影响学生其他学科能力的发展。

一、阅读素养

站在"阅读素养"（Reading Literacy）的层面审视"阅读"，PIRLS对阅读素养（Reading Literacy）进行了细致的描述：

（1）学生能够理解并运用书写语言的能力；（理解并运用，所以不是一个单纯的被动接受的活动，它是能理解而且运用的。）

（2）能够从各式各样的文章中建构出意义；（我觉得最关键的在建构，还是这个意思，阅读不是被动的接受作者所传递的信息，而是读者主动对文本作建构的活动。）

（3）能从阅读中学习；（这其实也呼应了第二个意义，也就是说，我们在语文课堂里面教阅读，不是只教会学生如何阅读，更重要的是让学生能够透过阅读学习。）

（4）要参与学校及生活中阅读社群的活动。

（5）从阅读获得乐趣。这纯粹是一种情义的观点。

PIRLS把阅读素养列为5个主要的定义，可见国际上对儿童阅读的兴趣是多么的关注。没有阅读量的积累，学生很难具备素养。阅读教学需要增加丰富的阅读资源，然而目前的阅读教学现状是，多数教师把阅读作为唯一的阅读资源，一学期只教二三十篇课文，很少去关注教材之外的阅读材料。大部分时间局限在"死抠生字词"上，教师教得死，学生学得累。

  PIRLS认为：阅读的目的包括个人兴趣、休闲娱乐、获得资讯等，学生一方面需要通过阅读获得文学经验，另一方面通过阅读找寻并运用资料。如果把儿童文学引入语文教学，无疑在很大程度上激发学生的阅读兴趣。但是仅限于文学作品的阅读是一种不完整的阅读。因为，我们的阅读不仅仅是为了"涵养精神"，还要通过阅读获取新知，尤其是在"信息爆炸"的资讯时代，从海量的信息中抓取有用信息的能力尤为重要，而这种能力的培养需要贯穿在平时的阅读教学中。所以我们在关注阅读文学作品的同时，不要忽视了"资讯性文章"的阅读。在这方面，中国香港做的比较好，PIRLS2006年的测试中，中国香港为全球资讯类阅读能力得分最高的地区之一。

二、阅读能力

  阅读能力是可以通过教学获得的。PIRLS把学生的阅读能力分为4个层面：

1. 关注并提取明确陈述的信息；
2. 直接推论；
3. 解释并整合观点的信息；
4. 检视并评价内容、语言和文本的要点。

  在传统的阅读教学中，形成了一套比较固定的模式：解词释句——朗读默读——归纳文章大意——提炼文章中心。以上的阅读方法无疑是重要的，但仅仅局限在这一方面是远远不够的。目前的阅读教学过于重视字词解释和内容复现，缺乏阅读策略的指导，尤其是缺乏脱离文本对学生进行阅读策略的指导。

  整本书的阅读，相对于学生而言是一个真实的阅读情境，常常使用到如下阅读策略：

阅读前：想想书名、封面和学生对这个主题知道多少；
快速读过去，看看、想想插图图片和图表；
读标题和照片的文字说明；
读封底和折页里的文字；
问问题；
对书的内容做出预测。

阅读中：在脑海中浮现画面；

找出困难部分再读一遍；
用图片和图表帮助理解；
指出生字，利用上下文线索推想生字的意思；
预测、修正和确认；
自我提问题，继续往下读，寻找答案；
记下难懂的字和内容，找人帮忙。

阅读后：想想角色、故事发生的地点、事件；
写下自己的反应，并找人讨论；
重读自己喜欢的部分；
边读边找出一些细节；
再读一遍，找出问题的证据。

对照以上阅读策略反思我们的语文教学，可以发现我们还有很多任务没有完成。如果在三年级之前没有形成这些阅读策略，那么就很难实现"通过阅读来学习"。

三、阅读策略

到底什么是阅读策略？所谓的阅读策略，其实专家说的不尽相同，但是大同小异，（如有的认为有 8 种阅读策略，有的认为有 10 种阅读策略，这里介绍 8 种）

1. 预测

能够从已知的事情猜测将会发生的事，它不是完全地猜，不是完全没有任何线索地猜，它是有一点线索，预测没有对和错，因为你没有充分的证据嘛，所以你只能进行一个猜测，所以错误是有可能发生的。所以重点不在对与错，预测是否准确，事后就会有分晓。所以我们进行课题的预测，预测完后我们进行课文的学习，我们就会知道，刚才我预测这样一篇文章，是不是如我所预测的，所以这个答案准确与否很快就可以从文本中解决。

那么为什么要推"预测"这样一个阅读的策略呢？因为透过预测文本，能够发展并且帮助学生投入到阅读之中，当我去猜测，（用中国香港的话，我们去赌马，当我去下注的时候，我一定很关心结果如何。）所以当我打开课本，打开一本书，我开始预测这篇文章将会是什么，当它能满足我的需要的时候，接下来我的阅读的主动性就会很强，因为我想知道，是不是如我所想的。透过预测，它能发挥学生的想象能力，它是一种有线索的猜测，美国一个很重要的研究阅读的专家，他认为阅读就是"一个心理语言的猜测游戏"，不是那么严重，它是一个

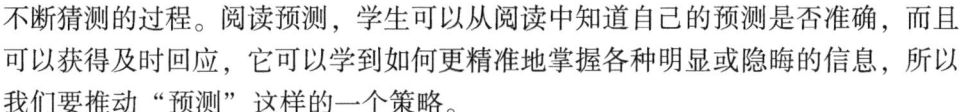

不断猜测的过程。阅读预测，学生可以从阅读中知道自己的预测是否准确，而且可以获得及时回应，它可以学到如何更精准地掌握各种明显或隐晦的信息，所以我们要推动"预测"这样的一个策略。

2. 联结

在阅读过程中，文本所呈现的所有的信息，是否令我们想起已知或曾经历过的事物。那我们做一些好的关联。有三类关联：

①文本与自身（文本有否唤起读者过去的经验）

②文本与文本（文本有否唤起读者阅读的文本）

③文本与生活（文本有否唤起读者关于社会或生活上的一些相关经验）。

为什么我们说这样的联结很重要，举个例子，我们进到超市，我口袋里钱带得越多，我越敢去消费，我看到什么喜欢的，我就敢买，如果我口袋里今天带的钱不够多，我就会考虑，我该买哪一个东西；如果我口袋里完全没带东西，一到超市，我只能逛逛，所以我的收获不多。所以我们为什么重视联结，因为阅读绝对不是一个被动接受的过程，它是一个主动建构的历程，而主动建构，就是读者必须能够适度地去提取，去联结这些跟自身的跟其他文本的跟自己生活经验这些背景，他能够提醒这些经验，他就能进行一个比较好的阅读。所以透过联结，文本能够跟读者产生一些共鸣的话，那读者更能够吸收文章中的有用的东西，如果文本能够唤起另外一个文本的回忆，那读者就能够运用他熟悉的一些文章的特色帮助他去理解一个新的资讯。

3. 提问

自我提问，是阅读理解一个很好的策略。所以，在策略里面，他们特别提出一个策略，叫作"自我提问"。提问有不同的需要，有时是为了找寻资讯，有时是为了做研究，有时为了加深理解和发挥自己的想象力，所以我们会提不同的问题，那提问有不同的层面，基本问题（如孩子们提出：这个字怎么念，这个词是一个什么意思），但是我们希望孩子们能够跳过这样一个基本性的问题，能够逐渐往更高深的，更能够带动广泛思考，理解这一篇文章的这一类的问题，这类问题是什么？分析性的问题（为什么？），另外有一些评鉴性的问题：你是怎么看的？你是怎么想的？你从哪里知道这些资讯？所以问题有不同的层次，这些层次需要我们老师示范、说明，带领我们学生做练习，开放学生自由提问，这是一个很好的方法。但是当孩子提问完，建议各位老师做适当的分析归纳。提问题有些什么好处？它会帮助我们澄清思想，帮助我们理解，刺激我们研究，让提问者更深入地去寻求意义。当学生提问并尝试寻找答案，老师便知道，他们在监控自己的学习和理解，并且从文本能够建构出意义。各位老师，我们在课堂的提问，其实我们的问题，是已经有答案了，所以从某个层次来讲，它并不是一个好的问题，我们其实要问一些包括你老师自己都不知道答案的问题，我觉得这样的老师可能也会诚心诚意地一起和孩子来探索这个问题，一起来学习，所以各位老师在课堂里面，我们要大胆开放让孩子提问，我们自己也要示范，提一些我们自己并不清楚答案的问题，我们在课堂里面，有专家开玩笑说，知道的拼命问，不知道的拼命回答，其实这不是一个很好的学习现象。应该是不知道的要拼命地问。我们说，提问是学习的开始，问题是学习的开始，我们课堂里面应该是学生不知道，他们应该多提问，而老师回答，因为我们知道。可是我们的课堂反过来了，我们的老师不断地问，学生不断地回答。

4. 图像化

所谓"图像化"，把文本的内容化成脑海中的一个图像，因为有些孩子他是用图像来思考的。各位也许注意到，在现在的资讯传播媒体里面，文章越来越简单，图像越来越多，在中国台湾和香港销量最大的一个报纸就是《苹果日报》。最大的一个特色，就是全部用图。所以图像学习也许对孩子来说，是很好的一个学习拐杖。学生可以利用这种方式，他通过文字阅读之后，怎么样通过转换成图像去帮助他理解意义，那透过这样的转换会让文字变得更具体和生动。那读者处身在这样一个图像故事里面，更能投入到故事的内容，会增加读者跟文本的关系，会提升孩子的想象力。

5. 推论

所谓推论，是逻辑学上的一个名词。是利用文本的线索和已有的背景知识对文本没有明显表达出来的东西作出一些假设。利用它来解决文本阅读中的若干问题，了解阅读所遇到的困难。

6. 找出重点

找出主旨、中心思想、文本的重要资料。

7. 统整

将新旧知识综合成一个新的概念。需要提取重要资料和旧经验、知识整合，提升洞察力。

8. 监控理解

自问：我是否明白文中的意思。

尝试用不同的阅读策略帮助自己明白，想办法解决阅读的困难。

材料2：窦桂梅：让儿童在自我发现中获得价值观

窦桂梅：让儿童在自我发现中获得价值观——以图画书《大脚丫跳芭蕾》为例

儿童的成长是完整的、立体的，他们需要在自然的环境中获得生命价值观。我在多年的教学实践与反思中，深切感到教育多以知识为核心，缺少整合，多是功利化的、碎片式的。以教材为中心，以讲解问答为形式的格式化教学，忽视了对儿童思维的关注和精神的培育，很难激发学生对意义的探寻。那些携带着价值观的情感态度的元素应该在儿童学习生活中过程渗透形成。

围绕清华附小"为聪慧与高尚的人生奠基"的育人目标，我一直在努力寻求提高语文素养和培育核心价值观的有效途径，主题教学就是其中一个，而整本书阅读则是我的一贯主张。

就整本书阅读来说，一般路数是看封面、读故事、品细节、悟主题。这样按部就班的教学，学生感受不到自我发现的乐趣，实际上还是老师牵着学生走。儿童站在课堂正中央，怎么能让儿童在阅读的过程中自己去发现、体会，进而认可正确的价值观，而不是亦步亦趋依附教师的暗示？

《大脚丫跳芭蕾》是美国作家埃米扬创作的一本图画书，讲述的是一个有着一双超级大脚丫的女孩儿贝琳达克服困难、追寻舞蹈梦想的故事。主题简单，但内涵丰富。我和五年级的孩子一起，在自觉读图与读文字中，发现其中的故事、奥妙，不仅实现语言生长、思维发展，更实现精神的成长——他们的价值观非常自然地、生动地，水到渠成，甚至是理直气壮地说出来了！

一、3次"我发现"环节中推进价值观形成

问题与环节越简约集中，儿童创造的火花越容易迸发。循着儿童呈现的样态走去，也许就是我们课堂的行走方式。教学中，我放弃了自己驾轻就熟的教学方式——问、答、引的循环往复，以一个看似最简单、最没有技术含量的问题——请学生说说"我发现"，打开了学生心灵之门。学生回答问题，也以"我发现"为基本的句式。这发现的过程，是儿童呈现内心世界赞美与批判的过程，更是儿童经由自己和伙伴的发现、实现价值观的自我建构与完善的过程。

发现的过程分为3个大的部分：

初读整本书："我发现"。这一环节是发散的，任由学生"畅所欲言"，从整

体上、细节上、人物的表现等方面，发现封面、发现情节、发现线条、发现颜色。

再读整本书："我还发现"。从构图以及选材等方面发现。如书中简单得不能再简单的"龙头下的一滴水"，厨师勺子上的"一滴汁"，观众眼角旁的"一滴泪"；画面相同的"大剧院"里，相同的3个评委，却是前后不同的评价；每次厨师出现，不变的衣着，却有着每一次情节不同的厨师动作及表情的变化……学生自己发现了不变中的变化。

续读整本书："我还要发现"。师生共同推荐本书作者埃米·扬的其他作品，同学们可以继续阅读大脚丫系列的另外3本书——《大脚丫学芭蕾》《大脚丫游巴黎》《大脚丫和玻璃鞋》，进而在课外阅读，继续发现，继续思考。作家埃米·扬就在现场听课，学生现场采访，发现作者的设计意图等。

通过对学生发言的统计，关于"我发现"的内容，学生共推测79次，占所有发言次数的64.75%。其中，推测情节占30%，如"我发现封面上这个人脚很大，应该是在跳芭蕾舞。这个人应该是个女孩，看她表情，我想她一定是享受跳芭蕾的。"推测人物心理占46%，如，"费莱迪先生的形象总是憨厚、善良的，没有变，但他的心情随着贝琳达而改变，说不定他也是爱好音乐的人，可是他没有实现，看到贝琳达成功，他仿佛实现了自己的梦想。"推测主题占18%，推测作者意图占4%，其他内容占2%。

以上"我发现"，看似与价值观无关，但通过关于情节、人物心理、主题与作者意图的"发现"，一步步使自己的内心世界与书籍对话，形成了自己对于善与恶、是与非、美与丑的判断。由此可见，发现的过程是逐步从外在表象进入内在价值观的过程。

二、两次（下面表述因为删减，两次不明显。原来是利用已有图画，再是创生图画）利用"图画"丰富价值观内容

图画书的教学，重在通过图画发现意义。看似静止的图画，其构图、色彩等任何一个细节，都意味深长。这些内容会让儿童感到书中的故事就是身边的故事或者是自己的故事，书中的人物仿佛身边的某一个人或似曾相识的自己，从而与其共同体验人生命运的变化以及价值选择的矛盾。因此，抓住图画，品味细节，在读懂和创造图画中丰富价值观，成为这一课的重要内容。

首先是引导学生读懂价值观的表达形式。我先带领学生发现色彩对人物情绪的作用，学生根据这些经验，开始关注色彩，慢慢地能够发现色彩所能传递的情感信息。学生有这样的表现：

生：灰白色让我感到非常低沉，象征着贝琳达的难过。

生：就像出现了雾霾天，让人感到压抑。

生：她还换了一身灰色的衣服，好像要和舞蹈说再见了。

生：大家仔细看，贝琳达挂舞蹈鞋的时候，还给舞鞋打了个蝴蝶结，说明贝琳达心里不忍心抛弃芭蕾舞，还是惦记着跳舞的。

生：而且尽管换了灰色的衣服，但她还背了个粉色的包，穿了双粉色的鞋，说明她还把梦想带着身上。

生：她一直没有忘记跳舞，之前虽然把舞蹈鞋还有衣服收起来，但是她还没有完全放弃，即便穿着服务员的工作服和工作鞋，也都是代表着梦想的粉色。

生：原来灰色的背景，变成了蓝色，而且越来越浅。蓝色代表忧郁，由深蓝变成浅蓝，表示她的心情越来越好。我感觉到了一种希望。

生：我觉得蓝色一定程度上也代表浪漫，她对芭蕾舞事业充满了希望，沉浸在甜蜜的梦幻中，她的表情一直在笑。

我引导学生自己创意图画：如果你是插画家，你打算怎么表达贝琳达很难过？请一位同学在黑板上板画，其他同学展开想象谈。学生画完以后，有了如下的精彩呈现。

师：找一位你的知音，你看看他是否能够读懂你的画面。（生指某同学）

生：你画的乌云象征着贝琳达的心情，闪电就像晴天霹雳，表示评委的否定。贝琳达手里明明有雨伞，却不打，说明她的内心里也正在经受着暴风雨般的打击。（掌声）

生：你们猜得很对，我真的没找错人。（大笑，掌声）

师：哎？你创作的画面里为什么没有贝琳达？

生：贝琳达难过得好像躲在大雨里看不到了，所以我没有画出来。

师：哇，你的创作独特，和埃米·扬平分秋色！

我追问学生：如果给贝琳达在浴室的画面选一个背景音乐，你选什么样的？学生认为是悲伤的或者说低沉的。我帮助配上柴可夫斯基的芭蕾舞曲《天鹅之死》，让学生感受贝琳达当时的情绪。这样，画面、音乐、语言等几方面融为一体，学生受到艺术感染的同时，体会到，一个人如果没有热爱，将是多么痛苦，没有自己的追求就像鸟儿剪掉了翅膀！那么，后来的贝琳达如何？她的命运又会怎样？生活给她关了一扇门，当给她打开一扇窗时，她又怎样面对？由此，学生感到贝琳达从来不变的追求，原来命运给予她这样的"礼物"，让她更加珍

惜并感恩这个世界的一切人。

其次，在以上借助已有图画体会人物内心世界的同时，让学生创作图画，丰富对人物内心的理解。例如在读到剧院大指挥的"惊讶，感动"的画面，再次让学生动态表演，前提是超越画面所表现的"惊讶"与"感动"的画面。于是学生们各个用动作表演属于自己的"惊讶"或"感动"的表现形式，超越了画家对大指挥的描绘。原来书本上的人物画面活了起来，丰富了起来。学生的亲身创作与体验，让其真正体会到，一个人当你不变地追求的时候，当你如此热爱生活的时候，命运一定会给予你如此肯定与赞美！

可以说，儿童对于核心价值观的认同与建构，应当是远离空洞说教的，应当是伴随着审美体验的，应当是凭借着话外之音、境外之韵自然而然生成的。这一课的教学中，和学生一道，凭借图画书独特的表达方式——图画，价值观如盐溶于水，自然而然被吸收接纳。

三、多种主题解读与体验中完成价值观自我建构

由于书的情节简单，教学过程也很简单，始终围绕一个"我发现"展开。然而，学生却感悟到"丰富而深刻"的主题内涵。这些一个又一个词语，与学生的生命成长编织起来，实现语文素养整体提升基础上正确价值观的自我建构与完善。

1. 丰富的主题解读

在学生共计 206 次发言之中，出现与主题相关词语 124 次，占 60.19%。其中包含对主题的解读、对主题的感受、对主题的评论 3 个维度，反映了学生对各个层面主题的认知。其中对《大脚丫跳芭蕾》主题的多元解读是学生发言中最突出的特征，出现缺点、困难、梦想、自信等相关词语达到 98 次，占"与主题相关词语"这个维度总频次的 79.03%。

五年级的学生有这样的认识，出乎很多人意料，是发现的方式激发了他们，是整合的内容撬动了学生的思维。学生根据阅读经验和个性体验，深入文本，学生从故事层面到生活层面，又从哲学层面到价值层面，生成丰富的主题，为学生种下思维的种子，打下精神的底子。

2. 深度的人生体验

在学生丰富与深刻主题感悟的背后，是儿童的体验、领悟和发展，我们可以看到他们的思想轨迹和价值取向，儿童在故事中对于人生获得了深度的体验。

比如，课堂上学生们自己提出的问题：贝琳达从在乎到不在乎，是谁或者什么改变了她？学生小组讨论，觉得厨师、费莱迪乐团、顾客、贝琳达的伯乐——

指挥家，都给了她很大的帮助。于是就有下面的精彩对话：

生：这些人虽然都很重要，我感觉最重要的还是她自己，自己改变了自己，她变自信了，就不在乎别人说的话了。

生：是一种无论今后遇到类似评委这样的打击，或各种困难，都宠辱不惊的不在乎。(热烈掌声)

生：我们现在有一个问题，如果在现实生活中，书中贝琳达应该是代表什么人，厨师应该是什么人，那些乐团的指挥应该是什么人，评委那些人是什么人，我们需要解决什么呢？

生：其实就是生活中的贵人、敌人、自己等。

生：比如说厨师和大指挥，都是贵人。评委吧，评委就像敌人，也像一面镜子，照出了她的缺点，逼迫她，让她努力。

在这个过程中，又有个学生提出问题：为什么写大脚丫跳芭蕾？于是学生又将讨论引向"大脚丫"的意象。

生：贝琳达也不是完美的，她有一双大脚丫，但就是这双大脚丫促使她变完美，促使她进步。

生：我感觉这个大脚丫象征着人的缺点，你不用管自己的短处，把长处做到很好，就没人在乎你的短处了。这个故事非常好地影射出这个道理。

我们看到学生能够真正体会，"大脚丫"已经成为一种象征，也成为一种力量，一种能够启动人生的力量。

学生美妙的发现之旅是怎么发生的？为什么学生会有这么丰富而深刻的见解？一是因为学生平时大量阅读；二是学生一直在阅读其他图画书；三是这节课给学生充足的时间，充分的空间。学生才能真正发表自己的思想，才能真正经历学习过程，才能一点点地拔节生长。我们在课后做了一个统计，一堂89分钟的课（2课时），学生活动时长达58分钟。在上课过程中，当老师要做总结或转向另一个话题的时候，有5次被学生打断，学生急于表达自己的见解。可见，教师给学生留下多大的空间，学生就表现出多大的创造力。

朱小曼教授说，价值观教育为什么要做的那么生硬呢？价值观教育为什么一定要灌输呢？窦老师和儿童一起阅读的过程就是播散价值观的种子、真善美的种子的过程。教师只是起了一个调动的作用、帮助疏导的作用，在这个教学的过程中，孩子们在表达价值观，在认同价值观，在体验价值观。

借助关于主题与人生的深度体验，实现"语文立人"，是我一直以来实践的主题教学的核心理念。《大脚丫跳芭蕾》与其说是我为学生们上的一节课，不如说是因为教师的有意放手而实现的儿童的自我成长与自我教育，为我上了生动的一课。儿童不是成人世界的附属品，不是可以随意填充的容器，真正的教育，唯有在受教育者本人的自觉中才能发挥作用。在提倡24个字的"社会主义核心价值观"的今天，我们需要思考的也许不仅仅是我们作为教师该怎样将核心价值观背下来，而是去思考作为教师，我们该怎样在一篇篇文章、一本本书、一次次体验中，将其转化、细化为一个个精神的种子，播撒在儿童的心灵世界里，编成一个夏洛的网，成为生命血肉里永远不可或缺的人生"胎记"，从此界定一生的精神格局。这是我们语文教师及所有教师的教育使命。

【问题】如何设计整本书的读书活动？

【解析】语文教师要尝试并开好班级读书会

班级读书会，是以班级为单位，在教师的指导和组织下，在语文课堂上开展的阅读活动。它不同于一般意义上的课外阅读，而是由老师指定（或师生共同确定）一本书，利用课内外的时间共同阅读，然后开始在班上进行讨论。因此，班级读书会包括了选书—阅读—讨论这样一个完整的过程，可以分为图书推荐课、静读课、读书交流课等课型，通过和学生平等地讨论，激发学生持续的阅读兴趣。

1. 从培养儿童的阅读兴趣和阅读能力角度看

班级读书会如果能开展起来，对儿童的阅读兴趣和阅读能力的发展都非常有好处。据调查，在开展班级读书会的学校中，孩子们不但逐步养成了阅读习惯，而且学习能力也有很大提高，阅读是所有课程的核心和基础。教育学家们也发现，儿童的阅读能力与未来的学习成绩有密切关联。学生的阅读经验越丰富、阅读能力越高，越有利于各方面的学习，而且阅读越早越有利。

2. 从语文课程改革的角度看

从2001年起，我国开始进行语文课程改革，新颁布的《语文课程标准》逐步取代过去的《语文教学大纲》，成为指导语文教学的纲领性文件。《语文课程标准》比较重视儿童阅读。语文老师应该认识到，教语文不应只是教语文教材，没有一定的阅读量，学生是很难具有较高的语文素养的。老师应该把课程标准的规定纳入到语文教学的目标中整体考虑。

进行班级读书会也有利于教师教学观念的转变。教师如果能将整本书运用到语文教学中,将在语文课程改革中走出一条新路,跨越一本教材的教学模式,把语文教学和儿童文学联系起来,让学生永远对语文、对阅读保持强烈的兴趣。

现实1:我知道鼓励孩子多看书的好处,可是考试怎么办?

考试是每一个老师和孩子都无法回避的问题。首先,鼓励孩子多阅读后,考试考不好的情况反而很少出现;其次,即使出现了,也应该反思试卷是否合理,是否检测出了孩子真正的学习能力,而不是怀疑阅读本身。只有合理的评价方式才能测试学生真实的语文能力。

考试也不该成为阻挡改革的理由。中考也好,高考也好,不考死知识、考能力和素养是所有考试改革的方向。反过来想,只教教材是否就一定能帮学生考好,不只教教材是否就一定让学生成绩下降?各种研究表明,培养学生的阅读能力,不仅有助于语文成绩的提高,还有利于其他各科成绩的提高。

关键还是看老师对自己进行的改革有无信心和理念上的认同度,如果没有,考试问题很可能作为不愿做教学改革的"挡箭牌"。

现实2:我的教学任务很繁重,学生的学习很紧张,没有时间阅读怎么办?

我们很理解一线教师的工作强度和学生的紧张程度,但是,我们觉得时间问题归根结底是理念的问题,是重视程度的问题。

教师首先要摒除一个想法:在学校里教语文教材,在课外让学生去阅读其他书。因为课外孩子用于阅读的时间不好掌握,无法落实,而一本语文教材又不足以花一个学期的时间来"磨",所以才要从课堂教学中来想办法,在学校就加大学生的阅读量。

在读书交流的过程中,教师要善于运用类比法,发展学生抽象思维,使之提高学习效率,触类旁通。刘勰的《文心雕龙》,是我国古代一部文学理论名著,作者正是通过对许多作家作品的比较,总结出一系列创作理论的。例如在《体性》一章中,刘勰就列举了12位作家的不同风格:贾谊清新、司马相如夸张、杨雄含蓄、刘向明晰、班固绵密、张衡周详、王粲明快、刘桢激昂、阮籍高雅、嵇康壮烈、潘岳泼辣、陆机庄重。刘勰的这种评价,就是通过对不同作家作品的分析、比较得出来的。

理论点2:儿童阅读活动与思考力的提升

王国维在《人间词话》中云:

"境非独谓景物也。喜怒哀乐，亦人心中之一境界。故能写真景物、真感情者，谓之有境界。否则谓之无境界。"

感悟文学作品中的情感内涵是文本分析一个极为重要的出发点，文本分析一定要凸显其中的情感因素，帮助学生体察情感、生发情感、表达情感。

学生情感的生发有赖于个人生活经验、背景知识的了解程度以及个人的文化修养水平。教师要遵循学生情感生发的规律，帮助借助文本接受、理解作者的情感，并且自己也被感动，这才是富有情感的语文教学，真正凸显了文本的文学价值。

一、阅读能力与儿童思维能力发展

《学习树：系统解决孩子学习问题的新思维》这本书中揭示了儿童每一项关键能力和关键技能的发展情况，学习树的树根代表吸收信息和制订行动计划的各种不同方法，学习树的树干代表思维能力，即日益复杂的思维方式的发展，学习树的树枝代表阅读、写作、数学、口语表达以及组织能力等基本学业技能（图5-1）。

图5-1 学习树

可见阅读理解能力的提高是以思维能力的发展为前提的，随着年龄的增长，每个人的思维能力发展都经历了9个阶段，这是个层层递进的过程。

1. 注意世界
2. 参与世界
3. 互动和交流

4. 共同解决问题
5. 利用有意义的想法
6. 逻辑思维
7. 多因素思维
8. 比较/灰色地带思维
9. 反思性思维

无论在哪一个层次上出现问题，都会给下一个阶段的发展带来障碍。

我们身体的感觉系统每天都在接受外界纷乱复杂的信息，但是不同孩子对同一信息的理解可能完全不同，在孩子一切认知能力的背后，关键因素就是情感的发展。孩子首先通过如何以更为复杂的方式来利用情绪而学会更高级的思维方式。在每一个新思维层次上，孩子们都需要重新体验各种情感，因此家长和教师要关注阅读的内容，提高孩子注意世界的能力，让孩子学会理解并且表达自己的各种情感反应，学会区分自己与他人情感的细微区别。

阅读理解意味着注意并理解他人的观点，儿童的基本阅读能力与基本思维能力并存，不可能超越思维层次去理解思维层次之外的事物。拥有某种情感，与理解和表达这种情感是不一样的，大多数人认为，包括成人和儿童，都会拥有各种各样的情感，但是有些人很难将自己的情感表达出来，当孩子意识到自己的情感和情绪的多样性之后，就能开始理解别人的情绪。理解他人的内心生活与情感世界有助于孩子理解文中的人物和动机、历史或新闻中的人物形象。阅读中，故事总是充满着各种需要解决的难题，在共同解决问题的讨论中，鼓励孩子使用有意义的想法，进入孩子的想象王国，引导孩子使用逻辑思维，将各种想法联结在一起，帮助孩子找到段落中暗含的一切因果关系。

在更加错综复杂的阐释阶段，孩子可能将多因素思维、比较思维、灰色地带思维用于自己的阅读行为之中。这时，家长和教师可以在所读的段落中问问孩子："为什么会发生这样的事呢？"让孩子探索各种可能的结果。通过与孩子的互动和交流，让孩子在阅读中思考各种情感和互动，也会加深他对阅读材料的理解。能够进行反思性阅读的孩子就能够评价自己的阅读内容，面对9~12岁的孩子，你可以问："你觉得这个段落怎么样？""你认为作者想说什么？"或者"你相信故事中人物所说的话吗？""你如何从不同角度来讲这个故事？"通过这样的练习，孩子最终就能将反思性的、批判性的、分析性的思想用于他们的阅读之中。将他与他的作品进行比较，与自己的经历与喜好进行比较。

一旦大脑装载了信息，重要的就是在大脑中如何讲这些信息联结在一起。随着孩子高阶思维层次的使用，对内容的理解逐渐增多，他们阅读到的段落也就活了起来，使他们产生一种身临其境的感觉。经历过这些不同的思维层次之后，孩子便能深受启发，使阅读的段落成为其人生经验的一部分（图5-2）。

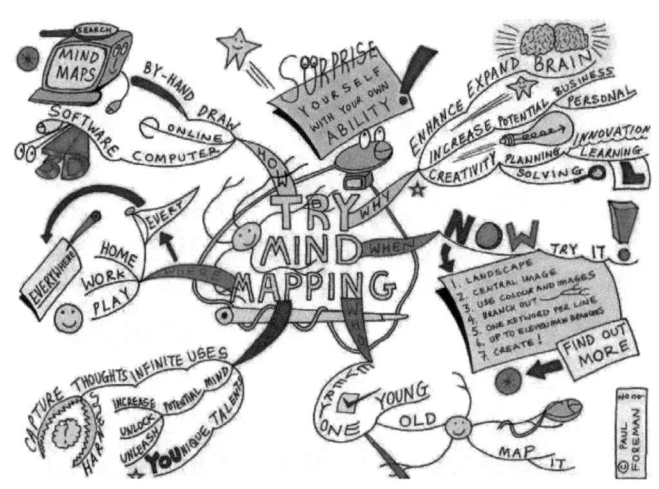

图 5-2　思维导图：阅读——人生经验的丰富与整合

二、文本的情感分析

学生以何种方式阅读，是被我们的阅读教学所构造的，很大程度上取决于语文教师的阅读方式。自 2001 年新课程标准实施以来语文教学中所倡导的"感受性"阅读教学价值取向在教学中表现为对"讨论法"的倚重。语文科文本解读方式的变化正好契合了"师本"课堂向"生本"课堂转变这一特点，新课程的阅读课堂是以学生为中心的生本课堂，文本的情感分析不仅要分析文本引发情感的元素，更要从学生的角度，讨论学生情感理解能力的发展，并按此规律施教，才能更好的实现"感受性"阅读的教学。

1. 引发情感的基本元素

语文中的基本情感都有最深层最基础的基因，是人类生来就有的。语文教学中一定要注意这些与生俱来的情感线索，把握其发展脉络，触及其中最本质的内涵，下表中总结出引发情感的基本元素及其情感内涵，可作为文本情感分析的线索。

表　引发情感的基本元素及其情感内涵

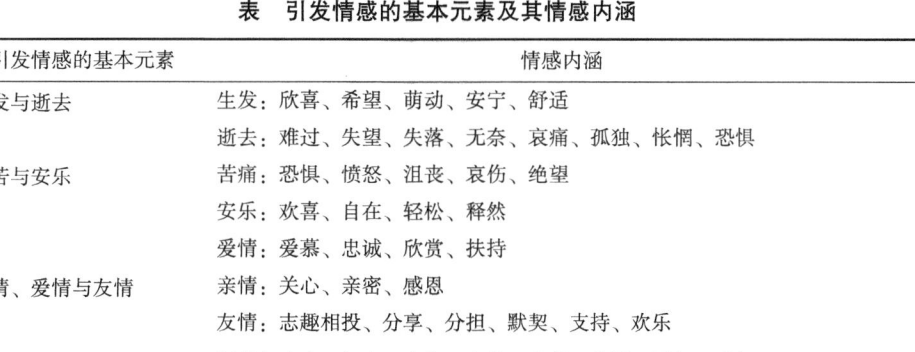

很多教师在教学时会困惑，对文本的情感内涵应该处理到怎样的程度呢？学生的情感理解能力是一个从低到高、从简单到复杂的发展的过程，有着一定的发展路径。

（1）单一情感到复合情感

对于低年级的学生，他们能接受、理解的情感是简单的，但随着年龄的增长，他们能够理解的情感增多，而且有能力理解复合型情感，如苦乐参半、爱恨交织、哀其不幸怒其不争、痛并快乐着等。

（2）具体情感到抽象情感

如果说复合情感提现了情感广度的增加，抽象情感则体现情感深度的增加。对于复合情感的理解需要更多的生活经验，而对于抽象情感的理解，则需要认知能力的提高，这需要学生感觉、表象、经验、抽象、概括的能力。所以，蕴含抽象情感的文本一般在小学高年级的课文中出现。

（3）基础情感到后发情感

满足、厌恶、痛苦，这是人类与生俱来的基础情感，后发情感则是人类认识不断深化的结果，从情感理解的角度看来，高级情感表达需要更多的知识储备和更高的文学修养。这类似于流行歌曲能得到大部分人的喜爱，而只有一小部分有音乐修养的人才能够欣赏高雅音乐的道理是一样的。

教师在教学时可以用对比的方法引导学生理解新的情感，如对某个事物，过去和现在分别又怎样的认识？在情感表达和内涵方式上又有哪些创新？同时教师还要为学生在理解新的情感的过程搭建好支架，在背景知识、人生修养等方面奠定知识的基础。比如在《詹天佑》一课的教学中，教师呈现搜集到的关于詹天佑求学、修建铁路方面的小故事，通过詹天佑获得的评价促使学生达到对詹天佑爱国之情的理解。

（4）粗糙情感到细致情感

粗糙情感到细致情感的表达意味着更丰富、更多细节、更富巧思，某种意义上可以说是情感表达的装饰感和设计感，这就像设计做工用料都非常讲究的衣服一样。作文教学中学生的细节描写能力与其精致情感表达能力相辅相承。

（5）直白情感到含蓄情感

对文学作品来说。表"情"的成功，不在于作者写了多少，而在于读者能感悟到多少。阅读对读者来说应该是一个发现和享受的过程，可对于学生而言，含蓄情感的理解能力同样与其自身的知识储备和文学修养紧密相关，只有教师在背景知识、人生体验等方面为其奠定基础，学生才能更好地实现对含蓄情感的领会。

2. 文本的情感理解

德国美学家姚思认为，阅读视野可以分为3个步骤：美感的感知性阅读、回顾的解释性阅读、历史性阅读。这一论点对于教学中文本的情感理解过程很有启发，因为情感的理解包括接受、内化、重构等心理过程，是一个循环往复、层层递进的过程。

与姚思的三步骤说相关联，文本的情感理解也包括3个紧密相联的层面：情绪的唤起与情感共鸣、理性分析、评价与反思。情绪的唤起与情感共鸣的核心是感性认识，教学中可以通过品读，背景介绍等方式实现情境的导入和情感的铺垫。在此基础之上，应用联结策略、推论策略展开分析，对文本自身多个元素的回顾与整合实现对文本理性的解释性的理解。最后还要将文本的情感内涵置于更广阔的空间，基于历史的视角，结合自己的经验，进行反思性的理解与评价，学生结合自己的人生经验对文本中的情感进行反思和评论，表达自己的看法，这就是对文学作品的个性化解读。如图5-3所示。语文教学应该给学生机会，让他们对文本的情感内容发表自己的看法和评价。

实践：《今天我是升旗手》阅读活动设计

【要求】：以《今天我是升旗手》一书为例，针对三、四或五年级学生，设计课外阅读活动。

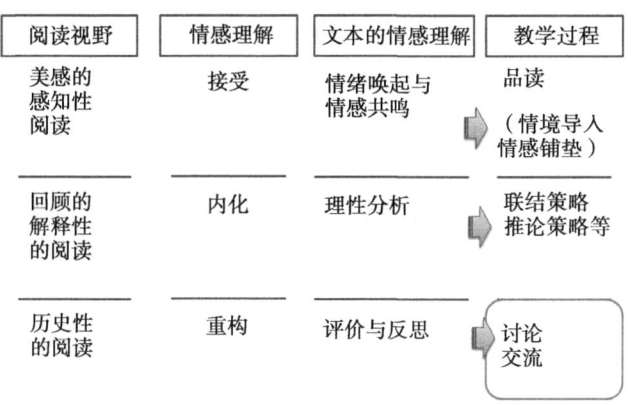

图 5-3　文本情感理解规律指导下的"感受性"阅读教学

步骤一：结合教科书中的单元主题，确定阅读活动的切入点；

步骤二：结合课标中的学段目标和单元目标，确定阅读活动的落点（即教学目标）；

步骤三：针对《今天我是升旗手》的体裁，确定阅读范式，并设计相关学生阅读过程性评价工具，如读书笔记的格式要求等。

步骤四：课外阅读（或师生共读）活动设计

【提示】教师在进行课外阅读指导时应具备五种意识：①目标意识——严格落实课程标准对 145 万字课外阅读量的规定；②内容意识——"课外阅读"要"课程化"，指导学生读什么，将直接影响课外阅读的效果；③兴趣意识——阅读动机是直接推动学生学习的内在推动力，激发学生课外阅读兴趣是语文教师的重要工作；④方法意识——主要指导学生掌握阅读方法非常重要；⑤课型意识——读书课的课型可以多样化，如好书推荐课、读书交流课、读写链接课等。

【研究报告范例】整本小说的阅读指导

提示：这篇文章紧扣读物体裁——小说，阅读指导活动中依据小说特点设计了相关的指导活动，如果能在设计之前针对小说体裁的教学落点进行分析的话，就是一篇很好的"理论应用类"论文，即应用某一教育教学理论来关照具体的教育实践。

范例 1 正文：

指导小学生对《鲁滨孙漂流记》的阅读
杨成成

在《鲁滨孙漂流记》的书皮上有这样一句话,"世界儿童文学传世经典之一,是几百年来在儿童文学的海洋里,大浪淘沙后流传下来的瑰丽之作。"既然是经典的名著,经过了百年的筛选,那么在这个时代也必然经得起考量。

《鲁滨孙漂流记》是小学四年级下学期推荐的课外阅读书目,同时在小学六年级的课内阅读中也有《鲁滨孙漂流记》片段的学习。但我在这主要是指导小学生的课外阅读,即指导四年级学生阅读这本书。《鲁滨孙漂流记》是英国作家丹尼尔·笛福著,胡允桓译。这是一本儿童文学经典,那么如何指导四年级的学生阅读呢,从以下几方面说起。

一、"教育价值"指导

教育人们应该要在逆境中顽强地活下去,不要对生活丧失信心,要有敢于冒险的精神,面对困难要有乐观的精神,要坚强勇敢!坚强,有毅力,决不放弃自己,不放弃生活。笛福开始尝试用日常语言来描写普通人的生活。小说虽是一个虚构的故事,但对鲁宾逊荒岛生活的描写逼真而自然,表现了作者非凡的形象力和艺术表现力。通过教育价值的指导学习鲁滨孙的智慧和勤劳,坚持和勇气。让他们在阅读时能够产生潜移默化的影响。进而树立正确的人生观、世界观、价值观。

二、"人物形象"指导

它的译本序是这样一句话"传世的作品,丰满的形象"这部小说的主人公鲁滨孙,也就是在孤岛生活的唯一人物鲁滨孙来展开的,所以,怎样认识这一形象,对于分析理解全书至关重要。

第一章,不顾劝戒

我是家里的小儿子,父母亲没让我学谋生的手艺,因此从小只是喜欢胡思乱想,一心想出洋远游。当时,我父亲年事已高,但他还是让我受了相当不错的教育。他曾送我去寄宿学校就读,还让我上免费学校接受乡村义务教育,一心一意想要我将来学法律。但我对一切都没有兴趣,只是想航海。

我完全不顾父愿,甚至违抗父命,也全然不听母亲的恳求和朋友们的劝阻。我的这种天性,似乎注定了我未来不幸的命运。

——摘自第一章

故事开篇,鲁滨孙就一个不安分守己的青年出现。他不顾父母的忠告和劝阻,抛弃了现成的、安稳的小康生活,一心要去闯荡世界。有一个冒险的梦,和大多数的青少年一样梦想还没有经受现实的打击。想象只要有梦就会成功的年轻人。他的这个愿望不仅反映了青年人追求独立及朝气蓬勃、勇敢无畏的普遍特点，更体现了资本主义上升时期的积极进取的时代精神。这是从个人看到整个社会的趋势。

第三章 荒岛历险

在这山岩凹进去的地方，前面是一片平坦的草地，我决定就在此搭个帐篷。这块平地宽不过一百码，长不到二百码。

在包装和储藏火药的两星期中，我至少每天带枪出门一次。这样做可以达到3个目的：一来可以散散心；二来可以猎获点什么东西吃；三来也可以了解一下岛上的物产。

……

我开始认真地考虑自己所处的境遇和环境，并把每天的经历用笔详细地记录下来。

在万般不幸之中，可以把祸福利害一一加以比较，找出可以聊以自慰的事情，然后可以归入账目的"贷方金额"这一项。

现在，我对自己的处境稍感宽慰，就不再对着海面望眼欲穿，希求有什么船只经过了。我说，我已把这些事丢在一边，开始筹划度日之计，并尽可能地改善自己的生活。

——摘自第二章

当鲁滨孙乘船遇险只身来到孤岛，陷入困境以后他没有挨饿等死，而是顽强地想要活下去，并靠自己的智慧和勤劳，不断地改进自己的生活。用劳动创业，勤俭持家，顽强的人物形象立马就显现出来。

我注意到，那两个会游水的野人游得比那逃跑的野人慢多了；他们至少花了一倍的时间才游过了河。这时候，我脑子里突然产生一个强烈的、不可抗拒的欲望：我要找个仆人，现在正是时候；说不定我还能找到一个侣伴，一个帮手哩。这明明是上天召唤我救救这个可怜虫的命呢！

他一见到我，立刻向我奔来，趴在地上，做出各种各样的手势和古怪的姿势，表示他臣服感激之心。最后，他又把头放在地上，靠近我的脚边，然后又像上次那样，把我的另一只脚放到他的头上，这样做之后，又向我作出各种姿势，表示顺从降服，愿终身做我的奴隶，为我效劳。

——摘自第七章

当野人礼拜五来到岛上之后鲁滨孙就暴露了他的私有观念和占有欲，把礼拜五当成了自己的奴隶。当岛上出现了其他人的时候，鲁滨孙就变成自私的奴隶主了，当然他还有民主意识，能够善待这些奴隶，前提是这些奴隶必须忠诚。

所以，笛福通过引人入胜的情节和栩栩如生的人物形象，把鲁滨孙这个人物写得丰满形象。在指导小学生阅读这本书的时候也要从人物形象上分析。重点指导小学生品读各个时期鲁滨孙人物性格的变化。在指导小学生阅读的时候会采用精读和略读的方法，在描写鲁宾孙的人物形象时，要精读，让学生先了解背景，了解他的年龄，然后分析一下那个年龄段的人的心理特点是什么，虽然鲁滨孙是外国人，可能有一些特点会有偏差，但是根据心理知识来说大方向是没有错的。我觉得四年级的学生会乐于参与这种猜想，这会让他们觉得这是自己主动参与而不是教师逼迫他们读这本书，一旦有了兴趣，接下来就会乐于参与。所以每一时期的变化同学们就都能掌握并且很好的理解。这也是我指导阅读这本书想要达到的效果。让学生体验这个过程，达到内化和升华。

三、"关键词方法"指导

从书名起去阅读，"漂流记"是整本书的关键词，我们抓住"漂流"这一关键词就已经大概知道整本书的要点，"漂流"这个词会让人想象很多，比如会不会是科幻小说，类似于"少年派的奇幻漂流"这部电影，会不会有冒险情节。这样就会调动同学的积极性，随后就会对"漂流"这一词进行发散，比如漂流时鲁滨孙的心态变化。漂流的原因和经过以及结果，这本书在前面的时候大部分讲鲁滨孙在漂流，后面部分大多数讲的是他在孤岛上的生活。既然是漂流，在这方面我会重点让学生体会鲁滨孙漂流的过程。这样不仅将我的阅读方法很好地实施了，而且也对学生的发散思维进行了训练，达到一箭双雕的效果。这样层层递进，就把学生的注意力吸引过来。也就更容易继续指导学生阅读了。

四、"小说六要素"方法指导

我会在全部讲过其他的阅读指导方法后，对阅读小说的方法即六要素方法阅读总结，时间、地点、人物、起因过程、结果，六要素的分析指导。因为小说六要素方法太过于笼统，所以我把它放在最后作为总结。六要素的方法不是只针对于这部小说的，但是每一部小说又都适合这种"六要素分析法"，所以最后还是会让同学们学会这种方法，可以举一反三。

通过四方面来指导四年级学生阅读《鲁滨孙漂流记》，这种能够让学生读懂、读进去，自己真正地在孤岛"漂流"一下，才能真正读懂这本世界儿童文学传世经典之一。

范例2：扫码观看《我要做个好孩子》导读设计、整本小说的阅读教学研究

　　《我要做个好孩子》导读设计　　　整本小说的阅读教学研究

专题六
古诗文吟诵与教学

古诗文教学在小学语文阅读教学中是个难点,特别是那些情景浑然一体、字词句浅显易懂的古诗更觉无从下手。如何提高古诗文教学质量与效率,让学生情趣盎然地学习古诗,一直是大家探讨的问题。

在2011版语文课程标准规定的教学目标中,对古诗文的阶段目标为:

第一学段:朗诵儿歌、童谣和浅近的古诗,展开想象,获得初步的情感体验,感受语言的优美。

第二学段:诵读优秀诗文,注意在诵读过程中体验情感,展开想象,领悟诗文大意。

第三学段:诵读优秀诗文,注意通过诗文的语调、韵律、节奏等体味作品的内容与情感。背诵优秀诗文60篇(段)。

第四学段:诵读古代诗词,阅读浅易文言文,能接住注释和工具书理解基本内容。注重积累、感悟和运用,提高自己的欣赏品位。

3个学段都强调通过诵读来体验作品情感。诵读训练是一种感性的直觉教育方式,注重对古诗文的"密咏恬吟"与默读,可以培养学生对诗歌的直觉感悟能力。

我国古典诗歌往往借景传情,以象寓意,其显著的形象性特征使诗歌内在情意常常只可以意会不可言传,其内在意义具有无限的丰富性。只有用身心去体会品味,才能获得真实情感。对诗歌进行情感体验的过程中,学生的心灵将会变得丰富充盈,对社会和人生的感受也会越来越深刻、细腻,这是古诗文教学也是语文教学所应达到的最终目的。

感悟诗歌意境应从感悟意象开始。意象是作品中一个个蕴含着诗人情感的景、物。意象是构成诗歌的最小单位,由意象的组合形成统一的场景画面——意境。捕捉诗歌的意象,品味其特点,进行联想和想象,感悟内在情韵。这就是对诗歌进行情感体验的过程,也是人和文本对话的过程。这个过程需要教师引领学生通过诵读体会意象,想象画面,并与生活经验联系,体会心中的感觉,揣摩作品情感。

材料1：古今吟诵对比《赋得古原草送别》

《草》，虽然是小学二年级学的，但是考究起来，也是很有故事的。从诗句到白居易和他最好的朋友元稹的故事，再到那个"诗是空气，诗是呼吸"的唐代，遥想一下中古音所诵的草，与今人的吟诵相比，任思绪飞扬吧……

一、说诗

白居易的《赋得古原草送别》是他16岁时参加一次科考在考场上写的，那时，凡是科考指定的试题，标题上都得加上"赋得"二字。大概那次考试出的题目是写草的，或者是咏物喻情的题材，作者想到了古原上的草，又加了送别这离别之情。

第一句整个是写景，离离原上草，紧扣标题古原草，证明没有跑题。

第二局是千古绝句：野火烧不尽，春风吹又生。用它来鼓励人像野草那样能承受住荣辱，即便是死后，也不会被挫折打败，保存生命力，有机会就会再次发出新芽，恢复生命。

本来诗写到这里了，就很完美了，但估计是按照考试的规定必须借物咏情，所以诗人又把送友人的事情联系在了后4句来写情。"远芳浸古道，晴翠接荒城"是一个过渡，诗人的眼睛沿着古道和荒野一直看下去，看到了好友的车在古道上越走越远，心中升起不舍之情。这里的晴翠又是借代，用草的颜色代替草。

可见，相对这首诗上半阙，下半阙是有难度的，不适合二年级学生理解和认知，而且前4句也是比较完整的，所以教材中只选择了上半阙。但2011版小学语文课程标准附录优秀诗文背诵推荐篇目（共75篇）中第37首即为赋得古原草送别，各版本的小学古诗词必背中也都含有下半阙。

二、唐诗的两个情节

"诗是哭，诗是笑，诗是空气，诗是呼吸。这一切确实发生过，那个朝代，叫唐朝。"

读关于唐诗的各色文字，常常惊讶于诗歌在当时社会生活中的崇高地位。在那个时代，诗歌是空气，无处不在，无时不在。诗歌是呼吸，所有的人每时每刻都不能停息。

看"每到驿亭先下马，循墙绕柱觅君诗"这句。诗本身质朴无华，谈不上出色，但是它所揭示的历史真实却让我惊叹。这出自白居易的《蓝桥驿见元九诗》。元和十年，白居易从长安贬江州，经过蓝桥驿，看到了8个月前元稹自唐州奉诏回长安路过这里时，在墙上留给他的诗。白居易出长安和元稹回长安，有一段道路是一致的，所以既然在一处看到了元稹留给他的诗，后面沿途的许多驿站，可能还有元稹的题诗，白居易就每到一处格外留心。让我惊叹的不是这两位诗人间的友谊，不是他们命运的沉浮，而是当时那种交流的方式和诗作发表的自由度。试想：长路迢迢，一路行去，每个驿亭都有诗，墨痕历历，诗韵淋漓，在墙上，在柱子上，在你目光所及的每个角落。其中有你的朋友的作品，甚至就是留给你的。这是多么激动人心的事情！

而白居易到了江州之后，还有新的发现。他在给好友元稹的信里说：这次我从长安到江州，走了三四千里地，一路上经过许多小旅店、乡村学校、寺庙，还坐了客船。这些建筑，这些船只，到处都题着我的诗。（这就不是作者自己题上去的，而是别人将白居易的诗写到墙上和柱子上了。）他还说：路上遇到的人，不论男女老少，有的是体力劳动者，有的是出家人，他们都能背诵我的诗。诗歌在社会上就是这样受欢迎，这样朝野传颂，无远弗届。

《唐诗纪事》记载：李涉曾到九江，在一个渡口遇到强盗，问他是谁，随从报了他的名字，强盗首领说："若是李涉博士，我们就不抢他的财物了，久闻他的诗名，给我写一首诗就可以了。"李涉就写了这首诙谐的诗，说"看来我也不必想隐姓埋名了，连你们都知道我的名字，何况如今世上一半是你们这样的人了"。当时那个强盗首领很高兴，反而送了许多东西给李涉。无法无天、杀人越货的"绿林豪客"尚且如此尊重诗人，诗人在当时的影响力可想而知。

三、中古音诵《赋得古原草离别》

中古音是汉语语音史的一部分，是汉语语音发展过程中的一个重要阶段。所谓"中古音"，是指从隋经唐至宋这个历史时期的汉语语音。大约包括从公元581年至1278年共697年的时间。

中古音是汉语语音发展史的一个重要阶段，它在上古音、近古音（魏晋时期的语音）和近代音之间，起着承前启后的作用，是汉语语音发展的一个转轴。

扫描图6-1二维码收听《赋得古原草离别》中古音朗诵和陈琴的吟诵。

图 6-1 《赋得古原草离别》吟诵

【体验与分析】吟诵

【体验】扫描图 6-1 中二维码模仿陈琴的吟诵

徐健顺与陈琴主编的《我爱吟诵》在吟诵的研究上,走上了一个新台阶。他们在广泛地采录各地吟诵调的基础上,进行研究,总结出了吟诵的规则,概括为一本六法——声韵含义为本,依字行腔、依义行调、平长仄短、模进对称、文读语音、腔音唱法为六法。并归纳了诗的吟诵符号,见图 6-2。

【分析】吟诵是中国式读书法

自古以来,汉诗文就是这样读的。所谓"读",经常是有曲调、有节奏的。我们的孩子是唱着歌上学的,所以叫"书声琅琅",不是走到校园里,听到孩子们在大声读书。"琅琅",两块美玉相碰,发出来的美妙的叮咚之声。说走到校园里,听到孩子们在读书,那声音非常好听、旋律十分优美,叫"书声琅琅",跟大小声没关系。古代学校,从来是一对一教学的,极少会出现大家齐念什么的情况,读书是各读各的,各唱各的,旋律个个不同,所以如不同的美玉相碰。

如今,很多地方出现古典诗词诵读热。但就吟诵而言,有一定方法但无定法,正如叶嘉莹自己所言,其吟诵方法不同于她自己的老师,更多接近他的大伯,但又不完全与之相同。吟诵是个人对诗词之美感受的外在表现,不适宜作为朗诵方法般整齐划一地开展教学,更不适合齐读。

叶嘉莹强调:一方面应该保留方言的吟诵传统,同时也应该想到一个现实的、简单的方法来教小孩子,可是"绝对不能是唱歌,唱歌绝不是吟诵,你唱歌

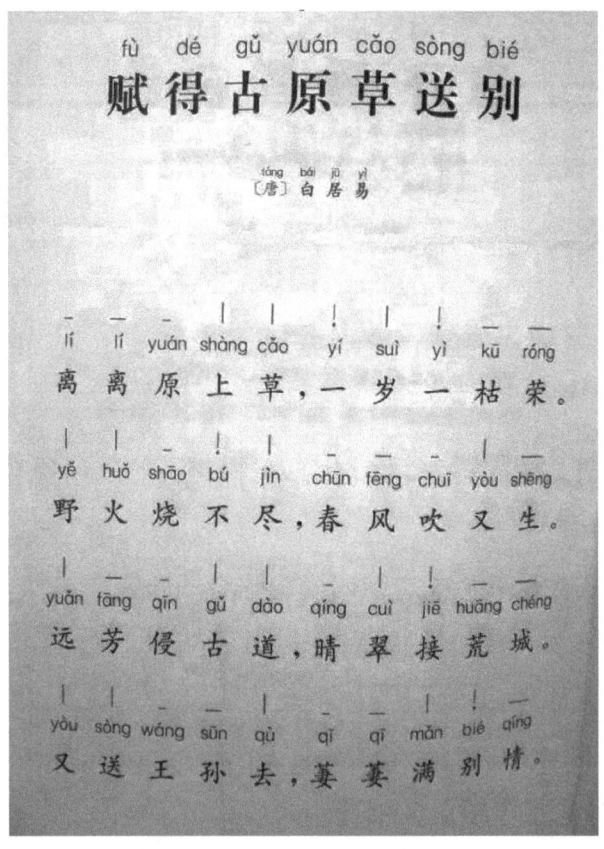

图6-2 徐健顺、陈琴主编的《我爱吟诵》中的吟诵符号

唱得再好听,永远不会做一首诗,因为你的重点在音乐的美感上,可是诗歌吟诵的重点却在诗歌本身情意的感发上。他的声音是在传递这个感发,而不是以声音的美化为主。"

吟诵,是我国传统的读诗读词和读文的方法。作为一种独特而行之有效的鉴赏古典文学作品的手段,它不仅为历代的文人学子所普遍采用,而且也深被今天的文学爱好者所喜爱。吟诵,是我们国家的一份宝贵而仍有生命力的文化遗产。吟诵能使我们充分地感受古典文学作品的情味,这是因为古典文学作品音节的安排有特殊的规律,非吟诵不能展现其妙处,非吟诵不能很好地"由声入情"。其次,吟诵本身就是一种美,对古诗词文音乐美的享受。

今天我们学习和研究吟诵,对于鉴赏古典文学作品,写作旧体诗词,研究民族音乐、弘扬民族优秀文化与扩大对外文化交流，都具有重要意义。吟诵，可以帮助我们丰富知识，陶冶情操，从鉴赏中获得美的享受。

一、吟诵概念

《汉语大词典》解释"吟诵"说："有节奏地诵读诗文。"

"吟"字早在先秦文献中就出现，其义训为"歌"，即歌唱。如《战国策·秦策二》："臣不知其思与不思。诚思，则将吴吟，今轸将为王吴吟。"由于"吟"好像歌唱，所以古人有时将吟诗吟文称作"吟唱"，称作"歌"或"歌泳"。

对"诵"的解释，历来有两种不同的意见。东汉郑玄所谓的"诵"，就是不用琴瑟等乐器伴奏，而以抑扬顿挫的声调有节奏地歌咏。郑玄注曰："倍文曰讽；以声节之曰诵。"在同书"讽诵诗，世奠繁，鼓琴瑟"下，郑玄又注曰："讽诵诗，谓暗读之，不依泳也。据这样的解释，诵与徒歌和吟咏没什么区别。后代有些学者也持这种看法。另一种意见则认为"诵"与"歌"是有区别的。东汉班固在《汉书·艺文志》中引毛传曰："不歌而诵谓之赋"。又《国语·晋语》："舆人诵之。"三国吴韦昭注曰："不歌曰诵。"这就明确指出，诵是诵，歌是歌，两者不是一回事。后代的一些学者接受了这种看法，有的还进一步指出两者的区别。

二、吟诵现状

20世纪初，新学堂勃兴，吟诵随私塾一起逐渐退出教育系统。与此同时，有赵元任开始，学界对吟诵的研究，以及吟诵重回教育体系的呼吁从未中断。大陆吟诵濒临失传，吟诵被遗忘。海外古诗文吟诵传承未衰，犹以日本为胜，吟诗社会员在500万人以上。

古诗词教学目前有个状况让很多教师困解：学生背诵得多，遗忘得也快。而《墨子·公孟》说："诵诗三百，弦诗三百，歌诗三百，舞诗三百。"这三百的诗竟然是这样读下来的。读诗的方法有很多：诵之，歌之，弦之，舞之。

弦歌、朗诵、吟咏，这些文人雅士的读书方法并不高深，旧时但凡读文字时都会依着一定的调式来念。古时的人读书都像唱歌。他们不像现在的教师教学古诗词时，企图通过详尽而枯燥的讲解使学生记下诵读的诗文，而是依着诗词固有的音律，循着一定的调式"唱"出来。这就是吟诵。古体诗的吟诵就不一定非要严格遵守格律诗的规则，调式可以自由些，现代音乐的成分可以相对重一些，但依字行腔还是必需的。当然，让吟诵进课堂，并不是要用吟诵替代朗诵或其他的诵读方法。而是提供给学生品味古诗词的多一种方法，多一种文化浸润。

三、吟诵的具体方法

（一）平长仄短

这是吟诵时音长方面的规则，而且仅限于吟诵格律诗文。吟诵的时候，音长分长、中、短3种：诗文的句子中的第二、四、六等偶位字，如果是平声字，则是长音。句尾的韵字，是长音，入声字一律读短音，其余的字是中音。在口语中，平、上、去都是长音，入声是短音。而吟咏是"长言之"，比口语"长"的多，平声可以拖无限长，上、去就拖不了那么长，所以就形成了平声长音、上去中音、入声短音的局面。汉语是单音节语言，偶数音步，两个音节为一个节奏单位，所以一、三、五字不能拖长，拖长就破坏音步韵律了。因此，偶位平声字和韵字（都是平声字）长音，奇位平声字和上去声为中音，入声字短音。

（二）依字行腔、依义行腔

中国传统作曲方法，简单地说是4个字："依字行腔"。我们知道，中国人做律诗、律句等时，非常讲究音韵美，而汉语有一个区别于其他语种的重要特征就是具有音韵美，而音韵美是怎么产生的呢？就是因为汉字有声调。古汉语的声调是4种：平、上、去、入，现代汉语也是四声：阴、阳、上、去。旧人在词作曲时，除了要求旋律的动听外，也必须保证音韵美。因此，在作曲时，歌词中每个字的声调都必须考虑到，某个字是平声，那唱出来也必须是平声，是上声，唱出来也必须是上声，去声、入声也是如此。所谓字正腔圆的"字正"就是这个意思。在旧时中国，不管是根据韵书创作的戏曲，还是一般的歌曲和用方言演唱的民歌，都必须遵循这条原则。汉语吟诵的依字行腔，在声调与音程的关系上，应该是字音声调与旋律的相对音高和音程走向相符合。古诗文的吟诵也是要严格遵循依字行腔的。而依义行调，就是依据自己对作品的理解，来组织旋律。旋律反映了作品的含义，而每个乐音的走向又反映了字音的声调。

（三）模进对称

"对称模进"是吟诵的旋律发展规则，也就是以乐句为单位的旋律关系。模进对称针对的是一篇文章，句子与句子间的旋律关系。古体模进，近体对称。

模进，是把一个旋律整体往上升或整体往下降。好像一个模型，除了音高其他不变。对称，则是把一个旋律反过来。

平声字和仄声字的差异，除了平声可以拖长之外，还有一点，就是高低之别。既然声调有高低之别，吟咏的时候，就不能一味地高，或一味地低，一来没那么好的音域，二来也不好听。所以，吟咏必须要一高一低，高上去了就要低下来，低下来了又要高上去。汉语是偶位音步的，这就形成了近体诗同句偶位字平仄相间的格律。如果每句的平仄格律都一样，吟咏的旋律起伏必然一样，这样也不好听。所以，一句高低高，下一句就低高低。再下句如果又是高低高，那么就成了每两句重复旋律起伏了，也不好，所以下两句倒过来，先低高低，再高低高。于是粘对格律就出现了。以上便是近体诗的对称规则。

模进亦称移位。这一手法即是将歌曲的主题旋律或其他乐句的旋律再或他们的乐节，乐汇等作重复出现时每一次的的高度都不相同者谓之。模进通常有：①上行模进或下行模进（模进的方向），二度模进或三度、四度、五度模进等（模进的音程关系）。②首调模进（模进仅限于一个调性的范围内）或转调模进（模进是从原有的调转到另一个新调）。

（四）文读语音

自从切韵体系建立，平水韵出现以后，文人写诗文基本上就都是使用这个音韵系统了。吟诵也是这样。尽管吟诵的对象有上古的、中古的、近古的，但是都使用平水韵系统吟诵。

但是平水韵系统是一个人造的系统，并没有准确的读音规定。各地吟诵的读音系统实际上是文读系统。文读系统是一种介于古音与当地口语之间的语音系统，是文人努力想保留古音、模仿官话而又未能完全做到所产生的语音系统。

（五）腔音唱法

腔音是中国音乐体系的特征之一，即音的轻重、疾徐、高低等始终都在变化之中，不像近现代的西方音乐那样，音与音之间是跳跃的，每个音本身又是固定不变的。我把现在流行的西方唱音叫"平板音"。腔音并不是汉族音乐所独有，实际上在全世界、古今历史上，腔音远占绝大多数，西方民间音乐也有腔音。当然汉族的腔音又有自己的特点。汉族的声乐历来就是腔音唱法，这是我们的传统。吟诵的时候，使用腔音唱法，会比较有韵味，才是传统的吟诵。

腔音的本质，就是充分地调动起语音的音强、音高、音长来辅助表达意义。平板音不会用这些手段，所以叫平板音。汉语是旋律型声调语言，它的音强、音长、音高的变化，都与其声调有关，又与其发音部位有关。以前汉语所有的声乐都是腔音，从戏曲曲艺到店铺伙计唱账、街头小贩叫卖，全是腔音。

（六）声韵含义

这条规则说的是，吟诵一定要把诗文的声韵的含义吟诵出来。声韵含义大概有文体、格律、韵、入声字、开闭口音、声调组合、声母等。声韵的意义与字面的意义的结合，才是汉语诗歌含义的全部。当我们抛弃声韵意义的时候，诗歌的含义不仅仅是不完整、不深刻的，而且我们对字面意义也往往会产生误解。所以一定要吟诵，而吟诵也一定要把声韵含义表现出来。

九法：依字行腔、依义行调、模进对称、入短韵长、平长仄短、平低仄高、叙事重长、文读语音、腔音唱法。

具体做法：

1. 分清基本的"平仄入"字音：把现在的普通话字音的四声分为平仄声：一二声平三四仄。

2. 掌握吟诵的规则：平长仄短入声急，依字行腔气要匀。有一个约定成俗的诗词格律规则：一三五不论，二四六分明。

举例：

月⌒落↓乌↘啼⎯霜⎯满⌒天（"月"是入声字，但由于是在第一个位置，可长可短，"落"字必须很分明，读得短而清楚。

江→枫⎯渔↓火↓对↘愁⎯眠⎯（"江枫"二字都是平声，但不可以都读得一样长，"江"字要短，吐音清晰后就把"枫"字吟得长长的，"渔火"的重音落在"火"字上，并收得有停顿感。"对"字不要太重，声音由"火"的重转到"对"时变柔，"愁"字尽量拉长，字音清晰而气息轻柔，跟后面的"眠"形成对比。

平		上		去		入	
阴	阳	阴	阳	阴	阳	阴	阳
一声		二声		三声		四声	

一二声平，三四声仄。

解读诗意的最佳途径就是诵读，反复诵读。激昂处还他个激昂，委婉处体现出委婉，入于眼，出于口，闻于耳，动于心，入忘我之境，就会欣赏到优美的意境，通灵于诗人的心情，这样的诵读给予我们的必将是一种美的享受。

古人读诗讲究平仄，"平仄"是格律诗中最主要的语音规律。按照"平长仄短"的方法（平声拖长音节，仄声声停气不停）去朗读，既朗朗上口，又抑扬顿挫，富有变化，增强了诗文的节奏感，体现了古诗词的音韵美。

四、吟诵在语文教学中的应用

中国的语言有一种节奏，特别是诗歌的语言，有平仄、格律、韵字，而声音能够感动人、打动人的心灵，吟诵突出的是语言本身的美，重点在文字，在内涵，通过吟诵，让古典诗词里边那些古代诗人的精神、品格、修养，在学子心里产生共鸣才是真正实现了文化传承的价值。

对于现在的儿童来说，距离吟诵的传统相当遥远了，这里特别选取的两首诗：《静夜思》和《春晓》，是分别被选入小学语文一年级上、下册的。了解一些古诗词吟诵的知识，可以让孩子们在接触古诗的一开始就感受吟诵，教师和家长可以《我爱吟诵》中徐健顺的诵读为范例体会每个字的轻重长短，再加以自己的感受进行模仿和演绎，为孩子诠释古诗中地道的中国味！

书不尽言，言不尽意。文字无法完全记录语言，语言无法完全表达情意，但是吟诵可以！

古诗文诵读的4个层次。

1. 读出语感

古诗文是我国古代的书面语形式，在时间和空间上都与现代人有隔膜。在阅读和理解方面存在着不小的难度，"诵读"就是打破隔膜的利器。多诵，一定能诵出它的韵味，因为古诗文的语言高度凝练，讲究声韵和谐。要诵出语感，首先要读准字音，读懂大致的文义；其次，要读出节奏，读出语气；再次，要读出感情，读出观点。诵读的方式多种多样，可以听录音跟读、教师范读、全班齐读、小组合读、个人读、接龙读、分角色表演读或比赛读等。让一些读得好的同学表演读，然后大家反复练习，是激发兴趣的一种好方式。上课时，不妨先让学生对照注释初读，解决字音、词义等问题，再让学生边读边划句子节奏（难点由学生质疑解答），然后引导学生找出朗读时的重音和要变化的语气，让学生尝试着去读，用典型引路，带动全班学生，大家就能尽快进入角色，为更高层次的诵读打下良好的基础。

2. 读出情感

情感是古诗文的灵魂，它渗透在字里行间，与人、事、景、物等紧密交融，诸如爱国情、山水情、思乡情、朋友情、母子情等。教师只有带领学生尽情诵读，引导学生认真品味，学生才能感悟出作者的感情，并为之产生心灵的共鸣，进而展开一定的联想和想象。除了树立范读的模仿对象之外，教师还要对一些难以读出感情的句子做一些分析点拨，并且反复地带领学生诵读。只要学生愿意开口，读个三五遍，感情就会慢慢上来。当然，学生的基础不同，诵读的效果也不同。有些程度较差的学生，几次下来还是没有达到理想的效果。可以让他们多练练，坚持下来，诵读的能力自然会有明显的提高。

3. 读出美感

古诗文是一种精湛的综合的文学艺术，它往往将文字、绘画、音乐有机地统一，借助有限的文字来表达一种和谐优美的意境：有的抑扬铿锵，有的缠绵悱恻，有的叠沓酣畅，有的简洁明快，有的清新含蓄，只有反复诵读才能体会出其中的味道。只有读出感情，才能把有形的方块文字演绎成各种丰富的画面和意境，从中感受到美。下一步要学会赏析，具体地说，就是要分析体会蕴含其中的思想情感美，品味作品的艺术技巧美，这些都是建立在前面诵读的基础之上的。学生要获得独特的审美感受，可以说是一种艺术的再创造。赏析的角度多样，可以针对整体做些风格、意境和思路的点评；也可以选取某句话作字词品味、修辞辨识。在这个过程中，有些学生调动主观情感，认真诵读，用心品味，不再局限于古诗文本身的思想和内容，他们有些能够跳出传统的圈子，开始寻找古诗文的新的生命。但是有些学生的收获有限，需要老师适当的点拨和启发。在这一层面的阅读中，不论学生能否创新，都是值得肯定的。

4. 读出好感

"拳不离手，曲不离口。"古诗文的诵读，如果仅仅依靠课堂是远远不够的。一是古诗文的量很大，二是古诗文的阅读能力需要不断的实践提高，所以，不仅要在课堂上读，而且还要把这种习惯延伸到课外去。只有让学生对古诗文的诵读"意犹未尽"，产生好感，才能促使他们在课外进行再接触。古人云："读之者尽而有余，久而更新。"因此，可以在课堂教学的尾声里掀起一个诵读高潮，让学生在精彩纷呈之中回味无穷。如果学生真正成了阅读的主人，课堂诵读的精华，会像一盏不灭的明灯，时时照亮和指引前方的路。如果我们的古诗文教学能够达到这样的效果，那才是高效而有意义的，因为这能为学生的终身学习和不断进步打下良好的基础，这是一种最理想的目标。在实际教学中，可能会有一定的难度，但是，成片的森林也是从一颗种子开始的，只要有一个学生开始了，好好培养，加强引导，就一定能让全班学生养成一种热爱诵读古诗文的良好习惯。

实践：古诗文吟诵与吟咏

在《我爱吟诵》上、中、下 3 册资料中任选一首古诗文，练习吟诵或吟咏，录制成 MP3 或制作成 MP4 格式的 MV。

理论点1：古诗的"韵"和"律"

一、韵

押韵，又作压韵，是指在韵文的创作中，在某些句子的最后一个字，都使用韵母相同或相近的字，使朗诵或咏唱时产生铿锵和谐感。这些使用了同一韵母字的地方，称为韵脚。

小学语文二年级上册4课的古诗两首中收入了晚唐诗人杜牧（公元803—853年）的《山行》：

远上寒山石径斜 xié，
白云深处有人家（jiā）。
停车坐爱枫林晚，
霜叶红于二月花（huā）。

这首《山行》中的家 jiā 和花 huā 的韵母相同，读起来就很押韵。韵母 a、ua、ia 同属一个韵部——麻，亦称发花辙。但是斜 xié 就不和韵了，这个字的读音反映了语音是发展变化的，作诗之时押韵的诗，经过千百年的时间，不一定押韵了，由于语言变化的时间地域性特点，导致古音在某些方言中保留得多一些，所以用普通话读不押韵的古诗若用某些方言读起来还是押韵的，如《山行》用湘方言读起来斜字音为 siá，首句就入韵了，所以有人提出将斜读为 xiá，以和韵。

下面简单梳理一下我国音韵发展史：

"雅言"就是中国最早的古代（夏朝）通用语，在意义上相当于现在的普通话。其音系为上古音系，至今已无方言可完整对应。

汉代国语为"洛语"，洛语承袭先秦时代的雅言。

中古音指从隋经唐至宋这个历史时期的汉语语音。隋朝统一中国，编《切韵》，以金陵雅音和洛阳雅音为基础正音，南北朝官音融合形成长安官音（秦音）。唐代的《唐韵》在《切韵》基础上增修。宋代制定《广韵》。

元朝法定蒙古语为国语，后以元大都的汉语语音为标准音，称为"天下通语"。

明以中原雅音为正。明前中原地区经多个北方民族侵入，衣冠南渡至南京地区，故南京地区的"中原之音"相对纯正，官话遂以南京音为基础，南京官话为汉语标准语。

清代早期，南京官话仍为汉语主流标准语，自雍正起推广以北京音为标准的北京官话。到清代中后期，北京官话逐渐取代南京官话。1909年清设立"国语编审委员会"，即清末的国语。

1949年中华人民共和国成立后，"国语"改称为"普通话"。但是在此之前，上述每个历史时期都有被称为"普通话"的语音（上文中用绿色标出）。

一般称隋唐之前的为古韵，南宋的"平水韵"，反映了唐宋时代人们作诗用韵的实际发音状况，相对于晦涩难懂的音韵学教程而言，在百度中直接用"雅言吟诵""中古音吟诵"搜索音、视频资料直接欣赏是最方便的。

古代汉语的听感大致如下："平声平道莫低昂"即声音响亮而舒长；"上声高呼猛烈强"指上扬而重浊；"去声分明哀远道"是指声音轻尖而尾长；"入声短促急收藏"指声音极轻，并迅速收起。古诗中所谓"吟"，就是拉长了声音象歌唱似地读。现在在部分方言的尾音中仍能够感受到，对于一些古诗而言，用方言吟诵会比普通话更能体现"古代"的"味道"，所以方言是活的历史。

因受蒙元式汉语的影响，现在的普通话中早已没有了入声，按元曲及北方戏词创作中的"十三辙"被称为今韵。近年，中华诗词协会按照"倡今知古，双轨并行"的用韵方针编制了更符合当代普通话的《中华新韵》（俗称十四韵），应用其中的第十二齐为i、er、ü韵（这是区别于十三辙的），用这个韵改写后的《山行》是这样的：

远上寒山石径迂 yū，白云生处有人居 jū。

停车坐爱枫林晚，霜叶红于六月蕖 qú。（蕖，亦"莲"也。）

二、律

古诗（特别是格律诗）的共同特点是形式整齐、音韵和谐。一般用两个句子构成一个意义单位，上句和下句在意思上紧密相关，或并列，或承接，或因果，读起来一气贯通。

律诗可以分为四联：

- 首联或称起联（起）：第1、第2句，作用是"开头"
- 颔联（承）：第3、第4句，作用是"承上"
- 颈联（转）：第5、第6句，作用是"转折"
- 尾联或结联（合）：第7、第8句，作用是"总结"

律诗的格律要求很严格：篇有定句（每首八句），句有定字（五字或七字），字有定声（平仄相对），联有定对（中间两联对仗）。

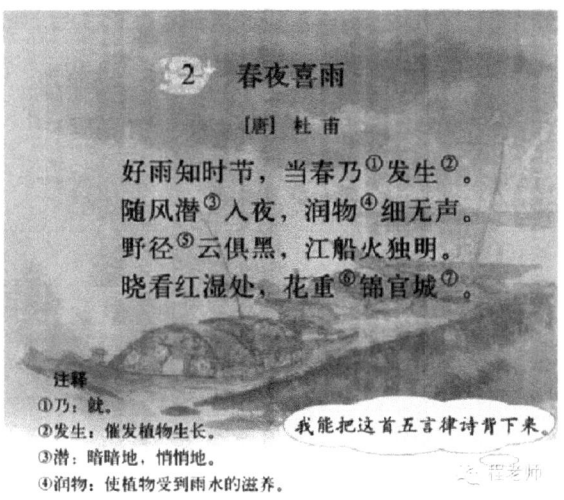

图 6-3　人教版六上六单元春夜喜雨

在人教版小学语文教科书中都用“古诗两首”“古诗词三首”作为课文名，并未对古诗类别进行过解释，但在六年级上册第六单元（综合性学习：轻叩诗歌大大们）的第 2 首《春夜喜雨》中却出现了“我能把这首五言律诗背下来”的提示（图 6-3）。这个单元中给学生提出的收集整理诗歌的活动建议见图 6-4。

活动建议

诗歌的海洋里，有无数珍宝。这次综合性学习，我们可以先开展下面一些活动。认真读读提供的阅读材料，会对我们开展活动有所帮助。

搜集诗歌。可以通过阅读报纸、杂志和书籍，访问其他人等途径，搜集创作的诗歌或记录当地流传的民歌、童谣。也可以搜集有关诗歌的知识和故事。

整理资料。小组讨论搜集到的资料，把诗歌分分类，可以按诗人分，可以按内容分，可以按形式分……分好以后，按类别再搜集补充一些诗歌。

欣赏诗歌。选择自己最喜欢的一首诗，借助工具书了解大意，体会情感。在小组内向同学推荐自己喜欢的诗，先放声朗读，再说说自己为什么喜欢这首诗。

图 6-4　人教版六上六单元综合性学习要求

要知道，就古诗而言，古体诗是唐代人对唐代以前诗歌的称说，唐朝以后的人仿照古诗的形式所写的诗歌也叫古体诗，一般称为"古风"。近体诗是同古体诗相对的诗歌体裁，是唐代出现的格律诗，分为律诗和绝句。绝句可以看作律诗的截取，绝句和古体诗一样都不要求对仗。如贺知章的《回乡偶书》（人教版二年级上册25课）："少小离家老大回，乡音无改鬓毛衰。儿童相见不相识，笑问客从何处来？"（图6-5）

古诗类别	包括的诗歌种类	
古体诗	汉魏乐府	
	南北朝民歌	
	六朝文人诗	
	杂体诗	
	古风（唐朝以后的人依照古诗所写的诗歌）	
近体诗	律诗	五言律诗
		七言律诗
		排律（每首十句以上）
	绝句	五言绝句
		七言绝句

图6-5　古诗类别

可见，要达到小学毕业的水平，其实不简单。小学生能够达到的高度，由教师和家长的水平决定。

三、学诗浅说

《诗序》说："情动于中而形于言，言之不足，故嗟叹之，嗟叹之不足，故咏歌之，咏歌之不足，不知手之舞之，足之蹈之也。"这就说明诗是从情感来的，既然有充分的情感，也就不会满足于以普通的说话方式表达，所以凡是诗都要能吟咏出来，这就形成旧诗的特殊诵读方法。

不要怕高声诵读，如果开始不习惯，也要逐渐学习。读的时候：

第一，要读出音节，两字或三字相连要作为一顿，上句的末一字要提起，下句的末一字要反复沉吟。特别在全首的末一联，要读出其中绵绵不尽的情味。

第二，诗中的情感有悲壮、柔婉、流利、掩抑各种不同，要读起来恰相配合，才能情味动人。

会读诗就能知道诗的妙处，领略好诗多了，自然就自己能作了。

在唐代，七绝诗是可以唱的，而事实上也是诗与乐合一的。以后大约因为七绝的形式太单调了，不够优美，所以这一部分入乐的诗与其他形式的诗分离开来，而成为所谓的词。

诗是直说的，词则必须装点陪衬。诗的字句要沉重，词的字句要轻清。特别是"浮云柳絮无根蒂，天地阔远随风扬。"在诗中确是雄深雅健之作，而变做："回首暮云远，飞絮搅青冥"立即成为潇洒俊秀的词了。

词中有些短调，如《浣溪沙》《鹧鸪天》之类，本来就是七律诗中的一部分句法，稍加组织而成，《生查子》则简直就是一首五言诗的格式，更可以看出诗词蜕化的痕迹。

中国传统文学有一项独有的特征，就是"对偶"。亦称"对仗""对句"。在文章中用了双句更增长不少力量，尤其在抒情写景文章中，更不嫌双句之多，愈多愈显描写的深刻。因此专用双句组织成文的就变成骈文的一种特殊题材。从六朝到唐代，正是骈文盛行的时代，与此同时，诗也发展到了高峰。所以诗的形式优美，对偶是其构成的主要部分。虽然对偶也不一定采用最严格的规定，但无论如何，对偶的精神总是存在于诗中的。

对偶的规定严格：

首先，这句的名词对那句的名词，动词对动词，虚字对虚字，实字对实字，单字对单字，双字对双字。

其次，还要草木鸟兽对草木鸟兽，人名地名对人名地名，颜色对颜色，数目对数目。如果用典故或成语，又要其中的字面形态相对称，出处的时代也相对称。

总之，要求工巧，如同精细的刺绣和雕刻那样，使人叹为鬼斧神工。但是实际上也只能达到相当程度为止，追求太过，又变成有伤大雅了，非但不必，而且是应当避免的。

【资料1】十三辙

从声乐角度，根据汉字音节的韵母归纳为十三韵，称为十三韵辙。十三韵辙就是把韵母按照韵腹相同或相似（如果有韵尾，则韵尾必须相同）的基本原则归纳出来的分类，目的是为了演唱顺口、易于记忆，富有音乐美。

分为：发花辙、梭波辙、乜斜辙、一七辙、姑苏辙、怀来辙、灰堆辙、遥条辙、由求辙、言前辙、人辰辙、江阳辙、中东辙。

十三韵辙研究的主要对象是音节中的韵母。在普通话中，韵母主要由元音构成，少数韵母由元音加鼻辅音构成（如 an，ang 等）。从种类上看，普通话韵母分为单元音韵母（有 a、o、e、i、u、ü）、复元音韵母〔有 ai、ei、ao、ou、ia、ie、ua、uo、üe、iao、iou（iu）、uai、uei（ui）等 13 个〕、带鼻音韵母［有 an、ian、uan、üan、en、in、uen（un）、ün 和 ang、iang、uang、eng、ing、ueng（weng）、ong、iong 等 16 个］。而从结构上看，韵母可分为韵头（也叫作介音）、韵腹和韵尾 3 个部分。

韵腹是韵母的主干，比起韵头、韵尾来，声音最清晰响亮，所以也叫"主要元音"，是每个韵母必不可少的部分，一般由 a、o、e 充当，没有 a、o、e 时，i、u、ü、er 也可以充当。韵头只有 i、u、ü3 个，出现在声母的后面、韵腹的前面，因此也叫"介音"。韵尾则只限于复元音韵母中韵腹后面的 i、u、o 或 n 和 ng。

有了这些概念十三韵辙就不难理解。十三韵辙就是把韵母按照韵腹相同或相似（如果有韵尾，则韵尾必须相同）的基本原则归纳出来的分类，目的是演唱顺口、易于记忆，富有音乐美。

1. 发花辙：韵母包括 a、ua、ia。同音字如杀、家、涯、妈等，收声归韵都是啊音，这个音属于大口型，响点在上口盖中部，收声时"点"的大小因情绪而定，直到落音仍应保持原位置。

2. 梭波辙：韵母包括：e、o、uo。同音字如婆、哥、错、薄等，这个辙口容易发音，声音又响亮。但如果不注意口型又容易变成啊音。"uo"音的位置应要控制在上口盖前方，一直维持到落音，面部肌肉不能放下来，否则声音就移位了。

3. 乜斜辙：韵母包括 ê、ie、üe。同韵母的字有绝、血、月、界、姐等。这个辙口的声音效果很好，既有响度又有亮度，它的位置在硬腭前面上牙龈后面，这个"点"赋予它一优越位置。京剧常把言前辙巧妙地移位到这个辙口托腔，既发挥了声乐的优势又制造了强烈的艺术气氛，大展了演员的技巧，又把人物内心情感表现得淋漓尽致。

4. 一七辙：i、ü、er。同音字有衣、立、妻、迹等，这个辙口型较小，托腔时注意适度地打开口腔,但声音基本位置不动。

5. 姑苏辙:韵母是 u。同音字有古、孤、苦、伍等。这个辙口为撮口音,口型深。归韵不要完全依照"u"的发音位置去唱,要用"噢"的感觉去唱"呜"音,即可改变声音的响亮度,发音也比较容易。

6. 怀来辙:韵母是 ai 和 uai。同韵字如埃、哀、埋、怀等。这个辙属声音最响的宽韵之一,"ai"音位置居口腔中前部,有较理想的声音效果。但收声要有"收"的感觉,要逐渐收敛,以防强音到底。

7. 灰堆辙:韵母是 ei 和 uei(ui)。同音字有梅、谁、回、雷等,这个韵的"ei"音,位居上腭中部,口形稍深,音色较暗。凡遇到时值短促的腔,可按原位置唱。如有稍长的落音,应适当予以移位,用"ai"的感觉唱"ei"音,可增加声音的亮度。

8. 遥条辙:韵母是 ao 和 iao。同韵母的字有庙、飘、瞧、娇等。自然形态的的"噢",由于双唇外鼓,增加了口形深度,托腔以至收声,从感觉上移位,增加声音的洪亮度。

9. 由求辙:韵母是 ou 和 iou(iu)。同韵母的字有楼、愁、柔、忧等,这个辙的韵母"ou"音,首先使双唇呈撮口状,加长了发音管体,口形深了,音位稍后,缺乏洪亮度。托腔时可用"ao"的感觉,下意识移位唱"ou"音,但不可过分,否则变成"遥条"韵。京剧处理这个韵是很巧妙的,比如《智取威虎山》中杨子荣"甘洒热血写春秋"的甩腔明快潇洒,就是在不伤害字意的原则下,从感觉上移位,使深口形的"呕"音加入了"噢"音的成分,以洪亮飘逸的声腔充分体现了杨子荣"壮志未酬誓不休"的英雄气概。

10. 言前辙:韵母是 an、ian、uan、üan。这是常用的宽辙韵,同韵的字很多,如监、天、边、满、唤等。此韵虽属宽韵,但"按"音口形大,带有鼻音,如不注意音位会使软腭下降,把较多的气息挡入鼻腔,影响发音的能力。

11. 人辰辙:韵母有 en、in、uen(un)、ün。同韵字很多,亦属宽辙。如魂、沉、真、今等,这是带鼻音的字音,演唱时可借"哀"音给以感觉上的移位,但不是发"ei"音。

12. 江阳辙:韵母有 ang、iang、uang。如乡、强、扬等,韵母 ang 属鼻音字,但比"中东"辙音位靠前。"昂"音口形略显宽大,位置稍后,遇到甩腔时可适当加入"啊"音给以音色上的调节。

13. 中东辙:韵母有 eng、ing、ueng(weng)、ong、iong。韵母"eng"属后鼻音,同韵字很多,如声、惊、听、兵等。托长音时稍打开口腔。从秦腔经常使用的韵脚来看，除了十三辙之外还有几个小辙。如须遇、知世、资此、花儿等。

山歌十三韵
——江阳韵——

夜里点灯影在墙，不知就讲哥有双。
白天下地无人伴，思前想后好凄凉。
那天和妹牵手唱，回家三年手还香。
今早起来无米煮，拿手来闻当干粮。

——言前韵——

鸭嘴不比鸡嘴尖，哥嘴不比妹嘴甜。
几时得妹嘴对嘴，煮菜不用放油盐。
送哥送到分水滩，分手容易分情难。
手扯衣袖轻轻问，问哥几时再来玩。

——流头韵——

山歌好唱难起头，木匠难起八角楼。
瓦匠难烧琉璃瓦，铁匠难打钓鱼钩。
生不丢来死不丢，我俩连情万千秋。
石灰里面打跟斗，同妹结交到白头。

——灰堆韵——

竹排下河顺水推，我两结交不用媒。
多个媒婆多把嘴，免得旁人扯是非。
鸳鸯交颈在河尾，河水不枯鸟不飞。
我俩生死在一起，糯米蒸糕做一堆。

——怀来韵——

这条大路是哥开，两旁桂花是妹栽。
蜜蜂为花飞千里，哥为情妹万里来。
情哥送妹出村来，碰见别人假分开。
阿哥低头妹转脸，神仙望见也难猜。

——遥条韵——

神不在位空拜庙，河沟无水枉架桥。
灯草挂在火塘上，你讲心焦不心焦？

走过园边往里瞄,人家乱讲我偷桃。
跑进羊栏去躲雨,为晴惹来一身臊。
———中东韵———
我俩情意浓又浓,妹想哪样哥都从。
想要肋骨哥愿给,你来摇看哪根松。
哥要种花围园种,舍得淋水花就红。
单身自有人来伴,饿鸟自有飞来虫。
———姑苏韵———
斑鸠树上叫咕咕,哥也孤独妹孤独。
我俩都是半壶酒,何不拢来共一壶?
老妹生来就命苦,看来没有那种福。
你喝茅台我喝水,不配和你共一屋。
———花发韵———
红薯地里种西瓜,自己主意自己拿。
自己婚姻自己定,莫等媒婆动嘴巴。
十字路口芙蓉花,叫哥千万莫乱掐。
葫芦种在牡丹下,吊颈因为是贪花。
———波梭韵———
出门三步就唱歌,人人讲我欢乐多。
祖坟葬在风流岭,命带桃花不奈何。
决心打把连环锁,共同安放在心窝。
石山顶上起屋住,不怕别人挖墙脚。
———人辰韵———
新起凉亭不盖顶,特意留来望天星。
露水打湿眉毛上,为妹才成这种人。
苦楝开花细纷纷,我家住在苦楝根。
人人都讲苦楝苦,我比苦楝苦三分。
———乜邪韵———
上山有棍打得蛇,下河有网捉得鳖。
人民有党做后盾,不怕恶霸来威胁。
稀饭吃快不怕热,路滑走快不怕跌。
若是不放石膏水,豆浆哪里会打结。

——一七韵——

上天起屋妹扛柱，下海春墙妹挑泥。
我俩人穷志不短，总有一天找得吃。
望梅止渴渴难止，画饼充饥肚更饥。
不饱不饿三碗饭，不冷不热三件衣。

【资料2】中华新韵（十四韵）

中华诗词学会《21世纪初期中华诗词发展纲要》指出："为促进声韵改革和推行新声韵，很有必要组织学者、专家尽快编出新韵书。新韵可先出简本，以应急需，然后在简本试行的基础上再出繁本。"据此，《中华诗词》编辑部整理出版了《中华新韵（十四韵）简表》（以下简称《简表》）。

中华新韵的韵部划分以普通话为读音的依据，以《新华字典》的注音为读音的依据，将汉语拼音的35个韵母，划分为14个韵部：麻波皆开微豪尤，寒文唐庚齐支姑。为了便于记忆，可用两句七言韵语来代表14个韵部：中华诗国开新岁，又谱江涛写玉篇。

1. e、o 同韵

e与o在汉语拼音中发音的区别，是依赖于声母的，当其与b、p、m、f相拼时，发o音，与其他声母相拼时，发e音。它两个其实是一个韵母，只是与不同的声母相拼时，才造成了读音的微小差别。《平水韵》同归五歌，《十三辙》同入"梭波"，说明古时差别更小。《注音字母》中用ㄛ、ㄜ表示，采用两个形近的字母，正是反映了读音的实际情况。因此，把e、o归入同一韵部，在实际发音上是不违反"同身同韵"的标准的。

2. eng、ong 同韵

韵母ong的使用，只是《汉语拼音方案》的特殊处理。从音韵学角度上讲，ong、iong的韵腹都不是o，而是e，即应为ueng、üeng，其韵身都是eng。《汉语拼音方案》中还有一个韵母ueng，与ong同音，可见ong与ueng是等效的。在《注音字母》中，ong、iong即为ㄨㄥ、ㄩㄥ。介母不同，韵母同为ㄥ，其与eng同身同韵的状况，更是一目了然。《平水韵》分为一东二冬八庚九青十蒸，至《十三辙》统归中东，反映出古人已经认识到它们可以是同韵的。

3. ie、ue 的韵身不是e，而是ê

我们所说的"同身同韵"的标准，是以字的实际读音为依据的。《汉语拼音方案》为了简便，对个别字母的使用做了调整。比如，ie、ue中的e实际应是ê，即《注音字母》中的ㄝ，为了简便，以 e 代之。注音时是简便了，划韵时却增加了一层假面具。必须抛开假面具，按照其实际读音划韵。因此 ie、ue 不应与 e 同韵，而应自成一韵。《平水韵》中，此二韵杂于九佳六麻，《十三辙》始辟"乜斜"，反映出读音的发展分化状况。

4. an、en 不同韵

这两个韵母的字，有一部分在古代读音是相同或相近的，因而《平水韵》把它们归入同一个韵部（十三元）。现今有些地方方言中还保留着这种坊音，但普通话中已明显地区别出来了。这两个韵母虽然都是以鼻音 n 作为韵尾，但做了韵腹的主元音不同，因而韵身不同。按照"同身同韵"的标准，不应同韵。

5. en、eng 不通押

古人多有 en、eng 通押现象，多见于词。现今有的地方方言中，仍有 en、eng 不分的现象，即是古音的残留。普通话中，它们的读音差别是非常明显的，不能通押。且新韵只有十几个韵部，字量大，余地大，用韵再无放宽的必要。因此，不论从"同身同韵"的标准来说，还是从具体操作的尺度来说，这两个韵部都不应再通押。

注：为简便起见，本书所举旧韵部仅为平声韵部，对其仄声韵部，根据"同身同韵"的标准，读者用者自会解决其韵部归属，兹不赘。有兴趣的读者可参阅赵京战编著的《中华新韵》。

理论点 2：古诗文教学解读的知识结构分析

教师的知识结构决定着教师的专业化水平。林崇德等从教师知识内容的角度，把教师的知识结构划分为本体性知识、条件性知识和实践性知识。教师的本体性知识（Subject Involved Knowledge）是指教师所具有的特定的学科知识，对于语文教育而言，包括汉语知识、文本解读、学科实践及理论、文学作品等；条件性知识是指教育学、心理学和教法等相关的教育心理方面的知识；实践性知识"是指教师在面临实现有目的的行为中所具有的课堂情景知识以及与之相关的知识，具体地说，这种知识是教师教学经验的积累。"

从一般意义上说，教师的本体性知识应包括 4 个方面：首先，教师应对学科的基础知识有广泛而准确的理解，熟练掌握相关的技能、技巧。其次，教师要基本了解与所教学科相关的知识点、相关性质以及逻辑关系。第三，教师需要了解该学科的发展历史和趋势，了解推动其发展的动因，了解该学科对于社会、人类发展的价值以及在人类生活实践中的多种表现形态。第四，教师需要掌握每一门学科所提供的独特的认识世界的视角、域界、层次及思维的工具与方法，熟悉学科内科学家的创造发现过程和成功原因，在他们身上展现的科学精神和人格力量，这对于增强学生的精神力量和创造意识具有重要的远远超出学科知识所能提供的价值。

当前中小学语文教师最缺的是本体性知识，也就是教师的语文学科素养，包括良好的语言文学素养，对语文学科知识比较系统而透彻的理解，对语文学科的历史、现状和未来的了解等。以《游园不值》为例，解读这首诗涉及相关知识，至少包括汉语汉字知识、古代文化知识、诗歌鉴赏知识、诗歌史知识及诗歌积累，一次较为理想的文本解读过程，可能会涉及下述内容：

一、汉语汉字知识

首先，教师要扫清字词上的理解障碍，例如这几个字可能要比较关注：值、应、怜、扉。

"值"在这里要解释为"遇到"的意思。"应"字就比较麻烦，因为有两种解释，一是大概，可能，二是应该，应当。两种解释导致两种翻译，前一种理解，全句翻译为："大概是园主人爱惜苍苔，怕我的木屐鞋在上面留下脚印吧。"后一种理解，则有可能翻译为："应该爱惜苍苔，不要让木鞋底在它上面留下脚印。"也可能将两种解释视为同一意思，翻译为："应该是园主人爱惜苍苔，怕我的木鞋底在上面留下脚印吧。"到底选择何种解释，需要利用自身积累结合全诗进行比较判断。学生程度不好的话，还需要用到多音字的知识。"怜"是"怜惜"的意思。教师需要具备更多的关于"怜"的知识，比如很快可以让学生与"可怜九月初三夜，露似真珠月似弓"中的"怜"进行比较以便更好地积累掌握。"扉"是"门"的意思，由"户扇"演变而来，"柴扉"即"柴门"的意思。

二、古代文化知识

涉及古代文化知识的有"屐"和"柴扉"。

"屐"是指木屐，大约有5 000年历史，汉魏三国时广为流传，当时新娘已穿彩画木屐。宋代，木屐多为是大夫钟情的便携式休闲鞋；宋代穿木屐主要在南方。以木质鞋底、绳坐带。在妇女中有用红色布做鞋面，在鞋上刺绣，称为红绣鞋，还有用青色布为鞋面料的。宋代以后，木屐多在中下层民间流行，着木屐有失是大夫身份……这些知识可以通过网络或工具书得到，对教学有一定的帮助，有利于确定作者身份地位，学生亦可能感到好奇。

"柴扉"很容易理解，但假如学生问："柴扉是有很多空隙的，通过空隙不是也可以看到满园春色吗？"教师该如何作答？实际上，在当时，有花园者都是豪门显贵，他们的住宅园林，一般用竹篱围墙围住，围墙上的门是用树枝做成的栅门，内中的花园一般不正对栅门，正对栅门的是一条直通居室的小路。因此，人在柴门外向里观望，不太可能将花园景色尽收眼底。理解这些古代园林的知识，也有助于理解文本。

三、诗歌鉴赏知识

这是文本解读的核心。解读本诗涉及的诗歌鉴赏知识至少有诗画、结构、虚实、符码、意境（还不包括平仄等音律方面的知识）。

这首诗"诗中有画"，画在虚实之间，尽得其妙，教师要去理解。"春色满园关不住，一枝红杏出墙来"是一幅充满生机的画面，但这两句因何成为千古名句，则不应该仅仅从诗画角度分析，还应该分析虚实与结构。从虚实的角度讲"一枝红杏出墙来"的审美力量源于"一枝"，若是"两枝""三枝""数枝"，则力量逐渐削弱，因为此乃实写一枝，虚写满园，实写的枝数越多，想象的范围便会缩减，若是"黄四娘家花满蹊，千朵万朵压枝低"，便纯粹是实写了。从结构的角度讲，"满园春色"与"一枝红杏"形成鲜明对照，"关"与"出"形成了一个封锁与反封锁的结构，而且特别有力量，因此这种结构便可能迁移到其他场景中，喻指新生事物的发展是封锁不住的。

符码分析是前两句的核心鉴赏知识。因为大量的古典诗歌中在选择词语时，都喜欢选择具有暗示意义的词语以表达更多的意义，如"月亮""梅花""松"等。在这首诗的前两句，也有几个词语具有强烈的暗示意义。"屐齿"具有休闲性质，是大夫游玩时经常穿的便鞋，因此暗示了诗人的生活态度：隐逸、闲适、雅致。"苍苔"暗示了主人生活的环境是深幽闲适的。古诗中写到苔的颇多："轻阴阁小雨，深院昼慵开。坐看苍苔色，欲上人衣来。""空山不见人，但闻人语响。返景入深林，复照青苔上。""寒潭映白月，秋雨上青苔。""苔痕阶上绿，草色入帘青。"大多表示一种清幽、寂寞、静谧的意境，并多与隐逸相关。有教者想当然地把"苍苔"与春天联系起来，是缺乏依据的。"柴扉"当然并不是说主人家里很穷，也有教者犯这种低级错误。如同现在有人喜欢做一些仿古建筑一样，这只是体现出主人的审美倾向（自然朴拙）以及生活态度（喜欢隐居生活）而已。因为这种暗示，虽曰未遇，实则已经遇到了，有些神交的意味。因为读者感受到了一种幽静、拙朴、高雅的环境氛围，感受到一种诗化自然的生活方式，知道诗人还是向往隐逸生活的，与园主息息相通，甚至能够感受到园主的性格：高蹈避世，孤高雅致，不慕荣利。所以与其说是写"景"，不如说是写"境"，或者说写的其实是心灵之美，这是古典诗歌的特点之一。前两句的暗示作用与后两句的叙事结构相照应，形成了这首诗歌的意境。

四、诗歌史知识及诗歌积累

古诗中的许多名句，皆脱胎于前人名句，进行比较研究，有助于对诗歌的解读，例如与"一枝红杏出墙来"有"血缘"关系的句子有：

一枝红艳出墙头，墙外行人正独愁。（唐·吴融《途中见杏花》）
如有杏花如唤客，倚墙斜日数枝红。（宋·王安石《杏花》）
杏花墙外一枝横，半面宫妆出晓晴。（金·元好问《杏花杂诗》）
一段好春藏不尽，粉墙斜露杏花梢。（宋·张良臣《偶题》）
杨柳不遮春色断，一枝红杏出墙头。（宋·陆游《马上作》）
竹坞人家濒小溪，树枝红杏出疏篱。（金·刘豫《杏》）

可以选择一部分当成教学资源，例如将"一段好春藏不尽，粉墙斜露杏花梢。"与"满园春色关不住，一枝红杏出墙来"进行比较，便会发现前者暧昧而后者坚决，因为"斜"自本身有一种不稳定的感觉，这样会拓展学生对诗歌的感受力。

甚至还可以选择现代诗歌进行比较。

深闭的园子
戴望舒

五月的园子
已花繁叶满了，
浓荫里却静无鸟喧。
小径已铺满苔藓，
而篱门的锁也锈了——
主人却在迢遥的太阳下。
在迢遥的太阳下，
也有璀璨的园林吗？
陌生人在篱边探首，

空想着天外的主人。

前面已经涉及诗词积累，教师积累丰富，还可以引入另外的诗歌比较理解，如：

桂源铺
杨万里

万山不许一溪奔，拦得溪声日夜喧。
等到前头山脚尽，堂堂溪水出前村。

此诗对于理解后两句很有帮助，因为原诗的后两句，表达的就是这四句诗的意思。

此外，与此事相关的异文，以及宋诗重理趣的特征等，亦对理解诗文组织教学有帮助，因篇幅原因，不再赘述。

至此，文本解读可能用到的知识，便可梳理如下。

课题	涉及知识类别	涉及知识内容	涉及专业阅读
《游园不值》文本解读	汉语汉字知识	值、应、怜、扉	《汉字密码》
	古代文化知识	屐齿、柴扉	汉典网 www.zdic.net
	诗歌鉴赏知识	诗画、结构、虚实、符码	《唐宋词十七讲》《诗词例话》
	诗歌史知识及诗歌积累	"一枝红杏出墙来"演变史及相关异文 宋诗的特征（理趣）	《宋诗选注》相关文学史

如果专业水平更高的教师，还会意识到这首诗里对隐士的描写中所隐含的禅道思想，并将之于同样描写隐士的《江雪》中的儒家思想区分开来。而这样的教师，就需要更为广阔的人文背景方面的阅读，如《论语》《道德经》等。

五、本体性知识在教学设计的作用

拥有合宜的本体性知识，意味着教师对教材进行教学化处理时，能够对文本保持足够的敏锐，并且确定合宜的教学目标及教学内容。还以《游园不值》为例，甲、乙两位老师分别制定的教学目标如下。

甲老师的教学目标：

1. 能正确、流利、有感情地朗读古诗。
2. 能用自己的语言说出对具体字词和诗句的理解。
3. 依据诗句想象古诗所描绘的情景，并在这个过程中逐步体悟故事的意蕴和诗人的情感。

乙老师的教学目标：

1. 熟读并背诵本诗，并要求读诗声音与意境相贴切；准确理解诗的字面意思，积累掌握值、应、怜、扉等词语。

2. 初步学会运用符码、互文、对比等方法鉴赏古诗。

3. 较深入地感受此诗的意境；涉猎并积累若干诗词。

通过对比可以发现，甲老师的3条目标，似乎不是针对此诗设计的，而可以运用与一切诗歌，至少是相当一部分诗歌，导致这种情况，跟甲老师缺乏语文教师的本体性知识密切相关，正如专题三辨识文本体式中提到的体变、体性、体貌3个基本要素，文本体式应既具有作为人类的共性特征，又具有自己独特的个性风采，教师在教学过程中在遵循文体共性特征的同时，更要运用自身的本体性知识，凸显出文本的个性风采。

甲老师的教学目标几乎全部指向文本内容，是以读懂这首诗为唯一目标（当然这也是重要的目标），而缺乏更为明确的语文知识，教师并未明确教授解读诗歌的具体方法（这首诗的特征也决定了它不宜被处理为定篇，即掌握此文本不能成为主要教学目标）。甲老师不能正确地确定教学目标与其文本解读能力有关，他缺乏对《游园不值》一诗的精确分析能力，仅仅几条教学目标，把他在专业素养方面的匮乏暴露无遗。

而乙老师制定的教学目标层次分明：目标一是基础目标或者说是常规目标：背读全诗，掌握重点字词和全诗基本意思。而这一点，几乎就是甲老师的核心目标了。目标二才是乙老师的核心目标：侧重于教会学习解读诗歌的基本方法，虽然未必在课堂上出现这些诗歌鉴赏的术语，但至少教师很清楚此课的核心语文价值在哪里，教学的重点在哪里。目标三是延伸拓展目标，在学生掌握了诗歌鉴赏方法之后，再更深一层地感受诗意，并积累更多相关诗歌。由此可见，设计出这样的教学目标，不仅需要对课程及教学理论有比较深入的认识，更需要很高的文本解读能力，由此可见，乙老师的本体性知识远高于甲老师。

六、基于本体性知识提升的专业阅读

作为语文科教师，阅读为本的自我修炼是语文教师重建本体性知识体系的根本策略。窦桂梅老师的课大气、厚实，这源于她丰厚的学养，特别是语文素养。她的学养又是持续阅读结出的丰硕果实。她说："在浩如烟海的书籍当中，我认为，最省俭的垫底方式，是选读名著。"她的阅读分为3类。

一是读儿童经典，包括阅读《红鞋子》《长袜子皮皮》《秘密花园》《草房子》《安徒生童话全集》《木偶奇遇记》《海底两万里》《苏菲的世界》《小王子》

《彼得·潘》《哈利·波特》系列等。

二是读文学社科经典，包括《哈姆雷特》《约翰·克利斯朵夫》《复活》《远离尘嚣》《德伯家的苔丝》《红字》《简·爱》《艰难时世》《儿子和情人》《傲慢与偏见》《悲惨世界》《大卫·科波菲尔》《情人》《麦田里的守望者》《不能承受的生命之轻》《洛丽塔》，人文社科丛书包括《论语》《道德经》《非常道》《万历十五年》《与鲁迅相遇》《书斋里的革命》《36个知识分子的精神档案》《文化苦旅》《往事并不如烟》《哲学艺术》《沉默的视野》《寻找家园》《西方哲学史》《中国古代思想史》《沉重的肉身》等，其中"《论语》《道德经》《哈姆雷特》《往事并不如烟》《文化苦旅》《书斋里的革命》等，不止读过一遍，有些语句还能背下来"。

三是读教育经典书，包括《教育人类学》《后现代课程观》《给教师的建议》《教学勇气》《明日之学校》《民主主义与教育》《教育和美好的生活》《教育过程最优化》《教育诗》《怎样和学生说话》《教育——财富蕴藏于其中》《学会生存——教育世界的今天与明天》《第五项修炼》《透视课堂》《自主课堂：积极的课堂环境的作用》《培养反思力》《生活体验研究——人文科学视野中的教育学》《教学机智—教育智慧的意蕴》，这份长长的书单是窦桂梅老师涵养语文学科素养和教育素养的源头活水，其中儿童文学经典和文学社科经典阅读是她作为小学语文教师获取本体性知识的根本途径。其实所有优秀的语文教师首先是一个好的阅读者和写作者，因为语文教学活动是师生在课堂情境中借助经典文学文化文本，进行深度互动，由语言修养和精神境界较高的教师不断带着学生一步一步上行以提升语文素养的过程。关于游泳冠军的教练是不是必须由游泳冠军来担任的争论，其实是没有价值的，因为，教练自己即便不是冠军，但他一定是游泳素养极高又具有实践智慧的人。那么，作为语文教师就应该通过持续的、深度的文学文化经典阅读，提高自己汉语形象（包括汉语的语音形象、辞格形象、文法形象、语体形象等）的积累和理解，提高自己个性理解文学文本的能力，提高自己语文思维和语文审美的层次。所以，我以为，语文教师首先要解决的不是"如何教"的问题，而是要通过阅读来解决你"有什么"的问题。语文教师应该建立阅读为本的自我修炼策略，以重建本体性知识体系，这是一个艰苦的过程。

朱永新教授提倡的新教育实验非常注重以教师的学科阅读为主的专题研修。他提出了两个教师阅读的公式：50%本体性知识+30%条件性知识+20%人类基本知识=教师的知识结构，根本书籍+知性阅读=教师阅读。他提倡基于网络互动的教师研讨，这个研究对我们教师以学科素养提升为主的教师专题研修非常有启发。

材料2：朗读手册

《朗读手册》于 1979 年初版，5 次修订，被美国数十所教育院校选为指定教材，并迅速被引进到中国、日本、韩国、澳大利亚、英国、西班牙等国，仅在美国的销量就突破 200 万册。书中通过众多具体、可信的案例，指出孩子在阅读过程中可能遇到的问题及解决方案，阐明了朗读的作用、方法和注意事项等。它帮无数家长、老师解决了棘手的教育难题，让无数孩子成为终身爱书人（图 6-6）。

图 6-6　朗读手册

一、朗读的好处

这本书不难理解，但文中有大量的事例，还有很多确切的数据事实，充分说明了朗读对孩子的教育意义，讲了怎样激发学生的阅读兴趣和阅读动机。朗读能带来什么好处？

让孩子让学生感到读书是一种乐趣、一种消遣，然后才是一种潜移默化的学习。你想，孩子坐在你的膝上，你读故事给他听，给他看好看的图片，在孩子的心里一定会种下一颗美好的种子——读书是一种快乐是一种幸福，当他能自已阅读时，他能不喜欢读书吗？等他有了孩子，也会把这种习惯带给他的孩子。

在这样的阅读中，孩子的注意力时间会越来越长，为以后的学习打下良好的基础。

读书可以丰富孩子的词汇，这一点谁也不否认。读书可以为孩子创造背景知识，有这样一个说法，读得最多或旅行最多的学生往往是班上知识最渊博的学生。他们拥有大量的背景知识，因此对老师或课本所教的内容理解得最多。比如当学生读到，"会当凌绝顶，一览众山小"。首先他在脑中解读自己所读到的文字，同时在回想有关登山的背景知识，可能是他原来登过高山或登过高，有这种现实经验，也可能是他读过类似的文章描写。"乱石穿空，惊涛拍岸，卷起千堆雪。"一个从没见过大海的人，也没读过类似的描写，他会问，哪来的雪呢？

以理解他你读得越多，理解力越好；理解力越好，就越喜欢读，就读得越多。你读得越多，你知道得越多；你知道得越多，你就越聪明。你越聪明，在校学习的时间越长。

朗读简直有神奇的效果。卡索拉出生时由于染色体受到破坏，导致脾脏、肾脏和口腔都有缺陷，直到3岁，才能用手握住东西，医生们都诊断她是"心智及身体生长迟缓"，建议把她送到特殊的收容机构去。然她的父母的做法是，每天朗读14本书给她听。在她5岁大时，心理学家发现她的智能发展超出了一般孩子的平均水平，而且社交适应能力良好。

书中这样的例子很多，对婴幼儿，对残障儿，对监管的特殊少年，对特殊家庭的孩子，朗读都起到了改天换地的作用。

SSR持续默读法，一名初中校长使用这种阅读方法，将该校成绩从最后一名提高到第一名。如今日本有3 500所中学采用这种方法。

影响学生阅读成绩的因素主要有两个：老师对学生朗读的频率和学生在校持续默读的频率。

二、语文课文与朗读

有的课文，如朱自清的《春》和《匆匆》，也许只适合在诵读中欣赏，在声音里感受，并且也只有在声音艺术的不断感染之中，才能发现那字句选择安排的美妙。当年朱自清先生写过多篇文章谈论诵读和朗读，他早期亲自用散文为他主张的"用笔如舌"做了不少实验，最突出的实验作品就是《春》和《匆匆》。试想，教学中，把《春》中的"景"抽象出来欣赏，什么春花图、春风图、春雨图呀，什么比喻、拟人、排比呀，还有短句、倒装句、叠词运用啊，杂糅在诵读之中的这些写作知识，破坏了整体画面的感觉。即便是课堂上的齐声朗读，也会把春的那种清新味给读混了。所以，我们切不可将分明是"口语说话"教成了"书面文章"，尤其不可再操刀解剖，切成片段，并津津乐道修辞和写作知识，那就完全违背了作者的初衷了。对于这类课文，教师只需要原汁原味地教学生朗

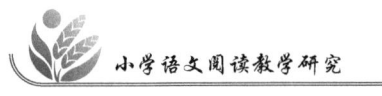

诵、朗读，任何内容的分析解读都不需要，只要指导学生读得声情并茂，读得滚瓜烂熟，读得春天仿佛就来到了眼前，那么，这将很可能会是一堂十分出色的语文课。

很多教师认为学生读书的功利思想太严重，总觉得我拿出课堂时间来读书了，就不能白浪费这时间，所以经常是要么让学生谈谈感受，要么回答个问题，感觉只有这样，学生才会听得认真。读了这本书才知道，大可不必这样，罗伯特·艾伦博士的例子证明，纯粹、地道、不受干扰、随意且有目的的阅读更有说明力。

老师是"最后的希望"，是孩子"在步入成年之前的最后一个加油站"。如果老师能找到方法让孩子享受阅读的乐趣，养成终身阅读的习惯，那么孩子就有较大的机会健康成长，并能用正确的方法教育自己的子女，这样也就为未来的老师减轻了负担。

三、倡导阅读

从现在开始给你的孩子朗读吧，给你的学生朗读吧，你的孩子正在上幼儿园上小学，你的孩子已经上了中学，即使你的孩子只有8个月大。

如果你的孩子现在还不爱看书也没关系，很可能是他还没遇到能打动他心灵的那本书，那本书可以叫作阅读的启蒙书，也可能是环境还没影响到他。如果你的孩子只喜欢看漫画书也没关系，一项研究结果显示，各年级里几乎所有优等生看的漫画书都比成绩差的学生多。培养良好的读书习惯固然越早越好，但不是说晚了就没希望了，苏荀27岁开始读书，不也成了唐宋八大家之一吗？

儿童心理学专家俞国良说过：如果您为人父母，每天拿出一刻钟，与孩子共读，孩子会拥有不一样的人生；如果您身为师长，能给予孩子的除了良师、书籍与教室之外，还有什么比创造出爱读书的校园环境更让人倍感自豪的？从现在开始，与孩子一起分享朗读的乐趣吧！

【分析与实践】朗读与朗诵

【分析】朗读、默读与朗诵

朗读是出声的阅读，默读是无声的阅读。朗诵也是出声的阅读，但它是一种艺术化了的阅读。三者都是语文素养中的必备素质。明确三者的概念、特点及联系，根据不同的学习材料和学生的不同特点来培养这三方面的能力，对语文教学具有十分重要的意义。

一、朗读

朗读是用声音再现文本内容，不仅再现文字，甚至连标点符号、行文格式等都要再现出来。一切文字都可以作为朗读对象，长到一篇长篇小说，短到一个字、一个词。它只是传递信息，所以要"照本宣科"，把"沉默"的字、词、句、章转换成有声语言。

朗读要求普通话说得标准，正确处理好停顿、语调、语气，做到不添字、不漏字、不回读、不颠倒语序、语调平稳，还要"眼口不一"，即嘴读到这一句眼已看到下一句。

朗读时要把自己的心放到文章中去，要和作者想在一起，把作者的思想感情表达出来。

二、默读

默读要求是边默读、边思考，并有一定的速度。由于省去了发音的动作，速度快、环境安静、互不影响，所以便于集中精力地思考、理解读物的内容，也因此不易疲劳，易于持久。默读应用范围十分广泛：读书报、查资料，看通知、布告、信件等，都要用到默读。

默读要做到"眼到、心到、手到"。"眼到"就是要认清每一个字，不能一目十行，以免养成不求甚解的不良习惯。"心到"就是集中注意力，一边读一边想，理解词句的意思和内在联系。"手到"就是在默读时，边读边动笔，画出重点词句，标出段中的层次，记下自己不懂的问题，提高默读的效率。

默读可参考使用如下几种方法。

1. 带着问题读书。读书前，思考一下自己对这本书需要了解什么、得到什么等。然后一边阅读一边寻找自己想要获得的信息，其他的便一带而过。

2. 从感兴趣的章节开始读。枯燥的你不感兴趣的地方可跳过去，从自己感兴趣的精彩处看去，从作者正式阐明的观点、自己想了解的内容入手，然后紧紧抓住其主要部分进行精读。这样可节约时间，多读些书，还可以避免一下子遇到过难的内容而半途而废。

3. 多读推理小说能训练阅读速度。推理小说故事吸引人，进入大脑的单词量比内容深奥和陌生的书要多一些。像这样的书在休息时或睡觉前读一些，钻进文字堆里，不但不是负担，还能使你掌握速读方法，对阅读其他书籍大有帮助。

三、朗诵

朗，即声音清晰、响亮；诵，即背诵。朗诵，就是用清晰、响亮的声音，结合各种语言手段来完善地表达作品思想感情的一种语言艺术。

朗诵是口语交际的一种重要形式。朗诵不仅可以提高阅读能力，增强艺术鉴赏力，还可通过朗诵陶冶性情、开阔胸怀，培养对语言词汇细致入微的体味能力。

朗诵是一种再创作活动。它不是脱离朗诵的材料去另行一套，也不是照字读音的简单活动，而是要用有声语言传达出原作的主要精神和艺术美感。不仅要让听众领会朗诵的内容，还要使其在感情上受到感染。

朗诵时，一方面要深刻透彻地把握作品的内容；另一方面，要合理地运用各种艺术手段，准确地表达作品的内在含义。"停顿、重音、语速、句调"是其常用的表达手段，除此之外，还得借助一些特殊的表达手段，例如笑语、颤音、泣诉、重音轻读等。

四、三者的区别、联系及在教学中的应用

1. 朗读和默读。朗读和默读是既相互联系又各有特点的阅读活动。为了更快掌握读物的内容，人们在日常生活中便更多采用默读的方式。朗读或是为了发展自己的阅读能力，以便进行自我检查，或是为了读给别人听，因而就要读得精确并富有表情。

从阅读能力的发展过程来说，朗读为默读准备了条件，默读是阅读的高级阶段，但朗读又可以用来作为检查默读的手段。学生的朗读水平在一定程度上代表着其语文能力。但默读又是创新的源泉，人的一生，大量的知识来自于书本，大量的书刊是每个现代人所必读的。学生的阅读速度往往是与其语文成绩成正比的，同时也和其课外阅读量及知识面成正比的。

教学中，在什么情况下需要朗读，什么情况下需要默读呢？

一般地说，首先是低年级应以朗读为主。低年级儿童的内部言语没有很好地发展起来，注意力不稳定，要靠朗读出声的言语来组织思维和依靠生动的音调来理解所读的东西，使自己对教材的注意保持稳定，从而把书面文字的感知与它的含义联系起来。

第二是刚接触的课文或检查预习时应朗读。只有出声地读才能检查能否正确地读出字音，"正确地读"是理解课文的前提。

第三是为了发展学生想象力，增进学生的文字鉴赏力，体会文章的思想感情，应有感情地朗读课文。

第四是要求背诵的课文应先朗读。朗读可以建立并促进学生视觉、听觉、思维三者间的联系，提高记忆的速度，所以背诵要建立在正确、流利、有感情地朗

读的基础上。

除上述情况外，一般都需要采用默读。开始学习默读，要朗读训练和默读训练配合使用，到高年级则应把默读训练作为重点。默读既可以回视或重复看，又便于学生思考，应成为高年级尤其是初中以上程度的学生阅读教学的重要方式。

如果说朗读是语文学科所特有的教学方式，那么默读则是学习语文及其他学科中普遍采用的方式，语文学科的工具性就是通过默读的方式体现的。学生的默读能力和默读习惯关系着学生整个乃至一生的学习质量和学习进程。因此语文教学要特别加强默读训练。

目前，绝大多数学校，尤其是中学都有语文早读时间。学校一般要求语文早读要书声朗朗，有的还要求齐读。事实上这是不具体问题具体分析的僵死的带有形而上学色彩的教条主义规范。

2. 朗读和朗诵。朗读是一种再现，朗诵是一种再创造。朗诵的要求比朗读要高。

具体地说，二者的共性是：都以书面语言为表达内容，以口头语言为表达手段；都是把书面语言转化为口头语言的一种语言再创造；都要求深入理解作品，字音正确、语句流利，语调、语气和谐，用普通话充分表情达意。

二者的区别是：首先是选材种类不同，朗读的选材十分广泛，而朗诵在选材上只限于文学作品，并且只有辞美、意美、脍炙人口的文学精品，才适合朗诵。

第二是应用范围不同。朗读是一种教学宣传形式，主要用于课堂学习和电视、电视台播音等。而朗诵则是一种艺术表演形式，多在舞台上、文娱活动中使用。

第三是表现形式不同。朗读要求平实、自然，可以边看边读，目的是准确表达原作的思想内容。朗诵则要求生动、优美，脱稿成诵，面对观众，语音动听悦耳，态势语言和谐优美，眼神、表情、手势等自然大方，既传达作品的思想感情，又能引起听众的共鸣，目的是在于艺术表演，使听众受到思想感情熏陶和美的享受。为了增强表演效果，往往还需化妆、配乐、舞台灯光、背景等。

综上可知："朗读、默读与朗诵"同样是"读"，但读的方式方法及其作用却是各自不同的。只有掌握它，才能教好它，学好它。

【实践】请打开小学语文课本，想象你就是一名教师，面对学生，你会怎样进行朗读？

在手机上下载《喜马拉雅》《为你诵读》等APP，尝试将你的朗读录制下来，并分享到班级微信群中。

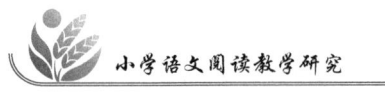

【研究报告范例】小学蒙学读物的教学价值分析

提示：这是一篇"理论探讨类"的文章，是试图对教育教学的某个问题进行深入的理论探讨。从内容上看，是蒙学读物在当今教学中的价值的探讨，其意义和价值在于为进一步的教学应用研究和教学课例开放提供指导。从结构上说来，由于作者能力所限，理论基础较薄弱，选用了以《三字经》作为典型范例的方法展开论述，这个论题的写作需要较深厚的中文和教育理论基础，结论部分，作者如何在当代教学中应用古代蒙学素材的分析讨论尚需深入。

这类教学研究论文的形成过程，需要做好3个方面的工作：一是在教学和对教学的思考中发现问题，不管是偶然触发还是长期思考，都要有疑则问，同时对问题要找得准确。二是对所发现的问题要结合相关的理论收集材料，深入分析问题的性质、根源等。三是要通过分析形成一定的解决问题的结论。

正文：

小学蒙学读物的教学价值分析——以《三字经》为例

赵秀秀

一、蒙学

蒙学，是对我国传统的幼儿启蒙教育的一个统称。与小学、大学并列，是我国传统教育中的一个重要阶段。蒙学有狭义和广义之分，广义上讲，泛指古代启蒙教育，包括其教育体制、教育方法、教材等内容；狭义上讲，专指启蒙教材，即童蒙读本。

蒙学教育的基本目标是培养儿童认字和书写的能力，养成良好的日常生活习惯，能够具备基本的道德伦理规范；并掌握一些中国基本文化的常识及日常生活一些常识。另外，蒙学也指蒙馆、启蒙的学塾，相当于现在的幼儿园或小学。

二、蒙学读物

中国古代专为学童编写或选编的，在小学、书馆、私塾、村学等蒙学中进行启蒙教育的课本。又称蒙养书、小儿书。中国传统蒙学读物主要有《三字经》《千字文》《百家姓》等。传统的蒙学读物在编写方式上基本都是：将一定数量的字编成比较对称、押韵的三字、四字的篇章，使人读起来朗朗上口，用字重复率极低。利用传统蒙学读物引导学生读书，增加他们的阅读面。通过学生掌握大量的生字，提高阅读兴趣。低年级阅读教学更是以"诵读儿歌、童谣和浅近的古诗，展开想象，获得初步的情感体验，感受语言的优美"作为重点。

三、蒙学读物的价值

中国传统蒙学读物独具特色，编写经验极其丰富。蒙学读物中包含中国传统美德、历史、社会等方面的内容，具有极大的学习价值。

1. 知识教学和品德培养紧密结合

有的蒙学读物侧重品德修养，又尽量充实知识的含量。如《三字经》，三字成句，文字简练，概括极强，通俗易懂，便于记诵。先讲学习与教育的重要性，接着讲伦理道德规范，有囊括了多方面的知识，诸如名物常识、历史变迁、朝代更替、帝王废兴、经史子集、日用知识，一应俱全，如："经子通，读诸史，考世系，知终始，自羲农，至黄帝，号三皇，居上世……"便讲述了中国的历史变迁。因此被誉为"千古一奇书"，成为一部集萃古代文化知识的百科全书。

2. 巧妙运用中国语言文字

巧妙精准地运用中国语言文字的特点，提高蒙学读物的易懂易记性。中国语言文字的突出特点是音、形、义结合，蒙学读物多用韵语，读来朗朗上口，听来铿锵悦耳。许多蒙学读物几近白话，吸收许多民间流行的成语、谚语、俗语，通俗易懂，切与实际。如《三字经》：玉不琢，不成器；人不学，不知义……用极其通俗的字眼来讲述道理。

四、《三字经》的教学价值

1. 《三字经》介绍

《三字经》是我国元、明、清时期广泛流传的蒙学识字课本，是古代蒙学教材中最有代表性的一种。它的作者是我国南宋时期著名的学者、教育家、政治家王应麟。

《三字经》的主要内容分为6个部分：①从"人之初，性本善"到"人不学，不知义"，讲述的是教育和学习对儿童成长的重要性，正确的教育方法对儿童的健康成长具有重要意义。②从"为人子，方少时"到"首孝悌，次见闻"讲述的是以黄香和孔融的例子提醒儿童要懂礼仪、孝敬父母、尊敬兄长。③从"知某数，识某文"到"此十义，人所同"介绍的是生活中的一些常识，方方面面，一应俱全，而且简单明了。④从"凡训蒙，须讲究"到"文中子，及老庄"介绍中国古代的重要典籍和儿童读书的程序。⑤从"经子通，读诸史"到"通古今，若亲目"讲述的是从三皇至清代的朝代变革。⑥从"口而诵，心而维"到"戒之哉，宜勉力"强调学习要勤奋刻苦、努力学习，只有打下良好的基础，以后才会有所作为。

2.《三字经》的教育价值

第一,《三字经》开篇"人之初,性本善;性相近,习相远"讲述了教育的重要性,接着又论述了教和学的重要性。有利于小学生认识的学习的重要性,激发学生的学习兴趣。

第二,《三字经》第二部分讲述了儿童须知的伦理道德,强调了对儿童的德育启蒙的重要性。其中的"为人子,方少时;亲师友,习礼仪……融四岁,能让梨;弟于长,宜先知"对小学生的道德教育具有重要意义,有利于小学生学习礼仪,增强小学生的道德意识。

第三,《三字经》的第三部分讲述了一些生活中的常识知识,促进了学生的智育发展,使小学生了解一些生活常识及基本的数学知识,为小学生以后的学习生活打下了基础,并拓宽了小学生的知识视野。

第四,《三字经》的第四部分提出来蒙学教学的基本内容,介绍了"四书、六经、五子",它提出来分阶段读书的目标和要求,起着动员儿童努力读书学习的作用。它介绍古代学者和经著,对于普及文化典籍知识起了积极的作用,有利于学生对古典文化典籍的学习和认识。

第五,《三字经》的第五部分讲述了中国的历史更替,这对于小学生了解历史知识、增强民族凝聚力、弘扬民族传统文化,起着十分重要的作用。有利于培养小学生的集体意识和爱国意识,让小学生继承中国传统文化。

第六,《三字经》最后一部分讲述了学习的重要性,并且通过讲述历史上的奋发勤学努力取得成就的任务故事,激励小学生努力学习,做一个有所作为的人,强调了学习的态度和目的。并且这些故事具有启发性和教育性,对社会具有重要的影响意义,是我们民族精神的重要组成部分。

作为蒙学教材的《三字经》中的许多概念虽然已经无法适应现代社会的要求,但其内在的巨大文化价值还是值得我们借鉴和学习的。

五、总结

古代蒙学读物对现在的教学具有重要的意义,虽然时代在不断变迁,但我们仍要继承传统。《三字经》中所宣扬的重教重学、尊敬师长、友爱兄弟、孝敬父母等教育思想,是中华民族的优秀传统,是我们应该加以继承和发扬的,也是值得我们今天的教育所学习和借鉴的。因此,蒙学读物的教学具有重要意义。

古诗吟诵与解读欣赏：

　　静夜思　　九月九日忆山东兄弟　　江南逢李龟年

专题七
儿童创意阅读活动

创意阅读的理念，应当包括两个层面的含义：一方面，是指儿童阅读的内容本身具有很强的创意，通过书籍的创意来激发儿童阅读的兴趣，让儿童在阅读中发现和感悟作者的创意，获得阅读的快乐并产生持续的动机愿望；另一方面，要求儿童的阅读过程充满了创意，教育者指导儿童阅读重点，应当是将一般的读书学习变成富有创造意义的活动过程，引导儿童在阅读学习中充分想象和创造，最终将儿童培养成为会自主阅读、具有创造精神的人。

实践中，可将综合实践活动与课外阅读密切联系，把课外阅读主题拓展为综合实践活动主题，在主题中深入课外阅读活动，深化阅读教学实践，引导学生通过课外阅读解决综合实践活动中的探究问题，这样，既能丰盈综合实践课程活动的内容，更有助与学生创造力的保护和阅读素养的提升。创意阅读活动的最终目的是帮助儿童养成自主阅读的能力，活动中应注重运用创意阅读的方法来培养幼儿的自主阅读能力，让儿童学会阅读，学会想像、学会创造，充分体现儿童创意阅读教育的价值。

材料1：读写一体的教学研究

又是一周伊始。

当课代表把一叠厚厚的随笔本齐刷刷地放到我的办公桌上时，我正陶醉在《塞北的雪》那粗犷又优美的旋律中。随手拿起一本，一看，是那个机灵可爱的陈家辉同学的。等我翻到了《北国之恋》一文，立即被他洋洋洒洒1 000多字的描写吸引住了。他回忆了自己在甘肃兰州度过的一段难忘的童年往事，感情真挚，描写细腻，轻重有致。特别是描写雪景的一段，更是妙笔生花，妙不可言。他写道：

"瞧吧，那晶莹的雪花像小银珠，像柳絮，像芦花，纷纷扬扬，为我们挂起了白茫茫的天幕雪帘。它那飘逸洒脱、冰清玉洁的风采，是那么优美动人。它是仙女撒下的碎玉，是月宫桂树的缤纷落花，是翩然起舞的白蝴蝶。那一排排树木都自豪地绽开了满树银花，在阳光的照耀下闪烁着微紫色的光芒。落光了叶子的杨树、柳树上挂满了亮晶晶的银条儿；四季常青的松树、柏树上，缀满了蓬松的银珠；矮树丛上盖满了厚厚的积雪，远远望去，像北极熊，像大象，千姿百态，各具神采。真是"忽如一夜春风来，千树万树梨花开"呀！一阵寒风吹来，树枝微微颤动，那玉树琼枝就发出"叮当"的声响，如同扬琴奏出的美妙乐曲。那纷纷落下的玉屑儿，映着朝阳闪耀着缤纷的色彩。多么美轮美奂的"玉雕"工艺品啊！……

看到此处，我的思绪不禁又回到了前不久上的一堂课上。

那堂课上的是一篇文言文《咏雪》，短短72个字，却删繁就简，浑然天成，而且格外有趣。文中写的是晋代名相谢安，为了试验子侄的才思谁个敏捷，于大雪之日，出一诗题："大雪纷纷何所似？"侄子谢朗答曰："撒盐空中差可拟。"侄女谢道韫则曰："未若柳絮因风起。"我让学生比较这两个比喻优劣之后，就让学生展开想象的翅膀，再用其他的一些比喻去形容雪。结果，那堂课内同学们的答案丰富多彩，而且每个比喻都出乎我意料的精彩。

王湘君说：雪是大地最慈祥的母亲。它总是不缓不急地悠悠飘落，织成一件厚厚的雪绒衣，给大地披上温暖的冬装。

张超群说：片片雪花就像一只只白蝴蝶，在苍茫的宇宙间漫天飞舞，装扮银光闪闪的世界。

包韶睿说：雪就像调皮的小捣蛋，一会儿去扯树爷爷的胡须，一会儿去拉菜姐姐的衣裳，一会儿又去吵醒正做梦的种子弟弟。

陈忆婷说：雪就像一群快乐的小天使。他们穿着洁白的衣裳，下凡到人间玩耍。

厉建芬说：大雪纷飞，铺在丘陵上就像是白浪翻飞，落在树梢上又像是梨花盛开。

陆瑶说：雪花犹如吐絮的棉朵，千朵，万朵，纯白，晶亮；又像是蒲公英，顶着白白的小花伞，随风飘飞；还像是芦花、白菊花、雪绒花……

……

还有很多，很多，同学们的回答令我不得不佩服学生的想象力。其中像白蝴蝶、蒲公英、芦花、雪绒花、碎玉屑、月桂的缤纷落花等美丽的意象，还有白浪翻飞、小天使下凡、小捣蛋顽皮等丰富的联想，都让我由衷地叹服。

而现在，眼前陈家辉的这段雪景的描写正是得益于那堂课。这学生聪慧灵气，又用心，他简直成那堂课的集大成者了。

读着他的随笔，我感到如此的欣慰，又是如此的自豪。看他通篇的描写，简直超过了他的老师。"弟子不必不如师，师不必贤于弟子。"这是古人的教诲。也记得有位棋手在一次大赛上被自己的徒弟打败之后说："教的学生赢了自己，才是真值得骄傲的事。"多么宽广的胸怀，多么富有远见卓识啊！

看来，只要学会放手，学会给学生插上飞翔的翅膀，再给学生一个自由飞翔的空间，他们都会很棒，会很出色的。

【问题】阅读与写作之间是什么关系？

【解析】写作是一种表达方式

学生只有在参与了知识与智慧的生产的时候，他们才会对学习产生刻骨铭心的爱。因此，教育应当使学生在学习过程中像研究者一样地去工作、思考和发展。如果学生在积极的学习过程中不断建构自己的理解和概念，那么他们的学习将取得最佳的效果；如果学生致力于生产性学习，并能通过自己的发现建构意义。那么，他们就能将语言学习与实际生活相联系，达到学习的最佳效果。

语言体验教学法（language Experience Approach）可以帮助学生发展语言技能，它是一种有意义的、令人愉快的群体性教学方式。它使学生能够运用书中语言，谈论自己的生活经历，从而将知识结构个性化。词语和语句只有在运用的过程中才能在学生头脑中实现深加工，所谓深加工（deep processing）即指学生在高认知水平处理信息或从个人层面处理信息，只有通过丰富的活动、开放的话题，才能让学生有话题可说、说想说的话，表达自己的想法。教师透过学生的表达，来考察预设的教学的目标和生产性学习目标的达成情况。

深圳新安中学的吴泓老师在高中语文教学中突破应试教育的藩篱，十几年间完成了从单篇、单元注入式到专题研究性学习的转变，提出来精神言语共生的语文教学观。从传统到现代，人类对语言的认识在不断深化。传统语言学、语文教学强调语言是表达思想的工具；现代语言学、语文教学则认为，语言是主体进入世界的方式，也是世界向人类展示其本质的方式，所以语言是一种本体论性质的媒介。吴老师认为言、意是一体的，就学生个体掌握和运用语言的过程而言，语文学习就是一个"就言而得意"到"据意而择言"的过程，一个通过言语世界的学习和拓展达到精神世界的深邃和丰盈的过程，简而言之，就是"精神和言语共生"的过程。在不同的学段,进入"共生"的切入点不同,达到"共生"的途径和方式也相异。如果说从小学到初中阶段,是从"言语"这一面切入,从言语技能的学习去领悟作品的思想、精神、意蕴,培育学生积极健康的情感态度,即侧重于先技后道、由技悟道,更多地体现语言的工具性。"精神和言语共生"的"共生性"才是语文学科的特性,由此吴老师一直主张"经典阅读,专题研究,读写一体,言意互转,精神和言语共生",并在其语文教学实践中取得了丰硕的成果。

【资料】K-W-L（know，want，learn——知道、想要、学习）策略

美国斯托尔特高中非常关注阅读,成为国际公认的成功典范。他们非常重视孩子的阅读基础,在对新来的教师进行在职培训时,他们让教师学会了一些核心的策略,如:文章理解训练的K-W-L（know，want，learn——知道、想要、学习）策略,也就是要求学生简单记下在阅读之前他们对这个主题知道些什么,在阅读和讨论的时候他们想要知道什么,以及最后他们学到了什么或者还想学到什么。

好的读者不仅擅长阅读和理解文本,只要情景需要,他们的阅读还更有目的、策略和思想。因此,一个被称作"策略教学"的宏大的教学计划就起源于这种认识。他们的效果在许多调查中已被完全证实。美国国家读书协会对这种方法进行了积极评价,一系列认知（怎样做某件事情?）和元认知（怎样监控这件事是否帮助了理解?）策略已经出现在了阅读中。

阅读的策略包括以下几个方面:理解监控、合作学习、图形组织者、故事结构、问题回答、问题生成。

当学生用语言公布自己的想法来建构对文本的理解,并且认识到,当自己不理解时自己能有所意识并去寻找解释,这是很重要的。

例子:在五年级学生课堂上为了这个单元的学习,教师选取了一套13篇与自由和奴隶制度相关的文本（传记、图画书、电影和歌曲）。因而,里德实施了与主题相关的文本原则来帮助学生抓住大观点。在读完其中两篇文本后,一个学生提出了一个问题,从而引发了一场生动的扩展性讨论。

亚伦:谁知道自由的真正含义?

（……）

老师:很好,亚伦。你为什么提出这个问题呢?

亚伦:我提这个问题是因为每个人,每一个谈论过这类问题的人,我听到的几乎都是相同的说法。

(……)

老师：好的。请稍等一下，我写下你的问题，因为我觉得它非常好。谁真正知道自由的定义？它是正确的吗？有谁能回答亚伦的问题？

亚伦的问题表明他看出了同学们在讨论过程中的评论与手头文本以及中心主题之间的联系。对相关文本大观点的思考给亚伦提供了提出这一问题的环境。另外，在最初的交互中，教师扮演的不是一个说教者的角色，她更多的是扮演了一个帮助学生建构文本大观点的指导者的角色。这一点可以从她对亚伦的回答、她对问题的记录以及她怎样把讨论转回到学生中这些方面明显地反映出来。老师鼓励学生围绕亚伦提出的问题进行讨论。尽管她控制着一些顺序的进行，但是学生对会话拥有概念上的控制。

随着讨论的继续进行，其他学生也提出了更多的想法。

尼尔：好的，对于亚伦提出的问题，字典里对自由给出了定义，不过字典并没有说这是唯一的定义。很多人有不同的看法。正是因为《韦伯斯特大辞典》里说自由意味着某些可能会也可能不会变成现实的东西，因为我们都有自己的见解。像自由这种问题……实际上，我并不认为我们能以我们自认为最好的方式来定义它，因为在我们的生活中我们还从未真正地有过完完全全的自由。

亚伦：这正是我在尝试做的。

老师：好的，下一个谁有问题？艾丽西娅？

艾丽西娅：我的看法是自由各种各样的定义。它取决于你对谁谈论这个问题，如果对一个不如你自由的人来说，那自由对他来讲与更自由的人相比有不一样的含义。

在这个部分的讨论中，学生与学生以及学生与老师之间有着清晰地交互。他们将自己的思考公布于众，解释了自己的想法，给自由这个概念增加了多维度的含义。正如达米科和里德所看到的，尼尔质疑把字典作为信息来源，并解释了把个人经验与文本相联系的重要性。同样地，艾丽西娅指出了社会情境的重要性，并萌发了自由应该有不同的含义的想法。通过分享他们的思想，学生开始共同建构对文本的理解。这种理解既折射了文本的思想，同时又超越了文本本身。

这些讨论对观察者来说可能是非常自然的，事实上教师却做了大量细致的规划和安排。它们针对相关想法和概念展开，聚焦于学生的投入并对它们的投入作出回应，鼓励更高水平的参与。教学会话与背诵问答式的讨论模式形成极大反差，在背诵问答式的讨论模式中，老师提出一个问题，一位学生作答，然后教师评价这个回答，接着教师提出下一个问题，依次循环往复。相反地，教学会话开始于已知的知识，鼓励学生协同建构知识。和共享探究讨论一样，教师的角色不是提供答案，而是通过阐述、必要的时候调节轮次，以及让学生更深入地思考会话的相关方面，为学生的学术讨论语言建模。

理论点1："口语交际"与"阅读教学"

口语交际属于言语交际范畴，所谓口语交际，是"人们在特定语境中，为完成某种特定的交际使命，针对特定对象，借助于标准的口语有声语言和非口语态势语言进行的听说沟通、双向反馈的一种实践活动。"口语交际是融"听说""交际"和"语境"三部分于一个有机整体的。

根据"课程标准"精神，口语交际能力培养的渠道有三：

一、利用语文教学的各个环节有意识地培养学生的口语交际能力；

二、在课内外创设多种多样的交际情境，让每个学生无拘无束地进行口语交际；

三、鼓励学生在日常生活中积极主动地锻炼口语交际能力。

《课程在教标准》在"教学建议"中指出，提高学生口语交际能力的主要途径之一是要坚持在教学过程中锻炼学生的口语交际能力。小学生学习和提高口语交际的途径除了从社会交往中学习之外，最正规的学习和提高途径应当在语文课堂。从语言教学的角度看，口语交际训练的主要渠道是课堂教学，因为课堂教学是有目的、有计划、科学有序的。

在教学过程中，教师要多创造口语交际机会，不要仅仅训练教材中安排的语言实践，还更要深入钻研课文，挖掘课文中有利于培养口语交际的因素，因为课文为我们提供了很丰富的资源。以教材中的课文作为口语训练的素材，把语言形式的运用和课文内容有机的结合，既活化小学生对课文的理解、促进阅读，又有机训练口语交际，还能培养小学生的想象和思维能力。如此说来，就文取材，可谓一举多得。

从信息论的角度看，阅读是获取信息的主要手段，是"信息的输入"。在阅读的学习活动中，学生能够学习语言，吸收词汇，摸索语法规则，及感悟、吸收他人的思维方式和表达方式等，从而为说创造了条件。在阅读的过程中，由于吸收了他人的表述内容和表达方式，进行了这些方面的建构，学生可以将阅读到的、感悟到的信息转化为内部语言，将阅读得到的素材，迁移口头表达的材料，通过思维的逻辑转换，就为说提供了口语交际的内容和方式。口语交际是将已有的语文知识技能在实践中应用，又在应用中获得新知，提高能力的过程。它作为教学活动的一部分，与课堂教学相辅相成，缺一不可。因此，对于"说话"这件事绝不能只让儿童"随便去摸索"，而应该"由学校里特意训练"。"随便摸索"多数只能达到"能够说话"，"特意训练"才能达到"善于说话"。

"口语交际"与"阅读教学"紧密相连，阅读教学理应成为提高学生口语交际能力的主阵地之一。口语交际能力的发展是一个长期的过程，占语文课时最多的阅读教学，其实质是教师、文本、学生三者互动的过程，在此过程中培养学生的口语交际能力，不仅责无旁贷，而且意义重大。在阅读教学中培养学生的口语交际能力，我们应该树立"以学生为本"的新课程理念，并把这种新的教学理念融入课堂教学中，在课堂上努力构建开放而有活力的学习氛围，使学生学得生动，学得活泼扭转教学中重读写轻听说的倾向，加强学生的口语训练，切实把口语交际教学视为提高学生能力的一条途径，在具体的口语交际情境中，培养学生倾听、表达和应对的能力，使学生具有文明和谐地进行人际交流的素养。

通过阅读教学与口语交际教学的有机整合，学生的口语交际能力在阅读教学中逐步得到了锻炼和提高。实践证明，在阅读教学中运用口语交际这种形式是很适合的，原因有三：其一，很多课文非常适合用对话交流，而且用对话交流不但能帮助学生理解课文，还给他们留有创造和想象的空间；其二，口语交际是语言文字的一种表现形式，阅读就为其创造了得天独厚的条件，课文中的语言文字为口语交际提供了内容。以书面语言文字为依据，学生在阅读的基础上将书面语言文字内化为自己的语言；其三，学生是非常喜欢运用口语交际这种形式的。教师要依据小学生的认知特点，充分利用教材的优势，抓住课堂教学这一主阵地，设计出面向全体学生，能激发全员参与热情的训练方法，扎扎实实提高学生的口语交际能力。

理论点2：课程整合（课程统整）的性质与型态

学校应该教什么，其中涉及既要将课程加以划分为不同的学科或科目，又要确保这些分立的部份能够紧密地连贯（coherence）或统整（integration），则是课程计划者经常面临的两难议题，也是历次课程改革的陈年话题。例如中国台湾教育部（1998）颁行的"九年一贯课程纲要总纲"（以下简称"总纲"），即将统整课程作为当前改革的重点与今后教育发展的方向，主张将现行学校的课程结构和当代社会的新兴议题（例如两性、人权、环保、信息等）加以整合为七大学习领域，并鼓励学校和教师打破学科界限，实施主题式或合科的教学（游家政，1999）。

统整课程的确可为国民教育带来一片生机，但是课程的改革并非只是"课程标准"或"课程纲要"的研修，更重要的是要落实在学校和班级里。因此本文即以课程统整为范围，并从学校实务的立场，首先分析课程统整的性质，其次探讨学校统整课程的型态和规划步骤、教学要素与实施策略，最后则以未来的展望作为结语。

一、统整课程的性质

"统整"（integration）一词源自拉丁文"integrare"，意指"使其完全、圆满（to make complete）"；或指"透过构成部分（parts）或要素（elements）的添加与安排，使其成为一种更完整、和谐或统合的存在或实体"（Gove 等，1977，1174）。就字义而言，系指在概念上或组织上将分立的相关事物合在一起或关连起来，使其成为有意义的整体。将统整的概念应用到教育上，并不是新鲜的创举，中国台湾地区国中小学课程中的"团体活动"和生活教育，近年来部份县市推行的"开放教育"或"田园学校"，以及教育部正推动中的"乡土教学活动""小班教学精神""教训辅三合一"等，也都具有统整的精神。

但是，由于"课程"的概念内涵相当丰富，大家对统整也少有或没有共识，而且又没有一个广为大家认可的权威性定义，以致统整课程经常流于源源不断的教育口号。不过，明确定义的缺乏并未妨碍教育者，将统整视为一个有价值的教育目的或教育理念。本节即尝试从众多观点中归纳出以下几项特质。

（一）统整课程是"被整合的"教育经验

"统整"系一种完美（prefection）、圆满（completion）、完整（wholeness）的达成状态，它存在于一种统合的共同知识。这种统合的知识可以经由学校安排"整合过的"（integrated）教育经验，让学生能够掌握组织（统整）的基础（Asbeck, 1993, 10）。因此在课程设计上，经常采取学科内或学科间的联结（connection），直接告诉学生联结之处，或提供经验让学生去"发现"预先设定的联结。即使学生当下未能"明了"联结的所在，在未来的学习也会因累积足够的理解后察觉。

状态的统整观反应在课程设计上，即 Good（1973，159）所界定的"统整课程"（integrated curriculum）："一种课程组织，贯穿学科教材的界限，关注广泛的生活问题或宽广的学习领域,将各种分割的课程组合成有意义的联结"。或者指"课程成分的横向联系或水平衔接,希望让特定的课程内容能够和其他的课程内容建立融合一致的关系,让学生能够把所学的各种课程贯串起来,了解不同课程彼此之间的关连性,以增加学习的意义性、应用性和效率性"(黄政杰,1997)。

因此,跨学科(cross-disciplinary)、科际整合(inter-disciplinary)便成为促进课程统整的主要方式(黄政杰,1997;陈伯璋,1995;Beane,1991;Fogarty,1991;Jacobs,1989;Klein,1991)。而相关课程、广域课程和萌发课程(emerging curriculum)、融合课程和超学科研究(transdisciplinary studies)等,则相继成为各种学校课程的组织形态(Glatthorn和Foshay,1991)。

(二) 统整课程是"自我整合的"教育经验

统整为一种历程,意指持续的、理解的、互动的调适,强调学习者在统整过程中的原始角色。因此,课程统整是要提供学习机会,让学生以他们的方式去组织、关联或统合学习和经验(Asbeck,1993,11—12)。换言之,"自我整合的"(integrative)教育经验也就是要让学生去建构他们自己直接经验的统整,并在寻找有意义的组织和后续经验的关系中,发展某些能力和获得满足。

历程的统整观反应在教育上,主张知识和能力是由学生经由操作与体验而建构出来的,而非由成人灌输填充而得。因此,统整课程并不只是对学科或科目做外貌的改变或重新编制,而是学校教育目的和内容的方式,包括资源、课程、以及知识的应用(Beane,1995)。在课程设计上,则有Jacobs(1989)所谓的"统整日"(integrated day)、"完全方案"(complete program),或Brazze和Capelluti(1995)所称的"超越自行统整的课程"(beyond integrative curriculum)。

不过,状态观和历程观二者并非对立,而是可以视为互动关系,即被整合的教育经验与自我整合的教育经验二者经常是交互作用的。更重要的是提醒教育工作者,统整必须从学习者的立场而非课程设计者或教学者的观点。

(三) 统整课程是基于"学习"的本质与"学习者"的需求

将学校课程依照成人世界的逻辑或通则,划分为不同的学科或科目,虽然有利于系统知识的教学与学习,但却忽略个人的生活世界,尤其不符合儿童的认知结构和生活经验。杜威即认为如果学科题材未能转化为生活,而只是作为生活的替代品或附属品,则将出现3种典型的缺失(林宝山、康春枝译,1990,120—121):

1. 学科题材与儿童感受或喜爱的经验缺乏有机联结,变成纯粹的形式与符号，这是空洞而无用的，只会折磨和阻碍心灵的发展。

2. 由外加诸的学科教材，儿童缺乏旧经验以吸收新经验，使儿童失去求知的欲望和需要，进而失去学习的动机。

3. 学科教材无论如何符合逻辑系统，若以外加的或既成的方式呈现给儿童，就丧失原来的质量。

既然儿童不能以成人的逻辑形式来获得学习效果，因此杜威建议教材必须心理化，以儿童的生活经验去设计和编写教材（林宝山、康春枝译，1990，124）。心理化后的学校课程自然就能提供学生统整的机会和情境，使其学习能够和实际生活经验及兴趣产生最大的关连。

其次，从大脑的研究中获知，人类的学习是以"模块"的方式进行复杂的学习（Caine 和 Caine，1994）。而统整课程能协助学生创造"模块"与"联结"，将知识和生活结合起来，以促进其更深入地理解所学的概念，并迁移到另一个情境。尤其在社会日趋复杂的今日，各种问题都必须从整合的观点，透过科际合作来解决。统整课程有助于从"整体"去观察和思考学科与学科之间、学科与生活之间的关系，进而了解其意义。

此外，统整课程将学科或科目加以统合，消除不必要的重复，围绕一个主题来进行教学，强调能力的学习，而不是关心教材份量与记忆的堆积，更能有效、充分利用教学时间。

据此，统整课程旨在改善因学科的分化区隔，流于零碎而不能统合，以及与儿童生活经验严重脱节等问题。课程统整也意指过去单打独斗的学科，必须重新思索与其他学科的关系，寻求建立统合的课程架构，并集中一切可资运用的资源，以符合统整学习的原则，并达成课程的既定目标（陈伯璋，1995）。简言之，统整课程可说是基于"学习"的本质与"学习者"的需求，而将分立的学科贯串起来，并与生活紧密结合，使其产生有意义的关联与融合，让学生获得最好的理解和整体的学习。

（四）统整课程是学校本位的课程发展

由于课程统整强调与儿童生活经验的结合，它必须是学校本位的课程发展。由学校和教师根据学校和班级的情境、小区期望、儿童需求与兴趣、设备与资源的条件、教师能力和专长等，设计符合其学生的课程。因此，甲校设计的统整课程并不能全盘移植到乙校，甚至相邻两班的统整课程也无法完全一样。

以学校为本位的课程统整，其范围并不仅限于学科或科目，而是包括学校所设计安排之正式与非正式的、定期或不定期的、校内与校外的、动态或静态的各种活动和经验，也可以是理论与实践之间、理性与感性之间、知识与生活之间（黄政杰，1994，297—299；欧用生，1999）。因此，课程统整以儿童所有的学习活动和生活经验为范围。

1. 知识的统整，旨在排除不必要的学科界限，将相关的科目、学科关联或合并为相关课程、融合课程或广域课程，使知识能接近于真实的生活世界。

2. 经验的统整，强调学生经验和学科知识的有意义链接，将学习落实至真实情境中，与个人经验密切结合。例如透过活动课程，让儿童实际去操作或实践，经由体验的过程来整合学科知识与生活经验。

3. 社会的统整，强调课程内容、活动必须和社会生活关联起来，培养学生的生活能力和解决问题能力。例如以社会议题为课程组织中心，通过实际社会议题的探究来学习各种能力。

4. 正式课程与非正式课程的统整，将学校各处室所推展的非正式课程，例如运动会、亲师会、学艺活动、校外教学等，与各学科课程统合起来。

5. 教学时间与空间和资源的统整，包括任课教师、职员、设施和设备、家长和小区资源等，必须依据学生统整学习的需要加以整合。甚至教学时间和课表，也必须弹性调整，以因应统整学习之需。

（五）统整课程是要弥补而非取代分科课程

最理想的课程统整方式就是抛弃学科或科目的传统课程结构，重新发展一种统整的课程。例如，美国奥立冈州优境市（Eugene）教育委员会所规划的公元两千年小学课程，就是打破学科界限，而以"人类的家庭""行星及宇宙""自我实现"等3个纲目代替之（黄光雄，1996，87—95）。重新发展一套统整性的课程，必须结合大批的人力，经过长时间的研究和发展，并非一蹴可及的。

较为可行的课程统整，就是仍维持学科的独立，但学科间则尽力以共通的或相关主题相互联络贯串起来，或者另外提供一段时间作为统整学习。亦即以"主题""概念"或"大观念"（big idea）为核心，将不同学科或科目的知识和技能，整合为一个有意义的、符合真实生活经验的学习内容。

因此，统整课程并非要取代分科课程，而是要弥补分科课程的不足，透过教学层次，结合现有的学科教材与学生活经验，设计统整的主题学习。一方面既能促进学习内容的意义化、简化、内化与迁移；另一方面又能发挥教师的专业，颇能符合当前的教育情境与改革需求。

（六）统整课程必须兼顾垂直组织与水平组织

由于学校课程既涉及不同年级课程内容先后顺序的安排，也涉及不同课程间内容的相互关联，因此以学校为本位的课程统整必须兼顾垂直组织与水平组织（游家政，1999）。

垂直组织即纵向的衔接，系指学习内容的先后次序安排，有两个主要原则：其一为顺序性，除了指学习内容的先后次序之外，但还应对同一题材做加广、加深的处理；其二为继续性，系指课程中所包含的要素在不同学习阶段予以重复，让学习者有继续发展、重复练习的机会，以避免遗忘（黄炳煌，1981；黄政杰，1994）。

水平组织即横向的联系，让特定的课程内容能够和其他的课程内容建立融合一致的关系，让学生能够把所学的各种课程贯串起来，了解不同课程彼此之间的关联性，以增加学习的意义性、应用性和效率性（黄政杰，1997）。

不过，纵向衔接并不等于头尾的"相接"（connection），而是彼此之间有部份的重迭与挂钩。横向联系也非无机的"拼揍"或外部的"拼合"（combination），而是有机的统合（黄炳煌，1995）。换言之，纵向衔接和横向联系二者是相辅相成的，成为一种倒三角形螺旋状组织。以小学社会科为例，在低年级阶段，以个人、家庭和学校等概念的学习为主。在中年级阶段，除了重复并加深加广个人、家庭和学校等概念之外，还增加了小区和社会等概念。到了高年级阶段，一方面重复并加深加广前述以学过的概念；另一方面扩大学习有关国家和世界等概念。

二、课程统整的型态

课程统整的类型或模式有很多（林怡秀，1999；黄政杰，1997；黄译莹，1998；Fogarty，1991；Jacobs，1989），下面拟从学科界限的有无、参与者和实施方式3个面向，分析学校课程统整的可能型态。

（一）学科界限

从学科各自分立、界限模糊到超越学科范围的连续向度来看，统整的类型可分为单一学科的统整、跨学科的统整、科际融合的统整、超学科的统整。

1. 单一学科统整

系指学科内的个别统整，例如将"国语"科内容相关的某几课加以统整，设计为较大的学习单元。或者以多元智能的概念，将学科内容设计为统合式的学习活动（郭俊贤、陈淑惠译，1998）。

2. 跨学科统整

跨学科统整系指学科间的统整，但仍维持分科教学，即所谓的"联科教学"，采取大单元设计教学的精神，以某一科的单元主题为中心，其余学科则配合教授相同的或相关的主题，使各学科的教学内容获得联结（曾祥兰，1992）。跨学科统整可分为两种：①平行学科（parallel disci-pline），各科教师间则以相关的主题相互配合；②多元学科（multi-discipline），各科间针对共同主题设计教学内容。

3. 科际融合统整

系指打破原有学科界限、设计统整的学习内容。例如小学的社会科，就是融合历史、地理、法律、政治、社会、经济、心理等学科。真正的融合课程应是有机的统合，而不是内容的并列混合。

若将把许多科目依性质分为数个"领域"，例如把学校课程分为语文、社会、自然与科技、健康与体育、艺术与人文等学习领域，并使每个领域内之教材内容扩大，并力求领域间的统整，即构成另一种科际融合——广域课程。

4. 超学科统整

即统整的范围不以学科为限，扩大到儿童的的生活世界、兴趣和需求，设计主题让儿童进行探索。例如"统整日"（integrated day）或"完全方案"（complete program）。

（二）参与者

若从课程设计的参与者来看，则统整的类型分为专家设计、教师设计、师生共同设计、学生设计等4种类型。

1. 专家设计

专家设计的统整课程，即由校外的专家编写成教科用书，供教师和学生使用。

2. 教师设计

教师设计的统整课程，即由学校教师自行设计教材，其中可能结合不同专长教师、小区家长，或咨询校外的专家，但学生并未参与。

3. 师生共同设计

师生共同设计的统整课程，学习方案是由教师和学生共同协商、合作设计出来的。

4. 学生设计

学生自行设计的统整课程，学生根据自己的兴趣或需要设计研究的主题，教师仅在旁提供咨询或协助。

前二者由成人主导，属于被统合的课程（integrated curriculum）；后二者则为学生参与或学生主导的自我统合课程（integrative curriculum）和超越自我统整的课程（beyond integrative curriculum）（Brazze 和 Capelluti, 1995）。

（三）实施方式

学校课程统整的实施方式，依据统整的学科与实施的时间，可分为以下 4 种。

1. 联络式统整

维持传统的分科教学，但在个别学科内以主题将相关的数课组成有意义的学习单元；或者数个学科同时教授相关的主题，使学习内容能相互联络或贯串起来，即联科教学。

由于联络式统整仍维持分科教学，涉及学校和教师的变动最少，因此最容易实施，既能维持分科教学的原有优点——确保学科内容获得学习，又能将各科关联起来——组成有意义的整体，不仅适用于小学，亦可使用在学科取向较强的其他学校层级的课程上。

2. 附加式统整

由于分科教学的习惯和传统不容易改变，或者基于教师专长的需要，仍然必须采取分科教学。为了让学生能将分科所学的知识能够加以统整，因此由各科贡献一段时间作为"统合活动"，让学生能透过主题探讨活动来统合或运用所学的各科知识。例如日本御茶水女子大学附属小学的课程设计，在传统的各科教学之外，另设"创造性活动"（萧志强译，1995）。

在学期开始前，教师必须提出整学年的创造性活动的课程计划，以主题的方式来规划，每个主题下包含 3~4 个活动。每个主题可以在一周内完成，也可能持续数周，甚至整个学期。主题的内容必须尽量扣紧各科的教材内容，让学生能将各学科的知识透过主题的活动加以统整。

实施的时间除了带状"分布式"（分散在各周）之外，亦可视学校情境或主题性质采"集中式"，将统整活动集中在某一时段。由于附加式统整仍维持分科教学，只是由各科贡献部分时间作为课程统整之用，并未改变现有的课程结构，因此在实施上的可行性亦高。

3. 局部式统整

局部性统整系采部份科目分科教学，而其余科目采统整教学。这种设计的主要考虑在于有些学科或科目的造型特殊，或其知识体系自成一个系统，例如数学，不易与其他学科结合；或者有些工具学科，特别强调基本能力的学习，必须有单独学习的时间，例如国语的拼音、生字新词的练习等。因此，数学和国语两科可以分科教学，其余社会、自然、艺能学科等则可以设计成统整式主题教学。

不过，在统整教学的设计中，亦可以将国语、数学相关基本能力的运用包含其中。

4. 全面式统整

打破所有学科界限，将课程目标、学科教材内容加以分析和汇整，去除重复的和琐碎的教材，并统合相关学科内容与学生真实生活经验，透过主题和探索活动的方式来引导学习，例如 Kovalik 和 Olsen（1994）所提出的统整主题教学模式。这种统整方式改变传统的课程结构与教学分工，教师也必须具备较专精的课程设计能力，因此其实施的难度也最高。

5. 综合式统整

上述 4 种实施方式，学校可以依据需要搭配使用，成为综合式统整。例如花莲师院附小的课程统整兼采跨学科、科际融合和超学科的综合模式（游家政，1999c）。以一个月共 4 周的课程为例，前 3 周采跨学科或科际融合的统整，以一个学科（国语科或社会科）为中心，将其余学科贯串或融合起来。教学的进行是根据探索活动内容的需要采弹性课表，而非传统的固定课表。至于采跨学科或科际融合，则视当月教材的性质而定。当各科教材的相关密切时，则打破学科界限，采科际融合的统整。若其相关度不高，则维采跨学科统整，维持分科教学，但尽量使其相互联络。

第四周则为统合活动周，根据当月主题的学习目标，设计持续一周的完整探索活动方案，将前 3 周的学习和学生的生活经验结合，让能学生获得整体的学习。因此，第四周的统合活动超越学科教材的范围，属于超学科的统整。

材料2：创作——Scratch 故事与创作树

2007 年 Scratch 正式发行，中国台湾中小学的推广于次年展开，各县市教育与网络中心陆续举办 Scratch 教师研习工作坊与研讨会活动。2009 年起高雄县、台中县、宜兰县等着手办理 Scratch 竞赛，之后陆续有台北市与新北市等县市加入，逐渐增加了 Scratch 在中小学信息教育上的能见度。在非正式课程上，如中国台湾教育部门资讯志工团队计划补助本科生到偏乡协助中小学信息教育以缩减城乡数位落差，除了因特网的使用、文本处理、简报制作等课题之外，Scratch 动画与游戏制作亦是相当受欢迎的内容。因为在中国台湾，小学生的信息化课是以这个软件为主来上的，教育部门每年举行程序设计比赛。通过这个软件，扩展了语文，数学，外语的教学深度。如税收、交通安全等都可以作为 Scratch 程序开发的主题。系统梳理各台湾网站发布的交流作品还发现，很多项目还采用亲子合作的方式，按动画和游戏分类呈现，从学生提交作品的数量可以看出学生参与的积极性很高，其中开展最多的就是校本主题故事游戏创作活动。

Scratch 网站 https：//scratch.mit.edu/在线编程

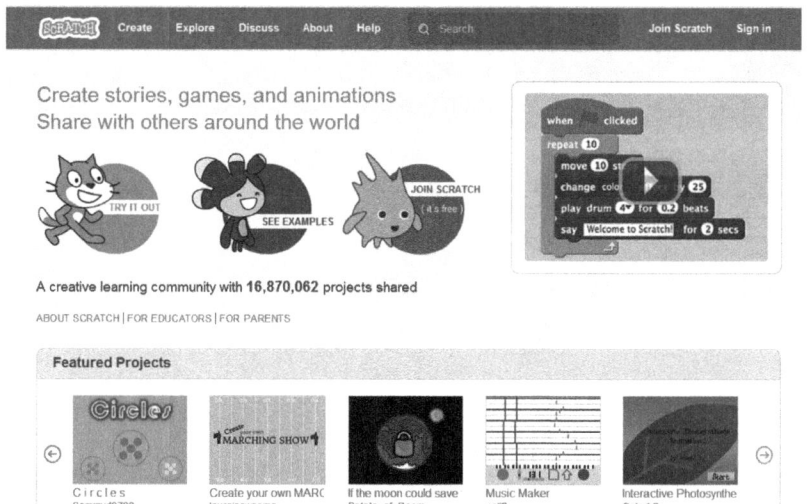

图 7-1　Scratch 主页

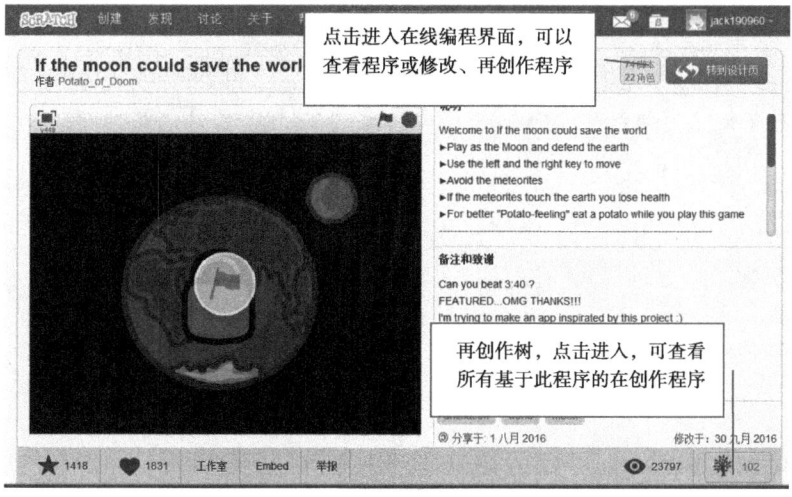

图 7-2　Scratch 作品页面

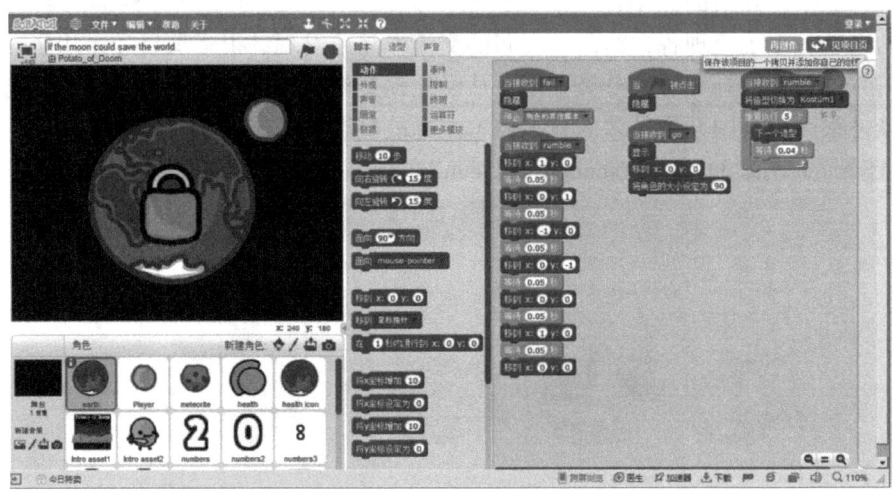

图 7-3　Scratch 在线编程页面

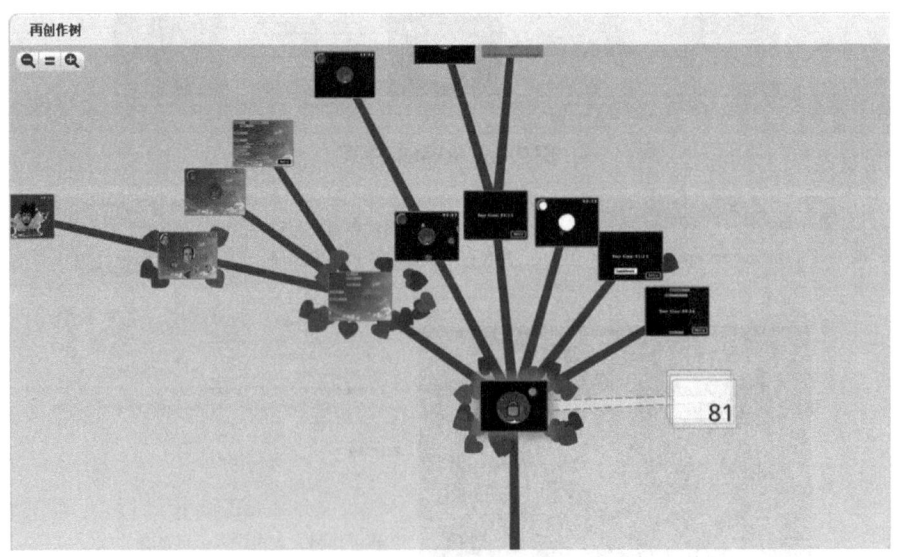

图 7-4　Scratch 作品的再创做树

【问题】Scratch 可以为语文教学提供哪些支持?

【解析】四层读写能力模型

对读者阅读文本的角色范围最清晰地阐述是四层读写能力模型，该模型解释了读者怎样转换4种"必要但又不充分的角色"——密码破译者，意义建构者，文本使用者和文本评论者：

密码破译者：读者通过认识和运用基本特征和体系来破解书面语言的密码，主要包括字母表、单词语言、拼写方式和结构惯例。

意义建构者：读者参与理解和组合有意义的书面、视觉和口头文本，联系他们自身可用知识和对其他文化的话语、文本及意义体系的经验，考虑每一篇文章隐含的内在意义。

文本使用者：读者通过详细讨论和处理他们周围的劳动和社会关系功能性地使用文本，也就是说，了解和奉行各类文本在学校、工厂和社会环境所表现出来的文化功能和社会功能，以及理解是这些功能塑造了文本的结构、基调、文本正式程度以及组成顺序。

文本评论者：读者对在意识形态上不自然或中立的文本知识进行批判地分析并改变文本；一旦压倒了他人，他们就代表了一种特殊的观点。他们也影响了人们的思想，而他们的观点和话语会以一种新颖的、混合的方式加以评论和重构。

2011版《语文课程标准》中指出："写作是认识世界，认识自我，进行创造性表述的过程。"对于儿童来说，习作是一种最富创造性的思维活动。这种创造性的表达也就是《语文课程标准》中提出的"不拘形式地写下自己的见闻、感受和想象"。数字媒体技术，为这种创造性的表达提供了更具创意的形式。小学语文教学中强调学生语言表达能力的培养，语言表达就是将思维所得的成果用语言反映出来的一种行为。信息化时代还要求学生能够进行数字化的交流和分享方式，突破时空限制，实现信息化的表达和交流。Scratch的故事类动画作品为语文的数字化表达能力的提升搭建了良好的交流平台。基于Scratch的教学活动的终极目标是学生创新能力的培养，这正符合各国对教育培养创新人才要求。如何在学校教育中组织开展创新性活动，并将其融入主流课程教学之中，实现课程统整是各国教育者共同的研究热点。

理论点3：知识可视化和思维可视化

教育信息化的诸多努力，很大程度上表现为将教育内容和过程可视化。为了增强表现知识的效果，呈现知识应以图形化结构样式为主，尽量简明、形象、有吸引力。对良构知识的呈现而言，应注重知识可视化工具的应用，呈现非良构知识则应重点借鉴凸显思维过程的思维可视化工具。

知识可视化就是指将知识转变成人们易于理解的图形图像，有助于知识传播与创新。知识可视化就是指可以用来构建、传达和表示复杂知识的图形图像手段，并帮助他人正确地重构、记忆和应用知识。知识视觉表征是知识可视化的具体实践途径：如概念图是基于有意义学习理论提出的图形化知识表征；知识语义图以图形的方式揭示概念及概念之间的关系，形成层次结构；因果图是以个体建构理论为基础而提出的图形化知识表征技术。因此，知识可视化的价值实现有赖于它的视觉表征形式。"知识可视化的研究对象是视觉表征手段的应用。""Eppler M. J 和 Burkhart R. A 将知识可视化视觉表征概括为 6 种类型，分别是：启发式草图、概念图表、视觉隐喻、知识动画、知识地图、科学图表。"这是国外比较有代表性的观点。"邱婷将知识可视化的视觉表征分为 8 种基本类型，分别是：知识地图（包括思维导图）、图画、矩阵图、维恩图、流程图、树形图、鱼骨图、组织图。"这是国内比较有代表性的观点。"到目前为止，对视觉表征手段的分类并没有非常明确的标准，不同分类之间也存在交叉和重叠。"在信息技术条件下，知识可视化有了新的突破：制作工具越来越多，制作方法更为简易，表现形式更为多样。知识可视化在教育中的应用效果也更受期待。

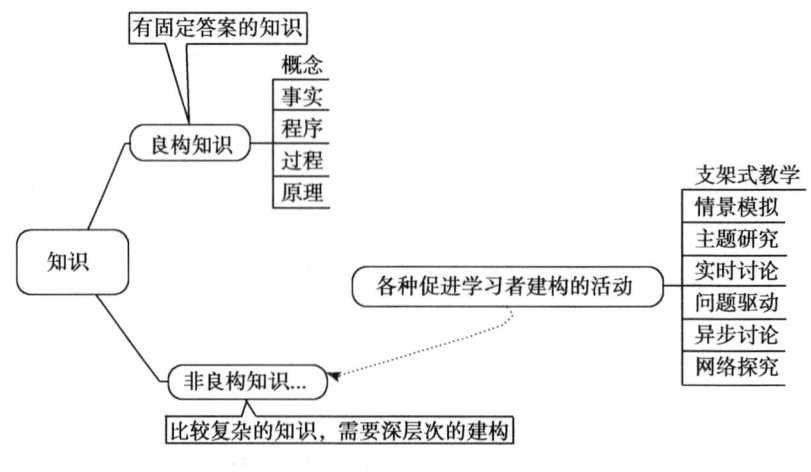

图 7-5　知识的类型分析

思维可视化（Thinking visualization）是指运用一系列图示技术把本来不可视

的思维(思考方法和思考路径)呈现出来,使其清晰可见的过程。被可视化的"思维"更有利于理解和记忆,因此可以有效提高信息加工及信息传递的效能。相对而言,"知识可视化"的概念较"思维可视化"的概念出现得更早一些,它主要强调的对知识表征的可视化呈现,"思维可视化"则更侧重于知识表征背后的思维规律、思考方法、思考路径,在可视化的过程中更强调对思考方法及思考路径的梳理及呈现。

思维是人脑对客观现实间接的和概括的反映,反映的是事物的本质和事物间规律性的联系,这是人与动物的本质区别,传统的教学模式把时间主要用在"感知记忆"层面,这是一种训练动物的方式,思维可视化教学重新聚焦在思维层,让教学回归对人的教育。实现"思维可视化"的技术主要包括两类:图示技术(思维导图、模型图、流程图、概念图等)及生成图示的软件技术(Mindmanager、mindmapper、FreeMind、Sharemind、XMIND、Linux、Mindv、imindmap 等)。随着"思维可视化"技术的发展,其在各领域的应用防越来越广泛,越来越深入:比如在商业领域出现的"可视化思考"会议;在教育领域出现的"思维可视化教学";在科研领域出现的"思维可视化研究"等。对于语文学科而言,尤其是在阅读教学中,思维导图有着最具广阔的发展空间。

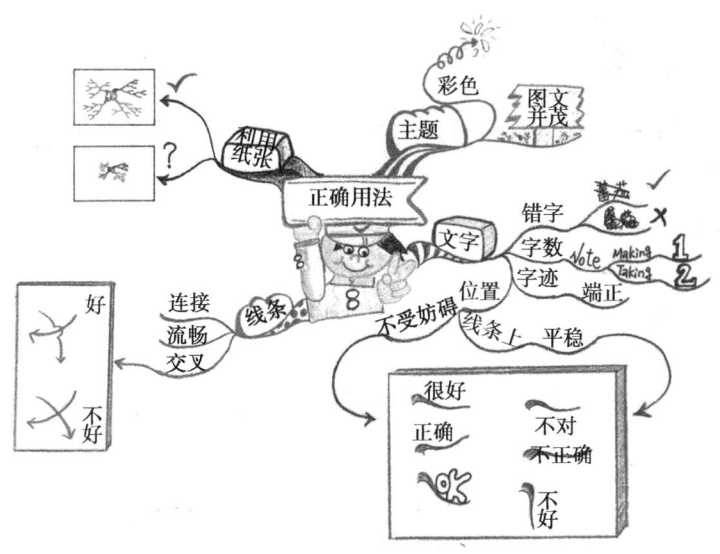

图 7-6 思维图示绘制方法

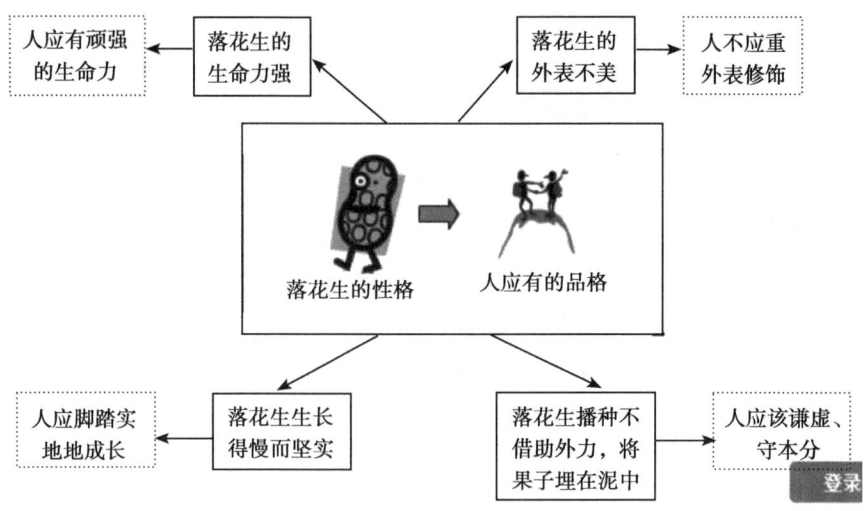

图 7-7 "落花生"一课思维图示

实践：应用思维图示绘制你的创意教学设计

【研究报告范例】Scratch 和语文教学的深层次整合研究

提示：从论文体例类型看，这是一篇"理论应用类"的论文，即应用某一理论来观照具体的教育教学实践。从文章内容上，从理论介绍到关系说明，再到运用论述，论述明确集中"在论述上采用理论分析说明为主，同时与课例论证相结合的方法"，例证取自教学实践，较好地说明了观点。

正文：

基于 Scratch 的信息技术与小学语文深层次整合研究

程超

学生信息素养的提升才是课程信息化实现的基础，是实现信息技术与课程整合深层次整合的关键，而仅仅依靠一周两节课的信息技术课来提升学生的信息素养是远远不够的，学生信息素养的提升更是要依靠全体教师在教学中有意识地应用信息技术工具融入教学进行信息化的教学设计，这样才能全面提升学生的信息素养水平，并实现信息技术与课程教学的深层次、全方位的整合。

一、Scratch 简介

Scratch 是麻省理工学院媒体实验室针对 8 岁以上儿童研发的一套新的程序设计语言，自 2007 年正式发布以来，已在中国台湾及大陆多地的小学课堂中出现。该程序通过简单易用的模块组合，为学生创造性思维的培养提供了搭手架。丰富的对象、卡通的造型、丰富的色彩、多样的指令、丰富的交互，启发了学生的想象。开放式的交流平台上还提供了上传和下载作品的功能，利于学生再信息化交流平台中进行社交活动。

（一）培养学生的创造性思维

Scratch 集声音、图片、动画、美术、音乐为一体，借助 Scratch 可以方便地创作出各式各样的蕴含故事情节的动画、游戏，在创作过程中学生对同一主题的表达可以采用不同的素材，可以构建不同的故事情节，可以编写不同的程序，学生对同一课题的理解丰富多样，同一作品的制作方法也各不相同。在 Scratch 教学里不要求统一规划，而是让学生表达自己，按自己所理解的模式创作属于自己的作品，教师看重的不再是技术使用的有无或高低而是作品的创意表达。在这样一个学习环境中，学生不再按统一规定的模板去设计，而是创造作品，不断提升自己的创新能力。

（二）有利于促进学生的心智发展

而 Scratch 以其积木化的编程方式为脚手架，使小学生也从具体直观的积木图形实现程序设计的抽象思维。孩子在完成动画故事或游戏程序的过程中，通过对任务的分析、规划，梳理出各对象间特有的逻辑关系；再通过指令的搭建、测试与调整，逐步实现了具体形象思维逐步向抽象的逻辑思维过渡。同时学生在解决问题中充分地观察、理解、判断、想象、假设、推理，不断发展学生的心智。

（三）丰富小学语文教学内涵

小学语文教学中强调学生语言表达能力的培养，语言表达就是将思维所得的成果用语言反映出来的一种行为。信息化时代还要求学生能够进行数字化的交流和分享方式，突破时空限制，实现信息化的表达和交流。Scratch 的故事类动画作品为语文的数字化表达能力的提升搭建了良好的交流平台。目前，中国台湾小学中 Scratch 教学应用中开展最多的就是校本主题故事游戏创作活动。

二、基于 Scratch 的信息技术与语文课程整合教学设计理论依据

信息技术改变了传统的教学模式和学习模式，信息技术与课程整合更加强调利用信息技术创设新型的教学模式和学习方式，基于网络环境支持的混合式学习理论应运而生。

（一）混合式学习理论

2003年，何克抗教授在第七届全球华人计算机教育应用大会上首次在我国倡导"混合式学习"，网络环境（尤其是网络教学平台和教育教学资源库）为混合式教与学提供了有效的支持，将教师的教学行为由课堂上扩展到了课堂外，学生除了课堂学习外，图书馆、寝室等能上网的地方均可发生，学生在课堂外进行了泛化学习，传统的课堂教学已经不能满足学生的学习需求，因此课堂教学要从组织形式、教学模式、内容安排上重新定义，颠倒课堂改变了传统课堂教学格局，颠覆了传统的教学流程。颠倒课堂颠倒了教师和学生的角色，使学生真正成为知识的建构者、组织者，实现了学生的自主化学习。但对于学生而言，自主学习成功的关键在于学习内容与学生学力的相符度及学习动机的强度，相对而言，简单易学易用的Scratch非常容易上手，我们在小学三至四年级学生中的个案教学研究也证实了，通常只需5～10分钟的技术指点，小学生就兴致勃勃地开始自己的故事创作了。

（二）"精神言语共生"的语文教学观

深圳新安中学的吴泓老师在高中语文教学中突破应试教育的藩篱，十几年间完成了从单篇、单元注入式到专题研究性学习的转变，提出来精神言语共生的语文教学观。从传统到现代，人类对语言的认识在不断深化。传统语言学、语文教学强调语言是表达思想的工具；现代语言学、语文教学则认为，语言是主体进入世界的方式，也是世界向人类展示其本质的方式，所以语言是一种本体论性质的媒介。吴老师认为：言、意是一体的，就学生个体掌握和运用语言的过程而言，语文学习就是一个"就言而得意"到"据意而择言"的过程，一个通过言语世界的学习和拓展达到精神世界的深邃和丰盈的过程，进而言之，就是"精神和言语共生"的过程。在不同的学段，进入"共生"的切入点不同，达到"共生"的途径和方式也相异。如果说从小学到初中阶段，是从"言语"这一面切入，从言语技能的学习去领悟作品的思想、精神、意蕴，培育学生积极健康的情感态度，即侧重于先技后道、由技悟道，更多地体现语言的工具性。"精神和言语共生"的"共生性"才是语文学科的特性，由此吴老师一直主张"经典阅读，专题研究，读写一体，言意互转，精神和言语共生"，并在其语文教学实践中取得了丰硕的成果。

三、Scratch与小学语文课程整合的教学模式的探讨

（一）多媒体组合课堂教学模式（低年级）

低年级小学生爱说爱动，好奇心求知欲强烈但注意力集中时间较短，思维也

以具体形象思维为主，课堂中注意力很容易分散，自我约束力比较差。结合学生思维发展的特点，在教学过程中教师必须根据课堂效果需要综合运用多种媒体组织教学，以调动学生的注意力和学习兴趣。这一时期的学生还不能独立利用 Scratch 进行数字作品创作。教师可以结合 Scratch 集图片、动画、声音、音乐、美术等一体的优势，轻松制作各种交互故事，激发学生学习的好奇心。即在低年级语文教学中，Scratch 主要作为一种课件工具整合到低年级语文教学中，实现基于 Scratch 的多媒体组合课堂教学。

教师可以利用 Scratch 故事呈现不同类型的教学情境并引出思考的问题，调动学生积极参与；在学生充分思考的基础上，教师利用 Scratch 随时编辑，调整等，帮助学生分析理解字词句篇的情景，并可让学生通过给 Scratch 角色配音的方式参与表达；测评环节，教师亦可利用 Scratch 动画将问题通过角色或旁白呈现，亦可根据学生学力，让学生课后将自己对问题的解答或填写上结尾的故事在 Scratch 平台上进行交流。由此，基于 Scratch 的多媒体组合课堂教学模式的教学流程图如图 7-8 所示。

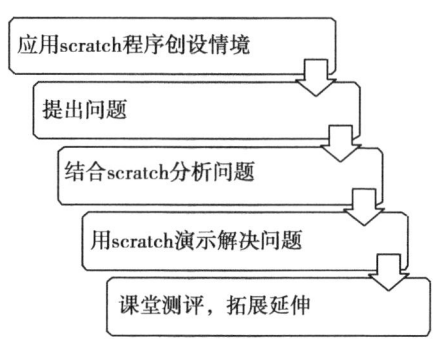

图 7-8　多媒体组合课堂教学模式流程

（二）基于任务驱动的混合教学模式（中高年级）

小学中高年级学生的思维发展由具体形象思维到逻辑思维过渡，已经具有一定的动手动脑的能力。和低年级学生相比具有比较强的自行探究的能力，学生在观察能力、思维能力、语言表达能力方面都有了较大的提高，对事物依然保持着好奇心和旺盛的求知欲，他们喜欢在自己的探索中获取知识，喜欢在玩中学、做中学。Scratch 为学生在玩中学、做中学的学习需求提供了实现的平台。这时可以通过 Scratch 与小学语文课程整合可采取续写故事、创作剧本的活动，让学生利用 Scratch 创作故事。采取任务驱动教学模式能很好的调动学生探究问题解决问题的欲望。教师根据教学目标的需要提出任务，要求学生自主探究或合作交流解决问题，充分发挥学生的主体性。

任务驱动教学模式是在教学过程中，以任务驱动为主线，以学生为主体，以教师为主导，将教、学、做融为一体的教学模式。主要包括提出任务、收集资源、创作作品、评议作品、修改完善5个环节。笔者在分析以往5个阶段的特征的基础上，结合数字文化创作的方法步骤，对收集资源和创作作品环节的主要内容进行调整和改善，以期优化学生的创作过程。如图3任务驱动教学模式下中年级教学流程。

提出任务：任务设计要紧密围绕小学语文教学目标，通过设制作、交流数字化作品达到锻炼和提高思维表达的能力的目的。中年级可以围绕课文设置情境再现、续写结尾等任务，高年级的学生抽象逻辑思维有了较大的提高，计算机操作水平、理解与创造能力都有了较大程度的提高。可以设计改编剧本，创作剧本等形式的任务。让学生利用网络资源进行自主学习，在与同学老师交流的基础上自由创作作品。

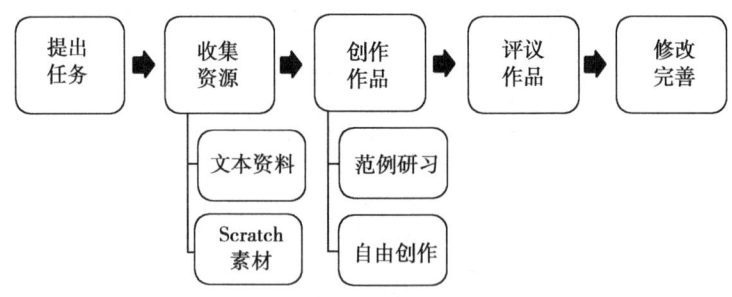

图 7-9　基于任务驱动的混合式教学模式流程

收集资源：教师先要求学生自觉围绕任务查阅资料，收集素材，在这个过程中，注重学生的自主发展，培养学生的自学能力。资料的收集包括文本资料和图像资料，学生不仅要在参考相关资料的基础上自己创作文本资料还要和同学讨论交流完善资料。图像资料则根据文本内容需要，根据学生信息技术水平实际，处理加工后备用，使之能很好地应用在作品创作过程中。

创作作品：创作作品包括作品研习和自由创作两个阶段。首先教师要提供范例供学生模仿练习，范例要包含学生创作过程中用到的基本知识和操作技能。在自由创作阶段要鼓励互相合作，协作学习，共同来完成任务。

评议作品：作品评议方法讲求多元化，尊重学生的不同的创作思路，提倡小组之间、同学之间互相评价和自我评价。对于优秀的任务完成者，必须给予充分的肯定，讲明他们好在哪里，知识如何深化和升华，创新点有哪些，这样可以增强这些学生的成就感。同时对于成绩一般的同学也要及时鼓励并提出改进方法，保护学生的创作欲望。

修改完善：学生根据作品交流时发现的问题修改完善自己的作品，提升作品质量，提高自己创意表达能力。

Scratch 与小学语文课程整合教学并不等同于单纯的信息技术课和传统的语文课堂，根据混合式学习理论，Scratch 与小学语文课程整合教学中，学生的任务提出、收集资源和作品创作均发生在课外，学生可以选择最适合自己的方式来学习新知创作作品。课堂上主要是作品交流分享过程，师生针对创作过程中遇到的问题给予集中探讨，分享优秀的主体思想和创意表达。课后，学生针对课上讨论的意见修改完善自己的作品，由此实现了基于 Scratch 平台的颠倒课堂（图 7-10）。

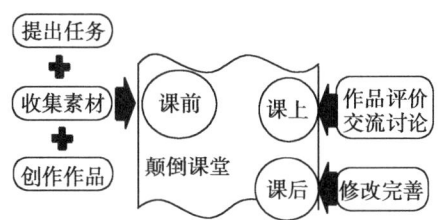

图 7-10　基于任务驱动的颠倒课堂教学

值得说明的是，课前、课中、课后的学习并没有严格的分界线，这 3 类活动都以网络课程平台为依托。如浏览活动、信息检索活动等可以在课前进行，使新旧知识良好衔接；课上如果教师讲述重要的知识点。学生可以利用网络课程进行记录、提炼、总结等活动。修改完善环节也可在课上进行。要贯串"前移后续"的教学思想，使学生始终处于连续的学习状态。

开放的 Scratch 平台为混合式学习的实现创造了条件，Scratch 中故事类数字作品的创作交流促进了小学生语文思维的发展。

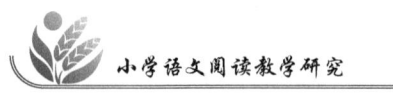

附 录
研究论文范例

后记中笔者应用教育实验法针对师范生审辩式思维能力培养进行了尝试性研究，应用的是单组前后测，除了实验法以外，常用的教育科学研究方法还有：观察法、调查法、历史法、比较法、统计法、实验研究法、行动研究法等。结合小学语文阅读教学内容特点，选编了几篇小学教育专业学生的毕业论文作为附录，即作为学术阅读与课堂讨论的素材，更期望这些论文能够从研究方法、内容选题等方面给读者以参考。

附录1　小学第二学段语文学期测验内容分析

提示：调查法是教育科学研究中常用的研究方法，本研究通过将网络搜索的试卷与海港区小学的试卷进行对比分析，并结合新课标理念对具体试题进行分析，力求探讨小学语文学期测验该测什么、该如何测的问题，但由于课程标准中对评价部分的阐述比较笼统，并且调查分析的测验代表性尚有欠缺，一定程度上影响了研究结论的价值，关于语文学期测验的研究未来还有很多可以深入的地方。

小学第二学段语文学期测验内容分析

刘改玲（河北科技师范学院教育学院，
小学教育专业1001班）指导教师：程超

摘要：小学语文学期测验内容的分析对于语文课程标准的实现有重要意义。本文针对小学第二学段语文学期测验，应用内容分析法从基础知识、阅读和习作3部分进行研究，分析小学第二学段语文学期测验的命题现状，结合新课程背景下素养本位的命题趋势，对小学第二学段语文学期测验的编制提出了建设性意见。

关键词：学期测验；小学语文；课程标准

一、问题提出

测验的命题质量直接关系到学生学业评价是否科学、准确。小学语文测验内容的分析是落实课标的关键，不仅有利于提升小学语文命题的质量，而且更关乎学生语文素养的提高。课程标准是研究小学语文测验内容的重要的依据。义务教育语文课程标准对识字写字、阅读、写作、口语交际、综合性学习的评价都提出了具体建议，但由于我国并没有建立小学语文学科的标准化题库，当前小学语文学期测验是否贯彻了这些理念，将决定新课标实施的效果。

二、研究设计

为深入了解新课标背景下的小学语文学期测验的现状，只有通过实证研究分析才能获得第一手资料。

（一）研究对象

小学语文共分为 3 个学段，其中第二学段处于中间阶段，这一阶段的学期测验兼有小学第一学段和第三学段的特点，以小学第二学段学期测验作为研究样本进行分析具有代表性且更能体现发展性，由此确定研究对象为新课标实施近 3 年来的小学第二学段语文学期测验，样本试卷总计 45 套，获取途径有两个，一是秦皇岛市海港区的 8 套试卷，二是通过搜索引擎在网络上收集到的 37 套试卷。

（二）小学第二学段语文学期测验内容分析框架

小学语文试卷主要由三部分组成：基础知识与能力部分、阅读理解部分、作文部分，这一"三足鼎立"的结构已经成为我国小学语文考试试题的基本结构形式。《建国以来小学语文毕业试题的研究》等研究指出，我国的小学语文毕业考试命题价值观经历了从知识本位到能力本位再到素养本位的发展过程，这 3 个时期的命题变化如下：基础知识部分由考查语文知识到课内外结合再到素养本位的注重综合实践题的考查，增加了综合性学习题和听力与口语交际题；阅读题由以重要课文的整体理解考查为主到文章细节理解的考查再到素养本位时期增加了人文感悟题；习作题由全命题作文到半命题作文再到素养本位的话题作文和自拟题目的作文。本文依据素养本位试卷命题价值观的新题型和新特点，从基础知识与能力、阅读、习作 3 部分确定本文的分析框架见表1。

表1 论文分析框架

命题内容	具体研究点
基础知识	听力与口语交际题（普及程度及考查水平分析） 综合性学习题（与课标理念是否相符） 查字典题（考查水平）

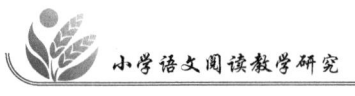

（续表）

命题内容	具体研究点
阅读	阅读材料选择来源（课内、课外） 阅读材料文本形式（连续性文本、非连续性文本） 阅读理解能力的考查（是否到位） 人文感悟题（存在的问题）
习作	习作题目拟定（自拟题目、半命题、全命题） 习作类型（记事、写景、状物等） 习作要求（是否与课标理念相符）

三、小学第二学段语文学期测验内容分析

（一）基础知识与能力部分内容分析结果及讨论

听力与口语交际题，综合性学习题，查字典题分析结果如下：

1. 听力与口语交际题注重情境性、互动性，贴近实际交际行为

听力与口语交际题是近年来出现的新题型，分析样本中涉及听力题和口语交际题的试卷数量见表2。

表2　含听力与口语交际题的试卷数量统计

测验样本	涉及口语交际题的试卷数量	比例（%）
（37份）网络试卷	6份含口语表达题	16.2
	4份含听力题	10.8
（8份）海港区试卷	3份含口语表达题	37.5
	7份含听力题	87.5

由表2可知，网络试卷中听力与口语交际题所占的比重较小，而在海港区8份试卷中有7份含听力题，比例较大。新课标把口语交际题作为5个学习模块之一，要求学生"具有日常口语交际的基本能力，学会倾听、表达与交流，初步学会运用口头语言文明地进行人际沟通和社会交往"。但由表中数据可知，口语交际题在目前测验中的普及度还不高。

【案例1】认真听故事，回答问题。（2分）

①老木匠最后建成的房子怎么样？②老木匠为什么会感到后悔与羞愧？

【案例2】：说话要得体。（4分）

李慧同学上课时突然晕倒了，老师和同学赶忙把她送到校医务室，班主任王

老师让张鹏打电话告诉李慧家长。电话已接通,谈话已开始。假如你是张鹏,请你接着往下说。家长:你好!

张鹏:＿＿＿＿＿＿＿＿＿＿＿＿＿＿＿＿＿＿＿＿＿＿＿＿

家长:是的,有什么事吗?

张鹏:＿＿＿＿＿＿＿＿＿＿＿＿＿＿＿＿＿＿＿＿＿＿＿＿

家长:谢谢你,小同学。

张鹏:＿＿＿＿＿＿＿＿＿＿＿＿＿＿＿＿＿＿＿＿＿＿＿＿"

新课标关于口语交际的评价建议是"第二、第三学段主要评价学生日常口语交际的基本能力,学会倾听、表达与交流"。由案例1可知,听力题一般采用播放录音或者教师朗读的方式给学生提供听力材料,然后学生根据听到的内容回答问题,运用这种形式有利于培养学生认真倾听的习惯。案例2采用实际生活中打电话的形式,有问有答,既具有情境性又具有互动性,贴近实际的交际行为。

2. 综合性学习题具有生活性,基本符合课标理念

秦皇岛市海港区8套期末试卷中有3道好书推荐题,1道"新闻大家议"。

【案例3】:(海港区2012年小学四年级语文期末试卷)

"新闻大家议"

最近,2012年4月秦皇岛晚报上刊登了这样一则新闻:

2012年4月3日,武汉植物园里各色郁金香纷纷绽放,不知道谁是第一个在盛开的黄色郁金香花瓣上画上"欢笑"的表情,过往的好奇游客纷纷效仿涂鸦,很快一片郁金香遭了秧,愤怒、伤心、调皮等各种表情布满花瓣。

同学们,看完这则新闻你有什么感想?你想说点什么?请写下来吧。(不少于50字)

"新闻大家议"选自日常生活中经常接触到的新闻事件,新闻是生活中常见的文体,本题可以引导学生关注身边的新闻,关注时事。学生不仅要在课堂上读书,还必关注身边的事物,树立大语文学习观。课程标准明确表述"语文课程是一门学习语言文字运用的综合性、实践性课程",对第二学段的要求是"结合语文学习,观察大自然,观察社会",强调语文的实践性、应用性,与生活密切结合,综合性学习题正符合课标的这一要求。

3. 查字典题把"技能"变成了"记忆",超出课标要求

样本中涉及查字典题的试卷数量统计结果见表3。

表3 涉及查字典题型的试卷数量统计

样本类型	涉及查字典题的试卷数量	比例（%）
（37份）网络试卷	4	10.8
（8份）海港区试卷	2	25.0

【案例4】（秦皇岛海港区小学四年级学期测验）按查字典知识填空。

"唳"用部首查字法，应先查（ ）部，再查（ ）画；这个字的读音是（ ），"唳"在字典中华的解释有：①哭泣；②憎恨；③鸣叫。在"风声鹤唳"这个词中，应取第（ ）解释。"

课程标准对第二学段学生的要求是"有独立的识字写字能力，会运用音序检字法和部首检字法查字典、词典。"由此看出查字典是需要学生掌握的一项技能。掌握这一技能没必要把音序、音节、部首都掌握得十分精确。首先，人们日常查字典是允许失误的，其次查字典常用的方法有3种：音序检字法、部首查字法、数笔画查字法。这道题要求学生正确掌握这个字的部首、数清笔画、正确书写读音，这就促使学生准确记忆汉字的部首，便将查字典这一"技能"异化成了"记忆"，实际上超出了课标的要求。

（二）阅读题内容分析结果及讨论

阅读题从阅读材料和阅读题目两部分进行分析，得出以下结果。

1. 阅读材料以课外阅读为主，有助于考查阅读能力

每套试卷中阅读材料的来源及数量统计结果见表4。

表4 试卷阅读题选材来源统计

阅读题数量	阅读材料选择	网络搜集试卷份数	百分比（%）	海港区试卷份数	百分比（%）
2篇	1篇课内	27	73.0	0	0.0
	2篇课内	2	5.4	0	0.0
	2篇课外	3	8.1	2	25.0
1篇	1篇课内	0	0.0	0	0.0
	1篇课外	5	13.5	6	75.0

由表4可知：网络试卷"1篇课内阅读1篇课外阅读"的试卷数量占73%，海港区的8套试卷全部是课外阅读题。网络试卷大都是2篇阅读，而秦皇岛海港区的试卷多是1篇。这说明课外阅读是如今小学语文阅读命题的考查重点。这符合阅读命题的趋势，有助于对学生独立阅读能力的考查。把课内阅读的方法迁移

到课外阅读上才是学习课内阅读的目的。

阅读材料全部是连续性文本，没有非连续性文本。

阅读材料中连续性文本和非连续性文本的数量统计情况见表5。

表5 阅读材料文本形式统计

文本形式	（37份）网络试卷数量	（8份）海港区试卷数量
连续性文本	37	8
非连续性文本	0	0

本次调查的小学语文测试题阅读材料全部是连续性文本。所谓连续文本是由句子和段落构成的文本，类型包括描述、叙述、议论等；非连续文本是指由列表构成的文本，需要不同于连续文本的阅读策略的文本，包括：清单、表格、图表、图示、广告、时间表、目录、索引等。尽管2011版小学语文课程标准对第三学段的要求是"阅读简单的非连续性文本，能从图文等组合材料中找出有价值的信息"，但对于第一、第二学段并没有明确规定。而 PISA（Programmer for International Student Assessment 国际学生评估项目）阅读素养测试中对阅读测评的文本形式有明确的要求：连续性文本和非连续性文本的比例是67%和33%，与之相比，小学语文第二学段是否应对非连续性文本进行考查，如何考查，还有待进一步研究。

阅读题基础知识考查比例过重，对阅读理解能力的考查不充分。

阅读题目中既考查与阅读材料相关的基础知识，又考查阅读理解的能力，还考查了学生的语言表达能力，统计分析阅读中考查这3种类型的题目所占的分值比例见表6。

表6 海港区试卷阅读中考查基础知识、阅读理解、语言表达的题目所占分值及比例

样本编号	总分	基础知识（分）/比例（%）	阅读理解（分）/比例（%）	语言表达（分）/比例（%）
1	18	6（33.3）	5（27.8）	4（22.2）
2	14	4（28.6）	8（57.1）	2（14.2）
3	16	4.5（28.1）	7（43.8）	4.5（28.1）
4	16	2（12.5）	10（62.5）	4（25）
5	15	5（33.3）	9（60）	1（6.7）
6	14	4（28.6）	7（50）	2（14.3）
7	16	6（37.5）	7（43.8）	3（18.8）
8	15	2（13.3）	8（53.3）	3（20）
平均比例	15.5	26.9	49.8	18.7

由表6可知，阅读中考查基础知识、阅读理解、语言表达能力的题所占分值平均比例为26.9%、49.8%、18.7%。虽然阅读理解题的分值比例不超过50%，考查基础知识的题目在基础知识部分已经重点考查了，在阅读题中不应该设置过多的基础知识题。

【案例5】"《江南第一楼》是指_____。_____代的_____为此楼写过一篇文章，其中有一千古传颂的名句是_____"上海师范大学吴忠豪教授曾提出："阅读题"没有考"阅读"，考的大多是"基础知识"。课程标准指出"阅读是运用语言文字获取信息、认识世界、发展思维、获得审美体验的重要途径"。阅读题最重要的是考查学生的阅读理解能力，使学生从文本中获取重要信息，进而迁移运用。

2. 主观感受题多为简单的情感抒发，没有"度"的要求

阅读题中表达自己主观感受的题目，是近几年来阅读命题的一个亮点，这类题目的价值取向值得研究。

【案例6】①目前世界各地局部还存在着战争，你能给人们提点建议吗？②联系实际，说说你是怎样理解"说服比压服更有效"这句话的？

由样本试卷的分析可以看出人文感悟题答案的主观性很强，呈多元性和开放性。课程标准规定"阅读是学生的个性化行为。阅读教学应引导学生钻研文本，在主动积极的思维和情感活动中，加深理解和体验，有所感悟和思考，受到情感熏陶，获得思想启迪，享受审美乐趣。要珍视学生独特的感受、体验和理解。"而样本中的人文感悟题命题随意，只要涉及学生的感受或见解就可以，而没有考虑到这个题目能不能引领学生深入思考文本，没有预想怎样的答案可以判断学生的理解深度。正如课标所说要"加深理解和体验"，这就需要引领学生深入文本思考然后获得感悟，这不仅需要斟酌题目的设置还要提出答题的要求。

（三）习作题内容分析结果及讨论

习作命题从题目拟定、习作对象、习作要求3个方面进行分析。

1. 习作命题多为半命题和自拟题目，增加了学生习作自主性

表7 习作题目拟定统计

题目拟定	网络搜集试卷（共37份）	比例（%）	海港区试卷（共8份）	比例（%）
自拟题目	24	64.9	1	12.5
半命题	6	16.2	7	87.5
全命题	7	18.9	0	0.0

由表 7 可知 37 份网络试卷中自拟题目的占 64.9%，全命题的习作题目数量仅占 7.0%；海港区试卷中半命题的题目占 87.5%；没有全命题的题目。课程标准对第二学段的习作要求是"观察周围世界，能不拘形式地写下自己的见闻、感受和想象，注意把自己觉得新奇有趣或印象最深、最受感动的内容写清楚"。而半命题或自拟题目的习作给学生放宽了写作内容的限制，给学生留下一定的写作空间，可以让学生根据自己的经历体验写出有自身独特性的文章。这符合素养本位价值观时期的命题趋势，也符合课程标准的要求。但就研究样本试卷而言大多是这三类命题，形式单一，缺乏创新。

2. 习作记事的题目所占比重太大

统计样本中习作的题材类型结果见表 8：

表 8　习作类型统计

习作类型	网络试卷数量	比例（%）	海港试卷数量	比例（%）
记事	12	32.4	3	37.5
写人	7	18.9	0	0.0
状物	3	8.1	2	25
编故事	5	13.5	0	0.0
品质（感恩、爱）	2	5.4	2	25
保护环境	2	5.4	0	0.0
自我认知	2	5.4	1	12.5

由表 8 可知网络试卷中记事的题目占 32.4%，写人的占 18.9%，即便是写人也是通过写事来表现人的特点；海港区试卷记事的比重最大的占 37.5%。

课程标准对第二学段习作的要求是"观察周围世界，能不拘形式地写下自己的见闻、感受和想象"小学生的成长过程中会遇到很多感受深刻的事，成长经历中也有很多所闻所感所想，因此这类题目密切联系小学生的生活，能让他们有话可说，这与新课程标准的要求是相符的。但课程标准第二学段还有一个要求，"能用简短的书信、便条进行交流"，因此在习作中还可以增加生活中常见的一些应用文写作。

3. 习作要求与课程标准要求相符

【案例 7】①《我最喜欢_____》1. 写出自己的真感情。2. 注意把句子写通顺。别写错别字。②《_____我想对你说》1. 所写内容要有真情实感。2. 书写规范，不写错别字。

分析样本中习作的要求有一些共同点，比如"要写出真情实感""内容要具

体""语言要通顺",课标对第二学段习作的要求之一是"注意把自己觉得新奇有趣或印象最深、最受感动的内容写清楚"。由此判断习作要求还是比较符合课标的要求的。对于小学生而言,最重要的是培养兴趣,激发写作热情,不应该过于追求华丽的辞藻,毕竟不是所有的学生都要培养成作家,而是要满足生活中表达交流的需要。仅从卷面上对习作的要求来看,这是符合课程标的要求的。

四、小学第二学段语文学期测验编制建议

小学语文学期测验内容随着课程改革的发展变化也不断进步和完善,但以新课程标准的目标来审视小学语文学期测验的内容,还有一些地方需要改进。结合以上分析结果,笔者对小学第二学段语文学期测验编制提出以下建议。

(一)基础知识与能力部分编制建议

1. 提高口语交际题和综合性学习题的普及率

《语文课程标准》从全面提高学生语文素养出发,设置了识字与写字,阅读,口语交际,综合性学习五个学习板块,口语交际题和综合性学习题应该作为一个稳定的题型出现在测验中。而反观目前的小学语文学期测验基本上保持着"基础知识与能力,阅读,习作"这一三足鼎立的结构,口语交际题和综合性学习题基本放在基础知识与能力部分,没有成为一个单独的考查部分,并且涉及这两个题型的测验所占比例较小,因此口语交际和综合性学习题的普及率应该有所增加。

2. 丰富口语交际题和综合性学习题的内容与形式

口语交际题应该加强"听、写、情"的整合。口语交际能力包括倾听能力、语言表达能力、文明素养等3个方面。而在实际命题中经常划分为听力题、口语交际题,二者联系不是很紧密,建议统一。命题中除关注听说能力之外,更不能忽视在交际中的情感态度,应注重人际交往的文明态度和语言修养的考查,以提高学生的文明素养。

综合性学习题的命题必须体现综合性、生活性、实践性。要充分利用和开发生活、自然和社会中的语文学习资源,积极开发课程资源,创造性的进行多样化命题。

(二)阅读题应借鉴PISA阅读素养的命题方式

1. 增加生活中常见的阅读材料

选用不同文体的文本作为阅读材料,可以学习不同的阅读方法。现在阅读中材料多为优秀的文学作品,除了文学作品外还应该有新闻报道、说明书、网络发布等日常生活经常会遇到的材料。PISA强调的表格、图表、地图等类型的阅读材料是生活中常见的但在试题中却被忽视。这样的阅读试题植根于学生的生活，其价值取向是为了学生的现实生活和未来发展需要，能够促进阅读教学的健康发展。

2. 阅读要注重考查学生的阅读能力，提高阅读素养

阅读能力综合体现了学生的语文素养。当今社会已进入信息时代，信息同物资、能源一样成为现代社会发展的三大支柱之一，这就需要学生掌握获取信息的能力和理解能力，提高阅读素养。PISA 的特色是采取素养而非成就取向，强调个体为顺应迅速变化的世界，是否能够掌握社会所需的知识与技能，以及是否具有自主终身学习能力。PISA 阅读素养的测评方法非常值得小学语文学期测验借鉴。

（三）习作命题形式及角度应多样化

习作应尽量减少对学生写作的束缚，命题的形式要进行创新，如漫画作文、材料组合式作文。在习作命题中个人题材很丰富，自然、社会方面的题材仍需进一步拓展。在生活中要引导学生深入观察自然，从生活中获得体验，从而写出自己的独特感受。习作题也应注重学生适应社会的需要，培养学生具有适应社会需要的写作能力，增加书信、便条等应用文的写作。

五、结论

随着新课程改革的实施。小学语文学期测验命题也不断进步和完善。本文的研究为小学语文学期测验的分析提供了一个新的视角，结合 PISA 测评的价值取向，为新课程背景下的语文测验改革提出了建设性意见。由于本人能力有限，收集到的试卷样本有限，学期测验的分析框架亦有待细化。

参考文献

[1] 中华人民共和国教育部. 义务教育化学课程标准（2011 年版）[M]. 北京：北京师范大学出版社，2011.

[2] 牛晓静. 建国以来小学语文毕业试题研究 [D]. 上海：上海师范大学，2010. DOI：10. 7666/d. y1666726.

[3] 刘清. 高中历史学科学业水平考试试题与课程标准的一致性分析研究——以新疆维吾尔族自治区 2011 年历史学业水平试题为例 [D]. 乌鲁木齐：新疆师范大学，2013.

[4] 陆璟. PISA 测评的理论和实践 [M]. 上海：华东师范大学出版社，2013.

[5] 王一娴. 小学语文有效学业评价—练习测试命题问题诊断与指导 [M]. 长春：东北师范大学出版社，2010.

[6] 李玉敏. 小学毕业测试短文阅读题本研究 [D]. 镇江：苏州大学，2007. DOI：10. 7666/d. y1304019.

[7] 宋东清. 新课程标准下口语交际测评的转向及教学启示 [J]. 中小学教材教学，2003（29）.

[8] 梁小莉. 中小学作文命题的创新 [D]. 长沙：湖南师范大学，2009. DOI：10. 7666/d.y1472515.

[9] 曾扬明. 口语交际书面测试命题初探 [J]. 黑龙江教育（小学文选），2007，(5)：15.

[10] 李国忠. 对小学语文命题的反思 [J]. 小学教学参考·语文，2006 (5).

[11] 于琴. 小学语文阅读题研制的问题与对策 [EB/OL]. http：//www.docin.com/p-680885661. html

附录2　农村小学语文教师课堂即时评价语的个案研究

提示：个案研究法是指对某一个体、某一群体或某一组织在较长时间里连续进行调查，从而研究其行为发展变化的全过程。本研究对一个农村小学语文教师课堂进行观察，并借助笔录、录音等形式对课堂观察做准确、详细的记录；对个案教师进行访谈，访谈内容包括对课堂即时评价的理解、课堂问题存在的原因，以及在经过对策指导后的教师的反思和感悟等。

本研究在个案研究中应用观察法对一位农村小学语文教师课堂及时评价的观察进行质性分析，并结合录音进行量化统计分析，在近一个月的行动研究中开展了两轮活动。首先，利用1周的时间，通过2次的课堂记录的整理与分析，剖析农村小学语文教师在课堂即时评价行为中的问题，并对此作出分类；然后，将其问题反馈该老师，指出问题所在及其原因，并给出有效的策略指导，该老师反思1周后再进行课堂观察，通过分析其改进前与改进后的观察结果的变化，对指导策略作出客观理智的分析和总结。

农村小学语文教师课堂即时评价语的个案研究
——以柳疃中心小学 A 教师为例

李玲玲（小学教育专业2010级）　指导教师：程超

摘　要：课堂即时评价作为教育评价的重要的一部分，其重要性不言而喻。然而，课堂即时评价的具体实施方法在新课标中并没有体现，这也使教师在实际课堂中，对于课堂即时评价一头雾水，甚至有些"剪不断，理还乱"的感觉。如何将当前研究成果中提出的对策更好地应用于实践，改善教师课堂即时评价效果？本研究采用个案研究方法，选取一位农村小学教师，应用质性研究与量化研究结合的方式，通过观察、访谈等发现并分析该教师在课堂即时评价存在的问题及原因，并给出相应的对策指导，最后通过课堂跟踪观察的对比分析，对其课堂即时评价效果的改进情况进行评价。力求通过行动研究，探讨教师对课堂即时评价改进对策的可接受程度及实际的课堂即时评价的效果优化方法。

关键词：课堂即时评价；教师评价语；学生评价

一、绪论

课堂即时评价是一种形成性评价，也是一种以质性评价为主的评价方法，是课堂教学中不可或缺的一部分。课堂即时评价的过程实际上是师生交往的过程，是信息的输出、接受和反馈的过程。在这过程中，教师作为教学过程的主导，以实质性评价的方法，不仅对学生课堂中的知识学习进行判断，而且还对学生的具体行为、情感态度等方面进行判断。

笔者认为，课堂即时评价可以定义为：在《义务教育语文课程标准》（2011版）的指导下，教师在语文课堂教学中，对学生的知识与技能、过程与方法及情感态度与价值观等方面作出的反馈、说明、指导与纠正。课堂即时评价是一种教学行为，也是一种评价行为，教师一方面对学生的思想行为作出反馈、指导，及时调节和控制教学过程；学生一方面也通过教师的反馈信息调整自己的学习活动。因此，课堂即时评价对教师能够及时调控课堂，调节学生学习进程和学习方向，提高教学效率，促进学生发展，有着不可忽视的作用。

本研究以农村小学为基点，从语文教师着手，以个案研究的形式，力求对其真实的、生动的教学现场进行认真观察，深入挖掘该教师在课堂即时评价方面存在的问题，并积极探索有效的教师课堂即时评价的指导策略，以期能达到一定得效果。

二、A教师课堂即时评价语存在的问题分析

本文的研究对象A教师是一位农村的班主任，担任五年级的语文教学任务，从事教学工作20余年，教学工作突出，现为语文教研组组长，已经有了自己的一套教学模式。本次研究就是希望能够在教师固有教学模式和教学理念基础上，通过笔者的努力和帮助，使他在课堂即时评价的道路上越走越宽。

在进行观察研究的第一天，便顺利地录下了A教师的第一节课——《草

原》。《草原》是在 A 教师毫无准备的情况下录制的，因此，也如实地反映了该教师在课堂即时评价方面存在的问题。《冬阳·童年·骆驼队》是该教师的一节观摩课，即全体语文教师进行听课、评课等活动，因此这节课准备较为充分。

（一）量化分析

笔者把课堂观察中发现的该教师课堂即时评价行为中的问题归纳为以下几个方面。

评价内容缺失：是指教师在教学过程中，对学生问题回答和教学反应的方面的评论缺乏，具体指对学生问题回答的无评论，对学生课堂反应（如沉默、注意力分散、兴趣不高等）的无评论等。

评价内容单调：是指教师在课堂上，对学生问题回答后的评语概括、笼统、模糊、简单甚至重复，缺乏具体指导性。

评价形式单向性：是指教师在课堂即时评价中，只是单方向的评价，没有多方互动，没有双向评价的形式出现。

优等生中心：是指在班级中成绩排名在33%以前的学生。A 教师教授的班级共 53 名学生，其中前 17 名为优等生，后 16 名为学困生，其他的 17 名学生则为中等生。

强迫性回答：是指教师在教学过程中，用封闭式的问题提问学生，课堂大量存在"是不是""能不能"等之类的问题。

表1、表2是对 A 教师的课堂即时评价作出的量化研究，统计结果如下。

表 1　第一阶段课堂问题分析

	评价缺失	评价单调	评价单向性	优等生中心	强迫性回答	评价总次数
次数	24	14	20	16	46	20

表 2　第一阶段问题百分比分析

	评价单调	评价单向性	优等生中心
占总次数百分比	70%	100%	80%

从表1和表2中，可以看出，在《草原》和《冬阳·童年·骆驼队》这两节课中，A 教师的评价总次数为 20 次。其中，有 14 次课堂即时评价语单调，占总评价次数的 70%；20 次为评价形式的单向性，占评价总次数的 100%；16 次评价语的对象是优等生，在《草原》一课中，教师一共单独提问学生 5 次，这 5 次全部是优等生；《冬阳·童年·骆驼队》中，教师共提问 15 次，其中提问优等生

的次数为11次，占评价总次数的80%。

另外，A教师的课堂即时评价语的缺失达到24次；并且强迫性回答的次数高达46次。

（二）质性分析

在量化分析的基础上，笔者详细记录、整理和分析了《草原》和《冬阳·童年·骆驼队》听课记录，并从中选取了代表性的案例进行充分的说明和分析。下面将以课堂实录的方式，以质性研究的方法，详尽描述A教师课堂即时评价中存在的问题，并对问题进行详细的分类。

1. 评价内容狭隘

通过对A教师听课记录的分析，笔者认为，A教师的课堂即时评价内容较狭隘，具体表现在评价语的缺失和评价语的单调两方面。

（1）课堂即时评价语的缺失

评价是教师课堂授课过程中的一部分，是教学手段之一。评价是一种教学手段，同时也是一种意识。个体的行为表现通过个体的观念意识表现出来。在具体的课堂即时评价中，课堂即时评价意识直接影响着A教师的行为表现。在A教师课堂的观察过程中，A教师对学生的课堂即时评价的缺失现象比较严重，课堂即时评价意识薄弱。

课例1

师：你感受到草原什么地方美？从课文里找找答案。

生1：天空美。

师：天空美天空美，哎，草原的天空是美的，你来读读这句话。

生1：这次，我看到了草原。那里的天比别处的更可爱……好像回味着草原的无限乐趣。

师：请坐，非常好。同学们想一下，课文中还有哪些地方体现了草原的美丽啊？说错了没事哈。你能不能感受到草原的美？

生2：我感受到了。

师：你感受到了草原的什么美？

生2：天空美。

师：天空怎么美？是明朗的。你来读读这句话。

生3读课文……

……

（忽视生二的回答，直接提问第三位学生）

课例2

师：在草原首先看天空，然后看什么呢？知道的举手。生四

生：小丘

师：你从那句话读到了小丘美啊？

生：那些小丘的线条是那么柔美，就像只用绿色渲染，不用墨线勾勒的中国画那样，到处翠色欲流，轻轻流入云际。

师：草原还有什么美？

生（集体）：小丘美

……

课例3

师："总是问总是问，你这个孩子"，孩子问的是什么问题？

生：骆驼的问题

师：哎，关于骆驼的问题。还会问什么问题？

生：为什么只在冬天来？

师：哎，为什么会在冬天来？还有什么问题，举手说。生一，你想出来了吗？

生：没有

师：那你为什么要低着头冥思苦想啊，请坐。还有什么问题？

生：牵骆驼的人为什么不骑着骆驼走啊？

师：牵骆驼的人为什么不骑着骆驼走啊？

……

课堂即时评价意识的薄弱与缺乏明显存在于A教师的课堂中。在例1中，生1首先回答出了草原中的"天空美"，随后该教师进行追问，"课文中还有哪些地方体现了草原的美丽啊"，生2的回答依然是"天空美"，A教师不仅没有指出生2回答重复的问题，而且还让另一位学生再一次地进行朗读此片段，这种忽视生2回答问题、对学生的一味顺从、不纠正错误的做法，无疑是对教学时间的浪费，对学生错误认识的助长。在例2中，A教师对学生的回答无任何反应；在例3中，A教师对学生回答则是直接重复学生的回答。A教师课堂即时评价中的"不纠错""无反应""重复"，正是课堂即时评价缺失的表现。

教师的课堂即时评价意识对课堂的生成具有重要的作用，对教学资源的有效利用有着关键的作用。然而正是由于教师课堂即时评价存在着意识上的薄弱和缺失，使得教学资源未能充分有效地利用，造成了资源的浪费，也使课堂生成的机会错失，使增强学生学习信心的机会丧失。课堂中的任一教学资源都有可能成为课堂教学的着眼点和学生成长的垫脚石。学生对于每一个问题的回答，都有可能转化为课堂教学的宝贵资源。如果教师对学生的课堂即时评价对其答案无任何反应或只关注答案本身的对与错，那么课堂即时评价的有效性与优质性就值得考量，教学的效果也值得商榷。教师作为教学中的指导者和引导者，以怎样的标准和态度去对待课堂中发生的一切，这不仅对教学任务的推进有影响，更对学生的习得以及师生的和谐发展有至关重要的作用。因此，课堂即时评价的缺失，对教师、学生和教学活动都有着重大的影响。

（2）课堂即时评价语的单调

在新课标赏识性评价理念的影响下，越来越多的老师不敢负面评价学生，尤其是在公开课或者有人听课的情况下，A 教师也是如此。在 A 教师的课堂观察中，"好""非常好""特别好"等诸如此类的评价语言也是灌满了整个课堂。在小学语文教师的课堂中，此类的评价语言真的能对学生起到激励的作用吗？恐怕未必！

笔者通过对 A 教师第一阶段课堂实录的分析与研究，选择了 5 个有代表性的案例进行实质性分析（表3）。

表3 单调的课堂即时评价语精选

	教师活动	学生活动	评价语言
课例4	师：草原的天空是美的，你来读读这句话。	生（朗读了整个自然段）：这次，我看到了草原。那里的天比别处的更可爱，……好像回味着草原的无限乐趣。（该生发音清楚，声音清脆，朗读流畅）	师：请坐，非常好。
课例5	师：天空怎么美？是明朗的。你来读读这句话。	生（声音略小，没有感情）：这次，我看到了草原……使我总想高歌一曲，表示我满心的愉快。	师：嗯，好。
课例6	师：文章中哪儿描写了草原的绿地也好看的呢？	生："在天底下，一碧千里，而并不茫茫"。	师：嗯，是不是？好，请坐。
课例7	师：你的童年中有哪些趣事？	学生说自己的童年趣事。（讲完后，同学们大笑）	师：好不好？好，给点掌声。
课例8	师：这是一件什么事？…… 师：剪低一些……压缩一下……用三个字。	生：想给骆驼身上的绒毛剪低一些…… 剪绒毛	师：这个特别好，请坐。

从以下课例中的教学评价语中可以看出，这种"廉价"的"好"式评价无处不在，且不同的教学情境、不同的学生回答后的评语并无差异。在课例4中，A教师让学生"读一下草原美的句子"，当学生在深情款款、无比通畅地读完了整个段落的时候，该教师却只用了"非常好"这样的评语结束了对这位学生的评价，一句"非常好"既没有指出该学生回答问题的错误，也没有指出"好在哪里"，那么这样的提问还有意义吗？同样，在课例5中，教师依旧让学生读一个片段，该学生的回答很正确，但是朗读声音略小、没有感情，而A教师同样以一个"好"字结束了对该学生的评价。简单、模糊的一个"好"字似乎是对学生的"好"，可是真的好吗？何为"好"？"答案错误"是好？"朗读声音小而无感情"是好？将评价一味的等同于肯定、表扬、夸奖，是好吗？

　　课堂即时评价语的单调性还表现在另一个方面，即概括、笼统、模糊，缺乏具体指导性。课例6中对学生回答的"好"，是指回答正确？是指听课认真？还是指认真思考？课例7中的学生童年趣事的"好"和掌声，是指学生回答的故事精彩？是指学生描述的语言生动形象？还是指的其他？亦或是全部包括？同样，课例8中的"特别好"，是指的什么特别好，指的答案，还是思维？这种模棱两可的课堂即时评价语言并不能给予学生明确的思考角度和指导策略，对教学的顺利展开也并无益处。"好"就要有好的标准，好在哪里，在哪些地方表现的好。学生必须明确什么样的标准能称得上一个"好"，只有这样，学生才能明确自己思考的方向和努力的范围。

　　2. 评价态度有误

　　态度是一种内部准备状态，虽然不是实际反应本身，但却能潜移默化的在语言和行为中表现出来。教师对学生的评价态度，也在无形中影响着学生的心境和学习的态度。

　　（1）以优等生为中心

　　在如今农村教师的眼中，优等生就是指成绩优异的学生。优等生是教师心目中的宠儿，他们思维敏捷，答题速度快而准。因此，课堂中的优等生常常成为教学积极参与者，而那些学困生默默地坐在教室的一角。在A教师的课堂观察中，笔者也发现了这种现象。在提问优等生时，A教师总是习惯性的用一种期待的目光看着他们，对于学困生则是完全没有信心，甚至不加多想，就否定学生的答案。

　　课例9

　　师：关于骆驼的问题。还会问什么问题？举手说。生十七，你想出来了吗？

　　生十七：没有。

师：那你为什么要低着头冥思苦想啊？请坐。还有什么问题？

……

课例 9 是 A 教师的一次观摩课，共有 15 位语文教师和 1 位校长在听课。在此课例中，A 教师主动提问了一位学困生，该学生并没有回答出问题，A 教师为了缓解尴尬，随口就说了一句"那你为什么要低着头冥思苦想啊？"，然后便让那位学生坐下了。这样一个小小的片段看似问题不大，实际上却充斥着 A 教师对学生的不信任感。在学生回答不知道的时候，不仅没有宽慰学生，反而以这样一种形式"给足自己面子"，却没有顾及学生的"面子"。教师对学困生的不信任、不尊重、无耐心，使很多学生与教师之间并无有效交流的机会，学生感觉不到受关注，课堂即时评价的作用又如何发挥？

（2）强迫性回答

教师在课堂中会无意识或者有意识的频繁问学生，"是不是""对不对""能不能"等问题，甚至一个问题如果得不到自己的答案，会持续地问，直到学生回答出"是""对""能"或者其他的答案为止。在这两节课的统计观察中，共有 46 次强迫性回答的问题出现。这种强迫性回答的问题几乎出现在了 A 教师的每一句话语中。

课例 10

师：哎，连骏马和大牛都感动了。在这境界里，连骏马和大牛都有时候静立不动，好像回味着草原的无限乐趣。你说这美不美？美不美？

生：美。

师：连动物都感动了，都在回忆着草原的无限乐趣。动物能不能在感受？能不能在回味？能不能？

生：能。

师：能不能？

生：能。

师（略显严厉）：能不能？你们说动物能不能？

生：不能。

师：（教师微笑）到底能不能？

生：不能。

而我们作者为什么要说能呢？这是什么修辞手法。

生：拟人。

课例 11

师：下面我找一个同学来读一下这一段，你能不能想象骆驼咀嚼的样子呢？您能想象一下你的牙齿也动起来吗？

生四："我站在骆驼的面前……自己的牙齿也动起来。"

师：好，非常好，请坐。不过你的想象力太差了，在读课文的时候都没动起来，是不是？是不是你的想象力太差了呢？

该生沉默不语……

课例10中，A教师一遍又一遍地问着同学们"动物能不能回味草原的无限乐趣"，而当同学们也一遍一遍地重复"能"时，A教师的语气已由刚开始时的轻松变成了严厉，语调由轻快变成了深沉，脸色由微笑变成了皱眉；当A教师再一次严厉地询问同学们时，有的同学小心翼翼地答出了"不能"，于是，A教师的脸色"由阴转晴"。学生看似回答了老师的问题，实则完全不经大脑的思考，沉闷的课堂气氛，如蜜蜂嗡嗡似的答题声，使得整个课堂没有一丝生机与活力。这样的提问方式显然不能激起学生的学习兴趣，更别提激起学生的求知欲，从笔者的实际观察来看，多数学生对语文学科地学习提不起任何兴趣，只是被迫地应付与回答。

课例11中，A教师要求学生"想象着骆驼咀嚼的样子要读一下这一段"，在读的时候想象自己的牙齿也动起来了，而当学生认真回答问题之后，教师评价为"好，非常好""不过你的想象力太差了"，瞬间将学生从"人间"打入"地狱"，还一遍又一遍地询问该学生"在读课文的时候都没有动起来，是不是""是不是你的想象力太差了呢"，这种做法无异于将学生"凌迟处死"啊！置学生尊严与何处？试问何谓想象？即是想象又何来"牙齿动起来"呢？当你在读文章的时候又如何可以让牙齿还咀嚼呢？显然，该教师在此处的失误太过明显，既没有尊重该学生，也间接反映了该教师的备课不足。如此的课堂即时评价，不仅没有起到评价、激励的作用，而且还把学生推到了风口浪尖。

3. 评价的单向性

在《草原》和《冬阳·童年·骆驼队》中，共计20次评价语言，这20次全部都是教师的单向性评价，即教师单方面对学生作出评价，并无学生自评、互评的现象出现。教学的本质是师生交往的认识过程，这个认识过程，既是教师与学生信息的传递过程，也是学生与学生信息交流的过程。师生交往的过程是相互的、多方的，而不仅仅表现为教师向学生的单方的信息输入。现如今，我们越来越重视学生的主体作用，这也就意味着尊重学生和重视学生意愿的要求越来越重要。教学过程中学生的参与必不可少，课堂即时评价中学生的参与也是很重要的。学生对教学过程的积极参与有利于学生认识自我、激励自我，有助于学生人格的完善，同时，也是培养学生责任心的有效途径。A教师在课堂教学中的单向性的评价方式，忽视了评价的多向互动性，忽视了学生的主观认识，从而造成了这种"独断"的局面。

三、A教师课堂即时评价语的问题归因和策略指导

在完成了课堂录制和课堂分析的同时，笔者开始着手准备对A教师进行访谈和问题对策指导。

（一）问题归因分析

在第一阶段（《草原》和《冬阳·童年·骆驼队》观察研究）的课堂观察完成后，笔者准备对A教师进行关于原因分析方面的访谈。2015年3月20日的下午，笔者找到了A教师，并告知他希望能配合我做一次关于课堂即时评价的访谈，时间大约为半小时，A教师听到要进行访谈后的第一反应是尴尬地笑了笑，似乎是不太愿意、想要拒绝。于是把访问提纲告知了他，让他想一想，做好准备再进行访谈。A教师在思考了将近3分钟之后，说，"让我给你说的话，两句话就叨叨完。这样，我楼上有计算机，我去网上搜搜"。于是，拿着访谈提纲去了他的办公室，在搜索了近10分钟后，A教师并没有搜到需要的结果，"你在我的计算机上搜吧！"A教师说完便走出了办公室。这次访谈就这样无疾而终了。虽然访谈进行得不顺利，但是从A教师的态度和行为上及平常的课堂观察和日常聊天中，还是可以了解A教师出现以上问题的原因。

1. 缺乏课堂即时评价理论

在新课程改革在城市已经如火如荼的时候，农村的星星之火却还没有点燃起来。笔者在与A教师的一次聊天中，无意中问道"你对现在的新课标了解的多吗？"A教师的回答着实让人大吃一惊，他说，"我都没有见到过课程标准（《语文课程标准》），教育局没有往下发"。在新一轮的课程改革方案都已经推行了4年后的今天，竟然还有教师从来没有看过《语文课程标准》。由此我们可知，农村教师尤其是老一辈的教师严重缺乏新课标的课程理论，更别提课堂即时评价的理论了。在A教师的课堂观察中发现，A教师对新课标理念并不是一无所知，问其原因时，因为他们会定期进行培训、听课、评课等活动，其中的理念对其也有不少的影响，加之，A教师经常看一些教育方面的报纸及杂志，所以，在新课标理念上还是有一些了解的。然而，这种了解并不是系统的、具体的、有条理的，而是散乱的、杂乱无章的。因此，A教师对课堂即时评价的理论、作用和实施方法等方面了解甚少。教师只是根据自己的感觉对学生进行评价，并没有上升到理论

层次，因此，理论不能指导行动，行动就会如一盘散沙，便会造成课堂即时评价的失败。

2. 客观现实阻力

客观现实中，教育评价机制并没有实质性的改变。对于农村语文课来说，新课程的主要评价手段依然是考试，学校仍然通过学生成绩、班级排名来评价考评教师，并通过成绩好坏分层发放绩效工资。大部分家长，从学生从踏入校门起，也是把考试成绩当做唯一评判孩子的标准。在农村，学生出人头地的机会很少，太多的家长和孩子都寄希望于考上大学、走出家门。A 教师也很想在课堂即时评价中输入新的理念，但是因为自己缺乏新的教育理论，并且对于如何实施课堂即时评价也是一头雾水，如果改变有可能是以学生的成绩为代价，那么这种局面不改也罢。可以说，A 教师对语文课堂即时评价局面的扭转也是心有余而力不足。

（二）策略指导

鉴于之前对 A 教师访谈时其表现出的抗拒现象，笔者认为，如果直接地对 A 教师课堂即时评价的问题之处进行指正，恐怕会引起 A 教师心理的反感和行为上的不配合。因此，2015 年 3 月 22 日，笔者采用了"迂回战术"，以 A 教师的问题为出发点，从硕博论文中搜索并截取具体的相似案例或者反例的材料，进行详细的分类并组成文档，以邮件的方法发给 A 教师，给予他准备和思考的时间。第二天，在和 A 教师对文档中问题探讨的同时，笔者适时反馈了 A 教师在课堂中的类似问题。在此期间，A 教师积极地思考问题，并没有表现出不耐烦。于是，笔者把 A 教师课堂即时评价存在的个别问题反馈给他。在问题分析完成后，A 教师变得更加深沉。笔者没有打扰 A 教师，并留出一天的时间让 A 教师进行自我反思。

第三天，在 A 教师对课堂即时评价的自我认识有了清楚的了解和思想准备后，笔者进行了此次行动研究最为重要的一步——对策指导。在此期间，A 教师一直认真倾听和学习，并不时提出自己的问题，态度比较认真。

下面便是笔者整理的对 A 教师进行对策指导的分析：

1. 评价内容要全面

新课程标准明确指出：评价的内容应该与课程目标一致，即要求评价内容多元化，要将知识与技能、过程与方法、情感态度与价值观的评价有机结合起来。"多一把尺子就多一批好学生。站在教师的立场上，从一个角度、用一把尺子衡量学生，可能有百分之一的天才儿童；如果从多个角度评价学生，也许就有百分之九十九的天才"。因此，对于价值判断过程的课堂即时评价，也应该是多元的。

因此在语文教学中，教师的评价不能仅限于对结果的评价。评价的范围要扩大，评价的内容也要从固有思维里面解脱出来。教师的课堂即时评价要评价的应是学生的综合素质，不仅单纯关注学生的知识层面，而且还要关注学生的其他方面，如对于学生的课堂参与、交流、讨论等活动的质量和行为表现，以及在活动中表现出来的学习兴趣、学习态度、学习能力、行为习惯、言语、思维状况、注意力、创新意识、实践能力、合作态度、探索精神、价值观、情感体验、道德品质等方面考察，全方位来把握学生的现状，对学生作出合理的课堂即时评价，促进全体学生全面长远的发展。

2. 评价标准要规范

（1）与新课标内容、教学目标相符

任何事物判断都有一个标准作为参照点。同样，课堂即时评价也要依据一定的"标准"对学生学习行为、态度及结果作出合理的价值判断。评价标准不同，评价结论也定会不同。客观标准的生成是进行评价的基本前提。因此，在小学语文教师的课堂即时评价中，也必须有一个合理的、客观的标准作为参照。在任何一节语文课程中，课堂即时评价标准都要遵循《义务教育语文课程标准（2011年版）》的要求，都要从知识与技能、过程与方法、情感态度与价值观等方面来判断学生的行为表现是否符合课标的要求。在具体的语文课程中，则要从该课的教学目标的要求出发，判断学生的态度、行为等是否与教学目标相符。

（2）与学生学习水平相符——分层评价法

苏联著名教育家维果茨基针对学生的个体差异提出了"最近发展区"的理论，即基于学生所能达到的学业水平。在小学语文教学中，就是要求教师从学生的个体差异性出发，通过不同的情境创设让不同层次的学生都有收获。具体说就是要求教师依据学生的个体差异，对不同的学生进行分层，并分层设立目标、分层提问、分层练习，教师在课堂教学中，既要进行统一活动，又要有区别对待，最大限度地调动学生学习语文的积极性，促进每一位学生的充分发展。

在教学过程中，分层评价可在任一教学环节开展，如在领会知识、巩固知识、检查作业等过程中或者之后都可进行及时的评价。在解决问题时，教师要对不同层次的学生提出不同难度的要求；让学困生回答一些较容易的、估计能答上来的问题；对一些属于知识概括、总结等一般性问题留给中等生；对一些思考难度大、目标要求高的问题则留给优等生。对于学生的回答教师要及时进行强化，合理利用强化理论中的正强化来表扬、肯定不同层次的学生，让每一位学生获得成功体验，强化学习动机。从心理学角度来看，儿童长期处于满足状态，会失去进取心和探索欲。因此对待优等生，教师不能一味大加赞赏，应在肯定的基础上，提出更高目标的要求；对中等生要多运用"肯定式"评价，鼓励他们"解答正确"；对待学困生，教师可以适当放宽要求，应多鼓励其参与，即使答错，也应尽量再提供一次机会，不要随便批评否定，给予学生更多真诚的肯定和关怀。

（3）与学生个体内水平相符——个体内差异评价法

赵学勤将个体内差异评价法定义为：是将评价对象——学生自身作为参照点的一种评价方法。它是将评价对象的现在与过去进行比较，或者将评价对象的若干侧面进行比较，以学生个体的进步为标准来实施正面的评价[1]。个体内差异评价法充分考虑了学生自身的个性差异，与学生的实际情况更加符合，而且在评价过程中不会给学生造成过重的心理负担。"没有最好，只有更好"，在以学生发展为本的今天，教育评价的意义就在于"更好"的为学生创造学习环境，不断争取"更好"，才是课堂即时评价的永恒追求。

3. 评价方法要多样

在课堂教学中，因学生不同、情境不同，学生的反应和状况也会各不相同。教师在评价过程中，要根据具体情况具体分析的方法，采用不同的评价方式。

（1）启发性评价

启发性评价是指教师在课堂教学过程的提问中，依据学生的思维水平、智力水平和心理特征等，由易入难、循序渐进的引导、启发学生思维的一种方式。启发性评价要求教师要注意发挥学生的主观能动性，引导学生独立思考、积极探索、生动活泼的学习，自觉提高分析问题和解决问题的能力。

教师的课堂即时评价语的启发性，即对于学生的困惑和问题要给与一定的点拨，巧妙利用课堂提问促成有效课堂即时评价。"教师的提问应问在学生有疑处；问在学生思维中断处；问在相异构想形成处"[2]。学生回答结束后，教师的课堂即时评价一般不宜立即进行，而应该等待几秒钟时间，确定学生回答完毕，且不再有补充或纠正后再展开。如若问题回答不完美或者回答不出来，教师应该进行适当的点拨，启发学生深入思考，等待学生再次进行回答。教师只需针对学生的表现对学生作出具体的评价就可以了。

（2）激励性评价

"激励性评价是指以激发学生内在的需要和动机，以鼓励学生自觉主动提高自身全面素质为目的的一种价值判断活动"[3]。简单来讲，激励性评价就是教师在课堂教学的过程中，要发现学生的优点和长处，从细微之处入手，寻找闪光点，给予学生鼓励和赞赏。激励性评价在语文课堂教学中的应用非常重要，它是新课程标准的核心理念得以实现的重要手段。

教师在课堂教学过程中，对学生的评价不应只停留在"是什么"，即正误的判断上，还要对学生进行"为什么"的具体解释，让学生明白"我因何得到了这个评价""我在哪些方面做得比较好"，更重要的是对学生进行将来"怎么做"的指导和鼓励。在教学过程中，激励性评价分为肯定、表扬和激励，肯定是简单的认可；表扬是对学生积极的评价；激励比表扬更注重未来，更易表现出学生学习过程中的错误。

在语文课堂教学中，教师可根据学生的不同性格特征和行为表现，对不同学习层次的学生采取不同的激励方式。见图1，对表现良好的学生，教师除了表扬、激励之外，还要指出需要改进之处，让评价成为他们学习进步的动力，激励他们不断超越自我；对于课堂不敢举手、害怕发言，教师要充分信任并鼓励他们，最大可能地对他们表扬和鼓励。

（3）延迟性评价

在课堂上，学生的行为是具有连续性的。如果教师在评价时，学生行为表现没有全部呈现就进行评价，有可能就会造成评价的片面性。此时，教师就应该使用延迟性评价法，即学生在答题或者讨论的时候，不立即做出评判，而是以肯定和表扬的方式，让学生尽可能地做出修改直至学生无法改进时再进行评价。教师采用延缓评价的方法，让学生自己去分析、发现和论证，让学生体会知识形成的

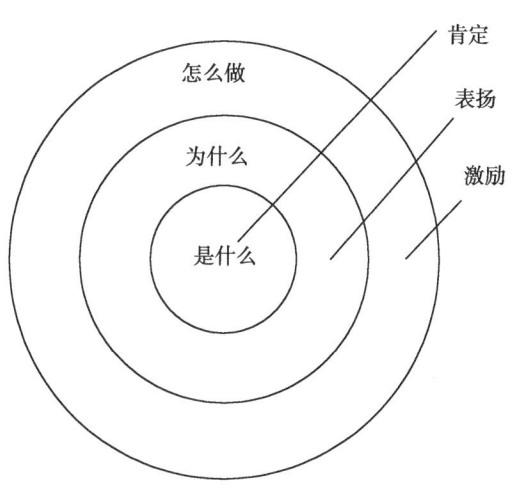

图1　肯定、表扬、激励评价示意

过程，从而扩展学生的思维空间。

然而，并不是所有课堂行为都是在课堂内进行评价，学生的如心理问题、违纪行为、情绪过激等，教师可以有针对性地进行短时行为规范，课后，了解清楚问题的原因后，再进行客观的评价，否则，不仅影响课程的顺利展开，而且还会伤害学生的自尊心。因此，课堂即时性评价与课堂延迟性评价的结合使用，才能把促进学生发展进行到底。

四、A 教师课堂即时评价语的最终测验效果

在进行策略指导之后，笔者留出了近一周的时间让 A 教师进行反思和实践。2015 年 4 月 2 日的下午，笔者对 A 教师的课堂即时评价进行了最后的效果测验——《晏子使楚》，这节课共观察和录制了两课时，但是因 A 教师的教学进程较慢，两课时并没有讲解完。

（一）量化分析

笔者经过对 A 教师《晏子使楚》的统计分析，绘制了表 4。

表 4　第二阶段堂即时评价问题分析

	评价缺失	评价单调	评价单向性	优等生中心	强迫性回答	评价总次数
第一阶段评价次数	24	14	20	16	46	20
第二阶段评价次数	3	4	19	6	13	19

为了更加清晰地呈现策略指导前后 A 教师课堂即时评价的变化，上述表格采用条形图的方式表示如下图所示：

由表 4 和图 2 可以看出，《晏子使楚》的评价总次数为 19 次，与之前的 20 次差别不大。课堂即时评价评价内容缺失、评价内容单调、优等生中心和强迫性回答方面的次数都有不同层次的减少。但是评价形式的单向性方面变化不大。为了更加准确地了解 A 教师各个标准存在问题的严重，笔者把 A 教师策略指导前后的百分比进行了总结，见表 5。

表 5　前后期分别占评价总次数百分比对比数据　　　　　　　单位：%

阶段	评价单调	评价单向性	优等生中心
第一阶段	70	100	80
第二阶段	21	100	31

从表 5 述数据来看，虽然 A 教师对中等生的关注度要高于学困生和优等生，

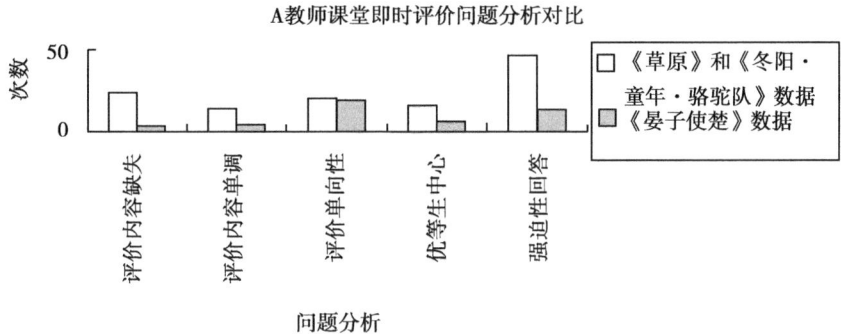

图 2　A 教师课堂即时评价问题分析对比

但较之于前期的以优等生中心，还是有了很大的改变。

综上所述，从数据分析上看，A 教师在课堂即时评价的缺失、单调、以优等生为中心和强迫性回答方面变化较大，并朝着越来越好的方向发展；在课堂即时评价的单向性方面并无变化，换言之，课堂中的评价对象全是教师，没有学生的参与。

(二) 质性分析

1. 评价内容丰富性大大提高

在《晏子使楚》的课堂观察中，A 教师的评价次数大大增加，评价内容更丰富、全面，虽然课堂中仍有评级内容缺失和评价语单调的现象出现，但是较之前来说，已经有了很大的进步。在这次的教学过程中，A 教师不仅对结果重视，同时还加大了对学生学习方法、技能、情感态度、学习过程的重视。同时，A 教师对学生的不同层次的回答进行不同的肯定与表扬。但是 A 教师对激励性评价的运用并不得心应手，而且次数较少，对于激励性评价的实质的认识和应用还有待加强。

笔者经过对课堂实录详细的分析，把 A 教师的课堂即时评价语分成三方面：对知识与技能的评价、对过程与方法的评价、对情感态度与价值观的评价。如表 6 所示。

表6 《晏子使楚》课堂即时评价内容丰富性精选

即时评价	教师活动	学生活动	教师评价语言
对知识与技能的评价	为什么称是"敝国"呢？不说是我国呢？	古代人自谦的一种说法。	某某，知识含量很大啊！
	这是书中原话，你能用你的话说一下啊？	让晏子钻狗洞	很好，这句话很概括、很简洁。
对过程与方法的评价	谁能介绍一下晏子？生一，你从哪儿找到的？	生一：从课时练得作者简介那找到的	向生一学习，多读读，他都知道在课时练上，看来我们以后要多读书多做题。是吧？
	三个人分大王、晏子、旁白角色朗读课文。	晏子见了楚王。楚王瞅了他一眼……说着他故意笑了笑，楚王只好陪着笑。	读的很好，对不对。晏子的那种伶牙俐齿、能言善辩都体现出来了吧。好，请坐。
对情感态度与价值观的评价	分角色朗读第三段。（生一开头读错段落）读哪一自然段？（生：三）	生二：楚王知道晏子身材矮小……对接待的人说。生三："这是个狗洞，不是城门……国家？	恩，你们两个读得非常好，生二，你以后要听课要认真了。
	你们俩让某某来教。其余的有愿意主动教他们的吗？谁愿意做助人为乐的人？	（生五举手）。	好，那就让你来教。欢迎欢迎生五。大家都来向他学习啊。（学生齐鼓掌）

2. 评价态度改善

（1）课堂教学更加公平

在《晏子使楚》的课堂观察中，笔者发现，A教师对于学生的提问不再拘泥于优等生，对中等生和学困生的关注度大大提高。而且，在提问的方法和策略上，A教师也遵循了分层评价的方法，不同层次的学生采用了不同的提问方式和评价方式。具体情况如表7所示。

表7 A教师分层评价法的应用

学生层次	教师活动	学生活动	教师评价语言
学困生	那面不改色是什么意思呢？	生七（翻词典）：指不改变脸色。形容临危不惧、从容自若	生七的小手查的真快啊！
中等生	那他是如何刁难或者侮辱晏子的呢？再把语言总结一下这是书中原话，你能用你的话说一下啊？	让晏子钻狗洞	很好，这句话很概括，很简洁。
优等生	我们中国是礼仪之邦。那晏子到楚国去，作为一个外交使者为什么会受到楚王的侮辱呢？你知道原因吗？原因何在，某某同学说一说。	楚王仗着自己国势强盛，想乘机侮辱晏子，显显楚国的威风。	好，你真善于思考、总结。请坐

对待学困生，A 教师用学困生都能驾驭的基础技能的方法，让学生回答问题，并对其查询的速度方面进行了夸奖，提高了学生的兴趣，增加了学生的自信心；对待中等生，A 教师用了概括自然段的方法，一步步引导学生概括段落内容，提高了学生的思维能力和概括能力；对待优等生，A 教师让学生回答楚王刁难晏子的原因，既考察了学生对课文的理解程度，又考察了学生的归因能力，给予优等生一定的挑战性。

（2）强迫性回答有所改善

《晏子使楚》这一课，笔者共录制了两课时。在第一课时中，强迫性回答的问题出现 0 次；而在第二课时中，强迫性回答的问题出现了 13 次。虽然比之前的 46 次已经减少了 71.7%，这方面的问题仍然存在。

从 A 教师在第一课时的教学过程中，强迫性问题的"零"出现，能够看出 A 教师在极力克制自己用此类的语言进行提问，同时，也表明了 A 教师在这方面已经有了初步的认识。然而，在第二课时的授课中，却出现了 13 次强迫性回答的问题。笔者认为，有以下两种原因可以解释这类现象：第一，A 教师在第一课时的顺利进行之后；第二课时的紧张度下降，心情放松，对自己的提醒也开始减少；第二，A 教师的这种强迫性问题似乎已经成为了他的口头禅，往往是在本人无意识的情况下说出来的。

3. 评价单向性改变不大

在《晏子使楚》的课堂观察中，A 教师的评价方式 100% 是教师评价，没有学生互评的情况出现，与之前相比几乎没有进步。究其原因，在与 A 教师的一次谈话中，笔者了解到，原来 A 教师不是没有想过让学生之间互评，"因为之前自己都不知道如何评价，学生就更不会评价了，所以这个以后就没有实施过"，"现在，自己也只是了解了一点皮毛，怕自己的评论不当，让学生们学坏了，以后慢慢再说吧！"由上我们可以看出，A 教师对自己的课堂即时评价没有自信，对课堂即时评价的方法和对策了解并不是太深入；同时，A 教师对学生有极大的责任心，但是探索精神有待加强，怕出现错误，因而固步自封，这只怕是很大一部分教师真实的心理写照吧！

五、研究成果与反思

（一）研究成果总结

通过对个案对象近一个月的观察研究与指导，A 教师的课堂即时评价从开始时的"懵懂"到结束时的"了解"；从开始时的"雾霭蒙蒙"到现在的"曙光初现"，A 教师的努力也换来了一定得成果。同时，本次研究也取得了成功，虽不是十全十美，但是也有一定可人的成绩。A 教师在课堂即时评价内容的丰富性大大提高，评价态度有了一定的改善，教师的视野开始关注到全体学生，学会运用分层评价法。虽然这些成绩主要集中在教师课堂即时评价语的"外观性"改变方面，但是短短不到一个月的时间能有如此的改变，也是值得赞赏的。

然而，教师课堂即时评价"内源性"观念的改变尚需时日，只有短短一个月的时间是远远不够的。希望广大教师在以后的教学中，把自我作为研究对象，对自己的课堂教学进行详尽的分析研究，找出自己课堂中存在的不足，及时反思和学习，在课堂及时评价方面提高自己。教师评价行为的根本改变，必须有坚实的课程评价理论基础作支撑。因此，教师要以《课程标准》为蓝本，对课程标准的思想观念深入理解和掌握；以教育期刊为方法，从先进教师的实例中理解评价的实质；从多种途径，以多样化的方式和方法学习评价理论，把理论和实践融为一体，在不断的反思和实践中，提高自己课堂即时评价的水平。

（二）对教师教育培训的建议

通过对农村小学语文 A 教师的课堂即时评价研究过程和研究结果的反思，笔者意识到：教师课堂即时评价的改善，不是短时间可以解决的一个问题，也不是个别教师单独努力学习就可以解决的问题，它需要我们全体教师的共同学习和努力。然而，一个正规有效的学习途径和方式正是现在全体教师所急需解决的。因此，笔者通过个人的实践经历，对教师教育培训提出自己的建议。

第一，明确课堂即时评价标准。有效的课堂即时评价的标准不仅要关注课堂活动的结果，还要关注到学生学习兴趣、学习态度、学习能力、行为习惯、言语、思维状况等综合素质的考察，全方位来把握学生的现状。在进行教育培训时，一定要把标准落实到实处，从具体实施发放入手，让教师有一个评价的准则和方向。

第二，在进行教师教育培训时，把理论和实际案例相结合，加大对启发式评价、激励性评价、分层评价法等评价方法的培训学习，让教师在实际案例中进行自我反思和自我教育。

参考文献

[1] 赵学勤. 创新能力培养与学生质量评价策略田 [J]. 教育理论与实践，2000（1）.

[2] 詹海群. 初中语文阅读课堂即时性激励评价应注意的问题 [J]. 新余学院学报，2013，03：143-144.

[3] 陈娜. 高一物理课堂即时评价行为转变的研究 [D]. 曲阜：曲阜师范大学，2005.

[4] 李维娜. 小学语文教师课堂即时评价行为研究 [D]. 济南：山东师范大学，2014.

[5] 代海纳. 初中思想品德课堂即时评价存在的问题及对策 [D]. 武汉：华中师范大

学，2013.

[6] 吴镭．初中思想政治课堂即时评价策略研究［D］．新乡：河南师范大学，2012.

[7] 姜连国．发展性评价观下的课堂即时评价策略［J］．今日中国论坛，2013，09：75-76.

[8] 何继刚．即时性评价：促进深度学习［J］．江苏教育，2014，02：8.

[9] 杨彦利．中学语文教师课堂即时评价行为研究［D］．上海：华东师范大学，2009.

[10] 胡婷婷．促进学生参与的课堂即时评价研究［D］．南京：南京师范大学，2013.

[11] 唐卫明．好"语"知时，育人有道——也谈小语课堂即时性评价的策略［J］．散文百家（新语文活页），2013，09：18-21.

[12] 胡中锋．教育评价学［M］．北京：中国人民大学出版社，2008：135-187.

[13] Napper. A Model for Improving Reading and Literacy Skills among Middle School Students. Walden University School of Education，2007：43-46.

[14] Marı a del Carmen Go mez · Anders Jakobsson. Everyday classroom assessment practicesin science classrooms in Sweden . Cult Stud of Sci Education，2014，9：825-853.

附录3 基于教师博客的教学反思研究

提示：内容分析法是一种对于传播内容进行客观、系统和定量地描述的研究方法。其实质是对传播内容所含信息量及其变化的分析，即由表征的有意义的词句推断出准确意义的过程。内容分析的过程是层层推理的过程。本研究以教学反思层次理论为指导，针对教师博客中的教学反思博文应用内容分析法开展量化研究，分析和总结出调查对象在教学反思活动的问题，并有针对性地提出了建设性意见。

基于教师博客的教学反思研究
——以开发区一中小学部为例
李铭（小学教育专业2009级）指导教师：程超

摘 要：随着信息技术的发展，教学反思的工具转向数字化，探讨基于博客的教师教学反思管理方法，对信息技术背景下的教师专业发展有重要意义。本研究以开发区一中小学部为例，通过该校教师博客中教学反思的现状进行调研，总结出的日志数量少、内容较单一、层次偏低和互动程度不高的四方面问题有一定的代表性，由此提出的平台建设和学校管理方面的对策为基于博客的教师教学反思管理提供了建设性意见。

关键词：博客；教师博客；教学反思

美国心理学家波斯纳提出的教师成长公式：经验+反思＝成长，揭示了教学反思对于教师成长的重要意义。近年来，小学教师的教育技术能力水平逐渐提升，Blog 成为教学反思的新工具，并以其"电子化、交互性、共享性、方便管理查询"等特点在教学反思中展现出巨大的优势。但目前基于博客的教学反思的实证研究还不多，本研究特选取了秦皇岛开发区一中小学部教师"博客圈"为例，通过对该校博客平台中该校教师利用博文进行教学反思的现状进行研究，以期对信息技术背景下的教学反思管理和教师专业发展提供建设性意见。

一、概念界定与研究设计

博客英文为 web log，简称 blog，是一种由个人管理、不定期张贴新的文章并使用超链接的网站。教育博客是关于教育的博客网站，教师博客是教师用博客将自己的日记、教学案例和反思等上传，实现共享的一种教育博客。随着 web2.0 技术的迅速发展，blog 作为继 E-mail、BBS、ICQ 之后的第四代网络交流工具，也逐渐成为教师进行教学反思的新工具。

教学反思是教师对自己的教育教学现象（学生、教学过程、教师和环境）进行的积极地分析、思考的思维过程。对于教学反思的研究，不同学者有不同观点。在反思内容分类上，Zeichner、K、M 和 liston、D.P 分为学习内容、教学策略和方法、学生和社会环境；张立昌分为一般性背景问题和具体性问题；申继亮分为课堂、学生、教师、教育改革和人际关系等 5 个指向；赵昌木分为信念、知识、教学实践和背景等 4 个要素。综上，笔者认为教师教学反思的内容包含学生、教学过程、教师和环境 4 个要素。在反思层次上，范梅南的技术性、实践性和批判性教学反思理论很受推崇，技术性关注技术操作，实践性关注教师个人理解，批判性关注社会脉络等伦理道德。随着教师专业化进程的推进，教学反思从个体走向协作，电子网络工具逐步取代纸质工具。随着工具的变革，教学反思的管理方式也逐渐适应网络化的特性。

本文研究的反思日志为秦皇岛开发区一中小学部博客圈中教师发表的教学案例、教育叙事等有反思意义的日志，主要从反思内容、反思层次、教学反思管理 3 个方面进行调查分析。

二、基于博客的教师教学反思现状的调查分析

2012 年 4 月，案例学校创建"博客圈"以开展新教育实验。笔者对博客圈中教师自博客创建之日至 2013 年 3 月 27 日止的"小学博客圈"内共 1 011 篇博文进行统计分析，应用内容分析法从数量、内容、层次和博客互动情况和博文分

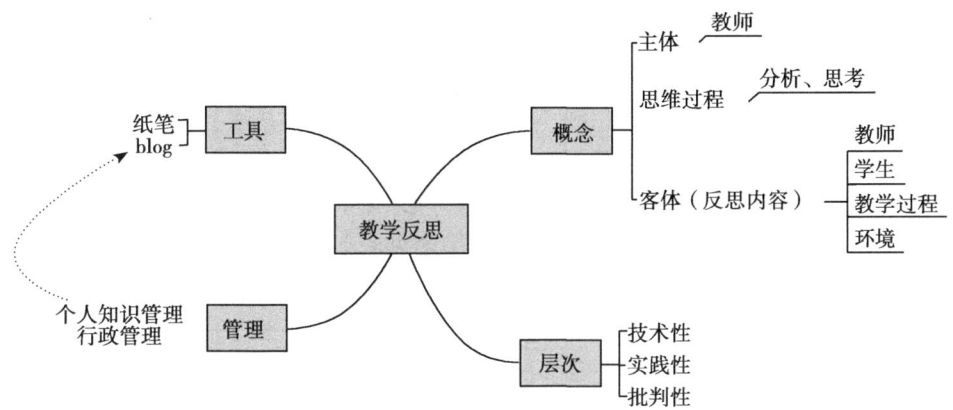

图 1　文献研究框架

类情况进行分类统计，结果如下。

(一) 反思日志数量统计分析

笔者从教学反思日志数量、博文撰写频率和反思字段文字量三方面对"博客圈"中的 1 011 篇博文进行了统计（表1、表2）：

表 1　反思日志数量统计

学科	人数	日志总数	平均日志	反思日志	平均反思日志	比例（反思日志/日志总数）
语文	29	394	0.538 3	31	0.042 3	0.078 7
数学	25	512	1.142 9	56	0.125 0	0.109 4
英语	8	105	0.652 2	18	0.111 8	0.171 4
全部	62	1011	0.753 8	105	0.078 3	0.103 9

注：文中所有统计表的时间单位为月

表 2　反思日志字数比例统计

项目	语文组	数学组	英语组	汇总
反思日志总字数	22 119	67 286	15 340	104 745
反思字段文字数	9 733	36 562	10 298	56 593
比例（%）	44.00	54.34	67.14	54.03

在反思博文的数量方面，由表1可知，反思日志约占全部日志的10%，其中语文组约为8%，数学组约为11%，英语组约为17%；在博文的撰写频率方面，

总体上月平均博文撰写量为 0.75 篇，月平均反思日志撰写量为 0.08 篇；在反思字段文字量方面，根据表 2，反思文字段占反思文章的比例约为 54%，说明教师的反思中描述性的文字所占比例很大。结合这三方面得出，"博客圈"中教学反思数量较少。

（二）反思日志内容统计分析

笔者参照申继亮和赵昌木对反思内容的分类标准，按学生、教学过程、教师和环境四方面对反思日志进行分类统计，结果见表 3。

表 3　反思日志内容分析

项目	学生	教学过程	教师	环境
篇目（篇）	41	70	23	10
比例（%）	28.47	48.61	15.97	6.95

由表 3 可知，教师教学反思的主要关注点在于教学过程，内容较单一，说明教师对教学的方法策略、课堂管理等和对学生各方面的发展都有很高的关注度，但对教师自身的专业结构和教育教学的社会、文化背景则考虑得很少。

（三）反思日志层次统计分析

笔者按范梅南的反思层次分类标准，对教师发表的反思博文的层次进行分析，结果见表 4。

表 4　反思日志层次调查

反思层次	总数	技术性	实践性	批判性
语文组	31	20（64.52%）	9（29.03%）	2（6.45%）
数学组	56	34（60.71%）	17（30.36%）	5（8.93%）
英语组	18	12（66.67%）	5（27.78%）	1（5.56%）
全部	105	66（62.86%）	31（29.52%）	8（7.62%）

由表 4 可知，反思博文中技术性反思约占 63%，实践性反思约占 30%，批判性反思约占 7%，各学科组的具体比例稍有不同，即博客圈中教学反思大多数处于技术性层次，一小部分处于实践性层次，极少数能够达到批判性的层次水平上，故其教师教学反思水平有待提高。

（四）博客互动情况统计分析

笔者针对博客互动情况，从博文日志的浏览、评论情况进行调查统计

（表5）。

表5 博客互动情况统计

反思层次	浏览总数	平均浏览量	评论总数	平均评论量
语文组	2 886	7.32	95	0.24
数学组	4 189	8.18	49	0.10
英语组	687	6.54	4	0.04
全部	7 762	7.68	148	0.15

由上表得出：全部日志的平均浏览量为7.68，平均评论量为0.15，评论和浏览之间差距较大，只浏览不评论不能构成意见的交互，这说明教师之间互动情况差，交流的深度也就不够，也就不利于教学反思的深入。

（五）博文分类统计分析

为了解"博客圈"中教师个人知识管理的情况，笔者对博客圈中62名教师的博文分类进行了统计，结果如图2所示，详细分类情况见表6。

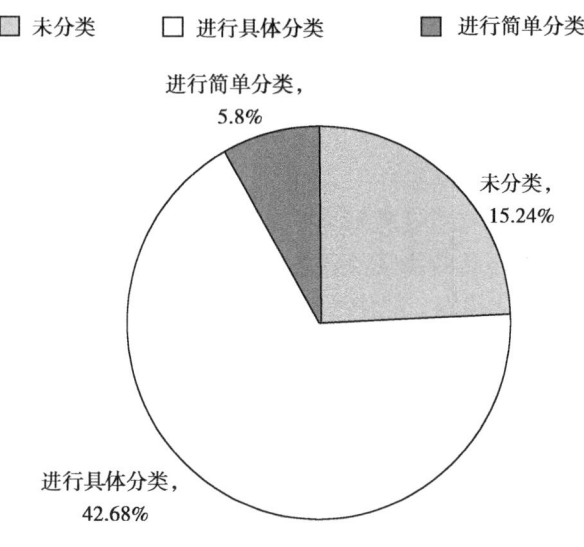

图2 教学反思日志分类情况

表6 博文分类统计

博文类别	人数（人）	博文类别	人数（人）
1 阅读与感悟	41	5 课程开发	37
2 教学探索与反思	36	6 理想课堂	25
3 教育叙事与感悟	39	7 个性化板块	17
4 教育跟踪记事	40	8 其他	22

可见，大部分教师具有应用博客技术进行个人知识管理的意识，且都将博文进行了分类，其中2-4的分类属于教学反思的范围，对于教师的博文分类基本相似的情况说明该校的管理者同样有对教师的教学反思进行行政管理的意识。

三、基于博客的教师教学反思问题探究

通过对案例学校的进一步调研，发现影响教师应用教师博客进行反思的原因主要有下述两方面。

1. 博客平台建设方面

博客平台不健全，且平台中缺少深层次教学反思样例的借鉴。该校博客圈的创建老师受自身技术水平限制，该"博客圈"只是博客地址的链接网页，并非自主管理的博客网站，学校对教师的博客没有管理权限，也没有博客圈应有的功能分区，浏览他人的日志要以人为单位进行逐一查找，在这样的"博客圈"上组织教学反思不易管理和交流。由此，案例学校的"博客圈"中也没有优秀博文的推介展示，教师很难借鉴的他人的优秀案例，且在该校的校园网内，没有名师的友情链接，这同样减少了教师向名师学习、学习深层次教学反思的机会。

2. 学校管理方面

尽管该校的管理者已有通过教师博客对教师的教学反思进行行政管理的意识，但教学管理中仍沿用传统纸质管理教师的教学反思，定制了教学反思记录本，且会在期中期末集体检查，此法已经成为定例，由此，本来教学任务就很繁重的小学教师们就想不到在博客上撰写教学反思日志，故"博客圈"中的反思日志数量会很少。在对教师教学反思的管理中，重结果、忽视过程，造成了很多教师在检查前突击完成、没有检查就不想写的现状，没能真正形成教师主动反思的意识和氛围。

四、促进基于博客的教师教学反思的对策

教学反思只有教师主动完成，反思深入，才能对个人专业发展以及教育教学产生积极作用，案例学校上述问题绝非偶然，由此，笔者针对基于教师博客的教学反思的实施提出下述建议。

（一）学校首先要转变管理意识

学校对教师教学反思的管理的出发点是问题意识的培养：教师要有意地训练、培养自己的问题意识，并在发现问题后以理论和实践阅历为基础提升对问题思考的深度，进一步提升问题意识，逐渐将问题纳入自身观念，形成积极的反思意识。只有教师的主动反思意识提升了，才能保证博客平台中教学反思博文的数量和层次，才能形成积极反思的氛围。建议学校可以从两方面辅助教师提升反思意识：首先，定期组织相关讲座、培训，提起教师对反思的重视程度；其次经常举办交流会，结合优秀课例，指导教师理论水平的提升，将教学反思与基于教学的行动研究相结合，使教师享受到反思的裨益，从而从内心有主动反思的意识。

相比传统纸质反思工具，博客易于管理，能实现共享和群体协作反思。案例学校应放弃纸质的管理手段，统一使用博客进行教学反思并实施管理：

（1）设计并完善反思博文分类制度。通过分类，教师能够随时查阅回顾并重新反思以往的内容，得出更有效的改进方法，且分类能展现教师反思的思维历程和思维构成，使其发现反思中存在的思维盲点，从而加以调整，完善反思的广度；此外，亦能够帮助教师快捷查询他人的反思日志并清晰了解他人的思维进程。

（2）对博文质量进行不定期检查与评优。与传统的纸质记录本不同，教师在博客上进行教学反思的动态随时随地都能被别人获悉，结合这一特点，学校对教学反思的管理也应由定期检查改为不定期抽查，这样既避免了检查人员过分劳累，也避免了传统机制下教师临时补教学反思的弊端，进一步地，也可以将评论他人教学反思的数量作为评价指标，以促进博文互动交流和教学反思的深入。

（二）完善基于校园网的教师博客平台建设

工欲善其事，必先利其器。想让教师、应用博客技术主动积极的学习，首先要改进和完善教师博客平台的相关功能。如：建立自主管理的博客网站，主页进行分区，教师需要再网站内申请账户；针对教学反思专区和交流广场，方便学校组织反思和管理并促进教师之间的协作和交流；设立管理者进行反思博客的整理、推选工作，及时、定期地将优秀反思日志进行推送；丰富学习资源，把教育名师的博客群做成友好链接，启发教师教学反思的角度和深化反思层次；建立校园聊天室可以让教师熟悉交流、分享所带来的愉悦和便利。

平台建设的同时，也要加强对教师操作博客平台的相关技术指导。如在基本技术方面：讲解博客平台的区域划分和主要功能、鼓励教师相互关注并评论、介绍知名博客群并注册使用等；在管理博客方面：讲解如何通过首页设置定制个性博客、如何预定新闻焦点和博客话题、如何快捷搜索自己感兴趣的博文等。

总之，通过校园网教师博客平台营造开放的氛围，以正确的视角引领教师提升视野，使教师亲身感受到网络学习交流带给自己的情感支撑与知识提升。

基于博客的教学反思是当下教学反思的有效方式，案例学校正积极地应用这种方式，本研究基于调查的针对性研究和分析，不仅为该校基于博客的教学反思写作与管理提供了建设性对策，亦对其他学校基于博客的教学反思活动的开展提供了借鉴。

参考文献：

王海燕，底亚楠.2013.博客支持的成熟性教师教学反思个案研究［J］.电化教育研究（1）：114-120.

张立昌.2001.试论教师的反思及其策略［J］.教育研究（12）：17-21.

赵昌木.2004.教师在批判性教学反思中成长［J］.教育理论与实践，24（5）：42-45.

底亚楠.2010.基于博客的教师教学反思研究［D］.宁波：宁波大学.

刘嘉霞，申继亮.2004.论教师的教学反思［J］.华东师范大学学报，22（3）：4-49.

潘华云.2007.从"纸笔"到"博客"——试论教师反思工具的变革［J］.远程教育杂志（2）：44-47.

魏宁.2004.教师反思的新工具——Blog［J］.中小学管理（10）：52-53.

程双.2011.小学教师教学反思的研究［D］.辽宁：辽宁师范大学.

王娜.2008.小学教师教学反思研究［D］.吉林：东北师范大学.

师范生审辩式思维能力初探

审辩式思维又称批判性思维，是基于不同的前提假设和价值取向，调动多元思维进行分析、推理，以事实为依据做出合理的决策，且接受多种可能存在的决策，即普乐好原则，是有目的地不断质疑、不断思辨的动态过程。审辩式思维是21世纪最令人期待的教育，它可以使学生保持思想的开放性，鼓励学生探索世界，激发学生个人探索的动力，也可以教会学生审辩地看待世界，从而培养创新性人才。而师范生作为一名准教师，毕业后将要承担教育祖国未来的责任，教师的多元认知结构及工作对象的特殊性要求其有较高思维方式、创新意识以及知识素养，优先发展师范生的审辩式思维尤为重要。为了探索培养师范生审辩式思维的策略，笔者以我校课程改革试点专业——小学教育专业为例，以《阅读教学研究》为契机，通过7个专题的教学实践活动，力求促使师范生从"批判式（审辩式）阅读"达到"研究性阅读"，提高小学教育文科方向的教育教学及教育研究的能力。

一、研究对象的选择

哈尔彭（Halpern，2001）的研究显示："跨学科的，但是与阅读、写作、倾听和演说相结合的思维训练是最有效的学习方式。"阅读教学是一种以理解为核心的思维训练，而思维的工具是语言，思维训练必须和语言训练结合起来。因此可以通过教师有意识地应用审辩式思维开展阅读教学，来对学生进行审辩式思维的训练。基于阅读教学的审辩式思维训练的实践活动共有小组专题研究、读书笔记及多样形式作业3个阶段。

由于河北科技师范学院并未开设审辩式思维相关课程，笔者在13级小学教育的《阅读教学研究》课程进行为期1个月的跟踪调研。在研究中，笔者通过随班听课，观看教学录像，访谈授课教师和同学等方法，比较全面地记录了河北科技师范学院教育学院2013级小学教育文科班2015—2016学期《阅读教学研究》课程的开展情况，并通过CT测试前后测来观测该班同学审辩式思维能力的变化情况。

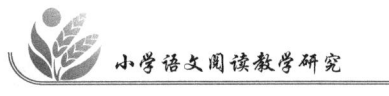

二、《阅读教学研究》课程概况

《阅读教学研究》是小学教育本科专业开设的选修课程中的一门专业限选课程。开设该课程目的是通过研究小学阅读教学，指导师范生掌握阅读教学的方法与技巧；形成师范生根据教材、小学生的特点和教育教学理论设计组织切实可行的阅读教学活动；帮助师范生学生了解当前阅读教学改革信息并尝试教学创新。通过高校教师和一线教学专家的集体设计实践教学内容，实现了理论与实践相互促进的良性循环模式。本课程的理论教学共 12 学时，分为 6 讲，分别围绕小学阅读教学的内容、方法，阅读教学设计，阅读教学改革进行专题讲解。实践教学 24 学时，采用小学一线专家现场教学与学生研讨的形式，通过发现问题、分析问题、导向性研究问题、解决问题，形成个人及小组的研究报告的过程。通过对该专业教师的访谈了解到，其中程超老师想在《阅读教学研究》课程中有意识地应用审辩式思维培养方法开展教学实践，于是笔者锁定该门课程的教育教学活动作为观察与调研的主要对象。

阅读教学是小学教育专业文科方向毕业生未来任职小学语文教师的主要工作，2001 年基础教育课程标准倡导感受性阅读，在教学中表现为对"谈论法"的倚重，倡导多角度、有创意的阅读，利用阅读期待、阅读反思和批判等环节，扩展思维空间，提高阅读量。这种以学生为本、开放性的阅读教学方式有助于提高学生的审辩式思维的水平，而审辩式思维的多元认知、质疑态度、独立思考、思辩能力反过来可以促进阅读教学的进行。可以通过阅读教学来培养学生的审辩式思维，而小学阅读教学是小学语文课程教学的重要组成部分，是培养学生综合性语文能力的客观要求和重要途径，由此小学语文教师的审辩式思维水平决定着小学语文工作的开展情况。

三、审辩式思维导向的《阅读教学研究》课程教学

笔者在《阅读教学研究》的理论课程讲授和实践教学的小组专题研究方向的引导上，都有意识地渗透了审辩式思维"不懈质疑、包容异见、力行担责"的观念。通过访谈及观看课堂教学实录，发现程老师在课程教学和学生研讨的过程中积极倡导学生独立思考，积极地分析讨论问题及探索解决问题的方法。

1. 不懈质疑：拒绝照单全收

在专题一的教学中就举例分析网瘾问题论文，该论文的主要内容是针对当今社会网瘾泛滥的现状，论述了网瘾的危害及对策。网瘾是指每天使用网络高达 9 个小时，但是它忽视了社会中那些每天进行大型游戏代练卖装备挣钱的工作者，他们不是网络成瘾，而是为了挣钱维持生计，这是典型的"观点"与"事实"

不符。事实是能被证明的是真还是假的一段陈述，而观点只是表达一种信念、感觉、看法的陈述。通过论文实例说明，对于外来的信息不能照单全收，要经过自己独立的思考和质疑，引导学生在阅读专业文献时也要注意区分观点和事实的表述，以事实为依据论述自己的观点。

2. 力行担责：做一个行动者

做一个行动者，而并非纸上谈兵。在阅读研究课程中，有一组学生是做自主阅读方面的研究，而自主阅读的根基，就是绘本阅读。笔者对于该组学生的指导不只是停留在理论上，而是让他们去参加秦皇岛市青年图书馆的绘本阅读课，体会绘本阅读的教学过程及实施效果，让学生从实际教学中来借鉴开展自主阅读课程的教学策略，用实践认知来验证自己的理论，进而完善自己的研究过程。去进校附小的教学观摩也是这样，观摩活动后安排进校附小相关教师与师范生开展研讨，通过阅读教学实践的反思对学生进行思维的训练而并非简单的知识传授。

3. 包容异见：小学课文文本解读

笔者一直倡导"一千个读者，有一千个哈姆雷特"的多元价值观来进行阅读分析，而且通过笔者的课堂观察程老师在教学中也是这样做的。无论是在小学课文文本的解读中，还是在教学过程中，程老师都是针对不同的假设和前提，理解并包容多种可能存在的答案。例如在课堂上关于小学课文《景阳冈》的文本解读中，以这篇文章对比分析《水浒传》原文，针对教参中所说打虎片段中几个"闪"字如何用得好，不能替换成其他字的这个片段。通过查阅繁简两个版本的原著，证实有两处用的是"躲"字，而且武松不是特意上岗打虎，并且在酒醉惊醒的状态下，面对如此大虫，有时闪，有时躲，是在情理之中的。进而指导即将毕业后的师范生，教学参考只是给无从教学的教师的指导，只是教学设计众多方案中的一种，并非是标准答案，在教学过程中包容可能存在的合乎逻辑与事实的答案，不要追求所谓的标准答案，认可多种可能存在的决策。

四、理实一体的《阅读教学研究》课程学生实践活动设计

《阅读教学研究》课程的实践教学则是采用小学一线专家现场教学与研讨的形式。在教学过程中以小组专题研究的形式开展教学，给学生创设平等、自由的教学环境有助于学生在研讨过程中启发思考、大胆质疑、确定小组及个人的研究主题。为了培养学生独立思考的能力则开展读书笔记活动。在经过思维训练之后，小组和个人的观点和思路渐渐成型，而研究报告的撰写则是把思想变为文字的又一次复杂思维的训练过程。整个教学过程即通过发现问题、分析问题、导向性研究问题、解决问题，形成个人及小组研究报告。

1. 小组专题研究

孙绍振说:"西方哲人所说的'我思故我在'。反过来说,我不思故我不在。通俗地说,我不会思考,就白活了,瞎活了。"所以无论在学习中还是在日常生活中都要对别人的思想进行思考和质疑,要有自己的思想,在思考的过程中接受他人的观点或者提出自己的看法。这阶段主要是对学生思维品质的培养。

在阅读教学研究的课堂上,教师在课堂教学中小心翼翼的保护学生的好奇心,重在对学生进行诱导和启发。以学生为主体,创设师生平等、积极民主的课堂情景,鼓励学生质疑及提出自己不同的看法。学生们分为固定小组进行讨论,意在让学生在研讨过程中进行思维训练,激起学生问题意识,进行大胆质疑。通过观看各组在微格教室讨论实录,笔者发现在小组专题研究过程中,教师作为一个讨论者参与其中,面对学生的任何问题都有给予重视,选择有价值、切合本课程教学的问题转化为小组讨论的话题,因为来自学生的问题更容易激发学生质疑和讨论的兴趣。并且在教学开展的过程中依小组讨论确定研究主题,在提出问题、分析问题和解决问题的过程中每个同学再明确自己的研究主题、研究思路及研究过程,由每个人的研究成果汇集成为小组报告。在开题答辩环节,邀请校外一线专家作为评委为每组专题研究和每个学生的研究题目都进行了点评和指导。该班第四组学生进行的是小学语文古诗文方面的研究,但由于古诗文比较广泛,而在古诗文教学中,吟诵法是一种有趣而有效的学习方式,这样的教学方式符合小学生的认知特点。经过师生沟通交流,该组最终形成题为《古诗文吟诵方法与实施策略的研究》的小组研究主题,其他小组确定的最终研究题目分别是《比较阅读》《自主阅读》《小学生课外阅读体裁研究》,并让学生根据自己研究的题目,分小组进行中期汇报和最终汇报。

通过对教师和学生的访谈可知,在以学生为中心的课堂教学中,教师要鼓励学生提出自己不同的见解,需要注重课堂生成且要对学生进行思维的训练。这对教师的要求比较高,教师在课堂阅读研究教学中比较吃力,而课堂中的小组研讨的过程有利于学生集思广益、取长补短、启发思考及克服独立思考时遇到的困难。

2. 学术阅读笔记

这阶段的开展主要是培养学生"力行担责"思维品质,通过教师给学生增加课外阅读和读书笔记的任务,让学生独立思考问题,克服思维的盲从性和依赖性,得出比较客观的知识,并让其在阅读中学会用事实分析来支持自己的观点,针对自己做出选择,勇敢地付出行动,并坦然面对行动的后果,承担自己的责任。学生是学习的主人，是教学过程中认识和发展的主体，学生的知识只能通过自身的实践和思维转化为自己的能力和素养，思维的训练必须通过学生自身的认知和抉择获得，而读书笔记则充分进行了这方面的思维训练。30余本关于阅读教学研究和审辩式思维方面的书（有的是笔者买的，有的是从图书馆借的），学生也可以阅读其他相关的书。笔者通过观察发现陈萌在阅读小学语文课本过程中，通过对比发现教材中的文章和原文之间的变动。进而进行这方面的阅读，得出自己的结论，最终她形成了以此为题的研究报告。她主要通过比较课文跟原著的增添和删减文字，来进行比较阅读的分析，她的整个阅读思考过程如下。

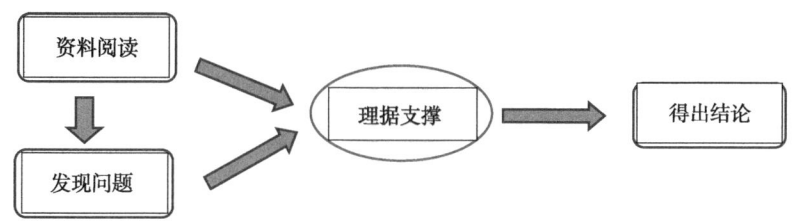

由图可见，此图与前面的论证模型如出一辙，可见学生在学术阅读过程中初步实现了从审辩式阅读向创造性阅读的转变。

3. 多样作业形式

经过独立思考和不懈质疑后，学生的思维训练达到一定阶段后，由于自尊心和好胜心，研讨过程可能变成单纯的口舌之争。这时候就需要教师的关键性指导，教师要引导学生树立科学的思维观——基于不同的假设和前提下有多种可能共同存在的对策，即包容异见。新课程语文教学的实践性特征："语文实践能力要通过多种形式、多种渠道的语文实践能力来培养。"也就是说语文是技能的培养，在学生独立思考和小组讨论辩证的思维训练之后，学生的观点已相对成熟，教师可以进一步对学生进行技能训练即撰写小论文，且观点从思想到文字的过程是分析、归纳、推理和论证的复杂思维过程，则是又一次为学生的思维训练构建了平台。而小组合作下的个人研究报告则可以让学生从多种角度来辩证的看待同一个研究项目，让学生点面结合，既有自己独立思考的研究又契合小组研究的主题。所以阅读教学研究这门课程的作业分为小组研究报告和个人报告的形式。

笔者在课堂观察时发现，在小组研究中，关于"课外阅读"的定义，学生争执良久。一些同学认为"课外阅读是语文课外活动的一种，它是相对于课堂阅读而言，是指学生课外通过阅读书报、影视、网络等进行学习的方式"。而其他同学则认为"课堂阅读指课堂阅读之外的各种读活动，是非语文教材性阅读"。

其实这两种说法都是正确的，只是前者更注重课外阅读对阅读主体的作用，而后者更详细地阐述了课外阅读与课堂阅读，与其他一切课外以外、课本以外的阅读行为，都称之为"课外阅读"。类似这样合理的从不同的角度来观察或研究得出的结论都是正确的，需要学生包容异见，在研讨过程中这是特别值得注意的。

五、审辩式思维（CT）测试前后测数据分析

笔者通过研究框架对有关研究文献的查阅、整理和分析，发现谢小庆教授编制的《Critical Thinking测试》（后文简称CT测试）通过多段文本的阅读理解题和考察审辩式阅读技能水平来测评审辩式思维水平。身兼中国教育学会统计测量分会副理事长、中国心理学会测验专业委员会理事等数个"考试研究"相关职务的他，近些年尤其关注对审辩式思维的研究和思考。作为考试测量方面的专家，经过深入的研究编制了CT测试。该测试共包括30道选择题分别从在跟谢小庆教授联系后，认为CT测试更适合基于阅读教学研究课程成果的审辩式思维的测量，更具有针对性。因此，将该测试作为课程教学的前后测工具，用来观测和评判实验教学的效果。

笔者在《阅读研究教学》课程初期对学生进行前测，除了一位请假回家的学生，其余29个学生均参加了测评。在该课程结束之后，占用该班学生的空闲时间，但有9位学生由于课程冲突并未参加后测。因此前后测共回收有效问卷20份，具体得分见表。通过成对双样本均值T检验分析结果为：$T = -1.72$（$P = 0.002$）。数据分析显示，为期一学期的《阅读教学研究》课程的教学对提升师范生的审辩式思维的水平有促进作用，但由于样本较小，该数据还不足以支撑笔者的教学实践对师范生审辩式思维能力提升有促进作业这一结论。但这也是一个值得令人欣喜的结果，毕竟这门课程含观摩和专家授课总共就36个学时，笔者在教学实践中深深感受到了，摒弃传统的教学方式，将审辩式思维有机融入日常教学中对学生思维方式的巨大影响，很多学生对没有标准答案感到不适应，这也证明了，不懈质疑、包容异见对传统师范课程、高校课程的巨大冲击。

表 13级小学教育学生审辩式思维CT测验前后测得分

前测	65	50	55	50	40	65	45	50	55	50	65	50	55	60	50	50	55	25	40	55
后测	60	70	75	65	60	55	60	70	55	70	45	55	70	55	70	55	55	60	70	55

虽然简单的试卷考评并不能体现出审辩式思维的真实效果，但是良好的思维模式会让学生受益一生。对学生审辩式思维的培养是一个长期的过程，未来需要更多课程的教师参与进来共同努力才能达到最好的教育效果。

六、总结与展望

关于审辩式思维的研究在中国起步比较晚，关于这方面的教学研究比较缺乏，目前只有余党绪等研究者在中小学开展的教学实践研究。本研究中，通过教学实验，基于阅读教学对师范生进行审辩式思维的培养，笔者欣喜地感受到，审辩式思维能力是可以教的，作为教师，要转变教学方式，教育师范生成为深思笃行的研究者，相应地，教学评价活动要面向过程，通过设置没有标准答案的开放式作业，促进师范生开展多维度思考，提升思考的深度和广度。

（一）改变教学方式

首先，教师应该转变教学理念，改进教学内容和形式。教师应摒弃"照本宣科"的传统教学方式，注重引导师范生发展其认知和思维的深度和广度；认真设计贴近师范生生活、让其感兴趣的开放性问题；不以对错为标准来判断师范生的答案，接受有差异存在的合理答案，调动学生的积极性，引导师范生进行独立的判断和选择。

其次，创设开放平等的课堂空间，以师生、学生间的平等对话代替教师的"一言堂"。在学习过程中教师和学生成为批判性对话的平等伙伴，教师以参与者的身份进行生生之间的讨论。在讨论中注意获取不同学生的思维方式，进而有针对性地发展学生多元认知和发散性思维，在发现、倾听、回答、反思、辩驳、解释的过程中，带动师生双方思想的活跃发展。

最后，为思维而教，真正做到以学生为中心。在培养学生审辩式思维的课堂教学中，教师的主导作用尤其重要。教师需要进行审辩式思维的相关理论的学习，可以通过阅读书籍或者通过知名学者的微信、微博平台来提高自己的审辩式思维水平。进而在教学过程中有目地对学生进行思维训练，指导师范生在具体的学科教学中对蕴含所学具体知识的审辩式思维精神和技能进行有效接受。

（二）成为深思、笃行的师范生

也许是经历过"千军万马过独木桥"的残酷，刚刚步入大学的师范生，放松了下来。逃课、课堂上玩手机、对于教师的提问无动于衷、期末考前的"学习周"成为大部师范生司空见惯的事。在高校课堂中，师范生要在教师的引导下主动参与教学活动，从不同的角度观察问题、审视问题，大胆发言表达自己的观点。对于任何事情不要追求网上所谓的标准答案，要提出自己的看法，享受全面地分析问题、系统地探索解决问题的过程。大学生对于别人的思想和行为不要轻易相信，要用自己的经验、理解和认知做出自己的判断并付诸行动，承担责任，用行动来支撑自己的观点或抉择，做一个深思、笃行有个性的大学生。

(三) 转变教学评价模式

无论在课堂教学，还是在考试中，都要多维度评价，包容异见，促进师范生多方面发展。目前我们的考核主要还是停留在期末卷面的考核、课堂考勤及最后的作品评分上，而且有的科目采用的是单一的标准答案，只是测试师范生的记忆能力。这样的评价方式非常不利于师范生审辩式思维的发展，所以在卷面设计上，应该加大主观性题目的比例，允许学生阐述个人观点；另外，考核时，加大平时成绩的比例，比如学生课堂发言回答、问题讨论时的表现以及布置一些开放性没有标准答案的作业，改变师范生寻找标准答案的思维惰性，促进审辩式思维水平的提高。

为期一个学期的教学实验只是研究的起步，借助本教材的出版和应用，笔者期望以《阅读教学研究》这门课程为契机，希望在更多的课程中进一步探索审辩式思维培养范式，探索出适合师范教育的审辩式思维能力策略研究，以形成系统的研究结果。